普通高等院校"十三五"创新型规划教材

U0686971

财务会计（下）

主　编　李　迪　谭丽君

副主编　谢英姿　张　琳　范　斌

北京

国家行政学院出版社

图书在版编目（CIP）数据

财务会计. 下 / 李迪，谭丽君主编. －北京：国家
行政学院出版社，2019.8

ISBN 978 - 7 - 5150 - 2298 - 7

Ⅰ. ①财… Ⅱ. ①李… ②谭… Ⅲ. ①财务会计－高
等学校－教材 Ⅳ. ①F234.4

中国版本图书馆 CIP 数据核字（2019）第 027853 号

书　　名	财务会计（下）	
	CAIWU KUAIJI（XIA）	
作　　者	李　迪　谭丽君	
责任编辑	左婷婷	
出版发行	国家行政学院出版社	
	（北京海淀区长春桥路 6 号 100089）	
电　　话	（010）68920640　68929037	
编 辑 部	（010）68922656　68929009	
经　　销	新华书店	
印　　刷	北京合众伟业印刷有限公司	
版　　次	2019 年 8 月第 1 版	
印　　次	2019 年 8 月第 1 次印刷	
开　　本	185 毫米×260 毫米　1/16	
印　　张	12.5	
字　　数	320 千字	
书　　号	ISBN 978 - 7 - 5150 - 2298 - 7	
定　　价	42.00 元	

前言 / PREFACE

　　财务会计是为了适应经济活动高速发展的需求而产生和发展的,并发生着日新月异的变化。近年来,会计信息化得到空前发展,财务机器人、财务共享中心等新财务处理方式的正式投入使用,使会计人员的岗位工作内容及职业素质由核算会计向管理会计转变。高等教育会计类专业人才培养也需相应调整,不能仅限于对基础业务的会计核算,因为这些工作不久将被信息化彻底替代。新经济时代,合格的会计人员需要具备解决那些信息化无法替代的复杂业务核算问题的能力。基于这些原因,考虑高等院校会计专业学生的基本学情,编者在《财务会计(上)》的基础上,又编写了本书。

　　本书是《财务会计(上)》的延伸,业务相对更加复杂,核算处理难度更大,以应对新经济时代对会计人员提出的更高的新要求。本书具体内容包括:金融资产、长期股权投资、投资性房地产、其他资产、非货币性资产交换、负债、债务重组、政府补助、所得税、财务报表。

　　编者在编写过程中参考了国家最新发布的相关准则及政策,尽量做到教材内容新颖且时效性强。为了激起学生的学习兴趣,每章章首都设有"案例导入",让学生带着兴趣及疑问去学习,发挥学生的学习主动性。每章还设有知识拓展,并将其制作成立体化教学资源,以此丰富教学内容,便于学生选学。每章章尾设有综合练习题,帮助学生对相关章节内容进行巩固练习。

　　本书由李迪、谭丽君任主编,谢英姿、张琳、范斌任副主编。具体分工如下:李迪负责编写第一章、第五章,谭丽君负责编写第二章、第九章,范斌负责编写第三章、第四章,张琳负责编写第六章、第七章,谢英姿负责编写第八章、第十章。

　　本书在编写过程中参考借鉴了大量文献资料,在此对相关作者表示由衷感谢。另外,由于会计准则及政策的日新月异及编者水平有限,书中仍存在许多不足之处,恳请各位专家及广大读者批评指正。

编　者

目录 /
CONTENTS

第一章 金融资产

学习目标

知识目标

了解金融资产的概念与分类、理解金融资产计量原则。

能力目标

掌握以摊余成本计量及以公允价值计量且其变动记入其他综合收益的两大类金融资产的会计核算。

素质目标

1. 提高学生对金融资产分类的职业判断能力。
2. 提高学生金融资产业务会计核算的职业技能。

重点难点

重点：以摊余成本计量及以公允价值计量且其变动记入其他综合收益的两大类金融资产的核算。

难点：以公允价值计量且其变动记入其他综合收益的金融资产的账务处理。

案例导入

金融资产的分类依据是什么

盛大公司于 2019 年 1 月 15 日利用公司闲置资金在上证交易所购买了某上市公司股票 1 000 000 元，由于公司董事会在作出购买股票投资决策时，并没有明确规定其投资目的。因此，公司投资岗位会计将该项投资划分为以公允价值计量且其变动记入其他综合收益的金融资产。

（资料来源：作者根据相关资料整理改写）

　　请分析：金融资产分类依据是什么？具体分为几大类？该案例中投资岗位会计将该项投资划分为以公允价值计量且其变动记入其他综合收益的金融资产是否正确？

第一节　金融资产概述

　　企业的金融资产主要包括库存现金、银行存款、应收账款、应收票据、应收利息、应收股利、其他应收款、贷款、垫款、债权投资、股权投资、基金投资、衍生金融资产等。

　　2017年3月31日新修订的《企业会计准则第22号——金融工具确认与计量》等金融工具系列准则规定，企业应当根据其管理金融资产的业务模式和金融资产的合同现金流量特征，将金融资产划分为以下三类：①以摊余成本计量的金融资产；②以公允价值计量且其变动记入其他综合收益的金融资产；③以公允价值计量且其变动记入当期损益的金融资产。企业管理金融资产的业务模式，是指企业如何管理其金融资产以产生现金流量；金融资产的合同现金流量特征，是指金融工具合同约定的、反映相关金融资产经济特征的现金流量属性。

一、金融资产的分类

（一）以摊余成本计量的金融资产

　　金融资产同时符合下列条件的，应当分类为以摊余成本计量的金融资产：

　　（1）企业管理该金融资产的业务模式是以收取合同现金流量为目标。

　　（2）该金融资产的合同条款规定，在特定日期产生的现金流量，仅为对本金和以未偿付本金金额为基础的利息的支付。

（二）以公允价值计量且其变动记入其他综合收益的金融资产

　　金融资产同时符合下列条件的，应当分类为以公允价值计量且其变动记入其他综合收益的金融资产：

　　（1）企业管理该金融资产的业务模式既以收取合同现金流量为目标又以出售该金融资产为目标。

　　（2）该金融资产的合同条款规定，在特定日期产生的现金流量，仅为对本金和以未偿付本金金额为基础的利息的支付。

　　在初始确认时，企业可以将非交易性权益工具投资指定为以公允价值计量且其变动记入其他综合收益的金融资产，并按照会计准则规定确认股利收入。该指定一经做出，不得撤销。

（三）以公允价值计量且其变动记入当期损益的金融资产

　　按照上述（一）和（二）分类为以摊余成本计量的金融资产和以公允价值计量且其变动记入其他综合收益的金融资产之外的金融资产，企业应当将其分类为以公允价值计量且其变动记入当期损益的金融资产。

　　在初始确认时，如果能够消除或显著减少会计错配，企业可以将金融资产指定为以公允价值计量且其变动记入当期损益的金融资产。该指定一经做出，不得撤销。

二、 金融资产的重分类

（一）金融工具重分类的原则

（1）企业改变其管理金融资产的业务模式时，应当按照会计准则的规定对所有受影响的相关金融资产进行重分类。

（2）企业对金融资产进行重分类，应当自重分类日起采用未来适应法进行相关会计处理，不得对以前已经确认的利得、损失（包括减值损失或利得）或利息进行追溯调整。

（3）重分类日，是指导致金融资产进行重分类的业务模式发生变更后的首个报告期间的第一天。

如果企业管理金融资产的业务模式没有发生变更，而金融资产的条款发生变更但未导致终止确认时，不允许重分类。

（二）金融资产重分类的计量

1. 以摊余成本计量的金融资产的重分类

（1）企业将一项以摊余成本计量的金融资产重分类为以公允价值计量且其变动记入当期损益的金融资产的，应当按照该资产在重分类日的公允价值进行计量。原账面价值与公允价值之间的差额记入当期损益。

（2）企业将一项以摊余成本计量的金融资产重分类为以公允价值计量且其变动记入其他综合收益的金融资产的，应当按照该金融资产在重分类日的公允价值进行计量。原账面价值与公允价值之间的差额记入其他综合收益。该金融资产重分类不影响其实际利率和预期信用损失的计量。

2. 以公允价值计量且其变动记入其他综合收益的金融资产的重分类

（1）企业将一项以公允价值计量且其变动记入其他综合收益的金融资产重分类为以摊余成本计量的金融资产的，应当将之前记入其他综合收益的累计利得或损失转出，调整该金融资产在重分类日的公允价值，并以调整后的金额作为新的账面价值，即视同该金融资产一直以摊余成本计量。该金融资产重分类不影响其实际利率和预期信用损失的计量。

（2）企业将一项以公允价值计量且其变动记入其他综合收益的金融资产重分类为以公允价值计量且其变动记入当期损益的金融资产的，应当继续以公允价值计量该金融资产。同时，企业应当将之前记入其他综合收益的累计利得或损失从其他综合收益转入当期损益。

3. 以公允价值计量且其变动记入当期损益的金融资产的重分类

（1）企业将一项以公允价值计量且其变动记入当期损益的金融资产重分类为以摊余成本计量的金融资产的，应当以其在重分类日的公允价值作为新的账面余额。

（2）企业将一项以公允价值计量且其变动记入当期损益的金融资产重分类为以公允价值计量且其变动记入其他综合收益的金融资产的，应当继续以公允价值计量该金融资产。

三、 金融资产的初始计量

企业初始确认金融资产时，应当按照公允价值计量，公允价值通常为相关金融资产的交易价格。对于以公允价值计量且其变动记入当期损益的金融资产，相关交易费用应当直接记入当期损益；对于其他类别的金融资产，相关交易费用应当记入初始确认金额。

交易费用，是指可直接归属于购买、发行或处置金融工具的增量费用。增量费用，是指企业不购买、发行或处置金融工具就不会发生的费用，包括支付给代理机构、咨询公司、券商等的手续费和佣金及其他必要支出，不包括债券溢价、折价、融资费用、内部管理成本及其他与交易不直接相关的费用。

企业取得金融资产所支付的价款中包含的已宣告但尚未发放的债券利息或现金股利，应当单独确认为应收项目进行处理。

第二节　以摊余成本计量的金融资产

以摊余成本计量的金融资产主要有银行存款、贷款、应收账款、债权投资等。为了反映和监督以摊余成本计量的金融资产的取得、利息的收取、出售等情况，企业应当设置"银行存款""贷款""应收账款""债权投资"等账户分类核算以摊余成本计量的金融资产。

一、以摊余成本计量债权投资核算应设置的会计科目

核算债权投资应设置的会计科目主要有"债权投资""应收利息""利息收入"等。

"债权投资"科目属于资产类账户，用来核算企业债权投资摊余成本，该科目借方登记取得债权投资时的成本、持有期间的应计利息等，贷方登记出售时结转债权投资账面余额，期末借方余额表示债权投资的摊余成本。

扫一扫 学一学

二、以摊余成本计量债权投资的会计处理

以摊余成本计量的债权投资的会计处理，主要包括该金融资产实际利率的计算、摊余成本的确定、持有期间的收益确认及将其处置时损益的处理。相关的账务处理如下：

（1）企业取得的以摊余成本计量的债权投资，应按该债权投资的面值，借记"债权投资——成本"科目，按支付的价款中包含的已到付息期但尚未领取的利息，借记"应收利息"科目，按实际支付的金额，贷记"其他货币资金""银行存款"等科目，按其差额，借记或贷记"债权投资——利息调整"科目。

（2）资产负债表日，对于持有的债权投资为分期付息、一次还本的，应按票面利率计算确定的应收未收利息，借记"应收利息"科目，对于按债权投资摊余成本和实际利率计算确定的利息收入，贷记"利息收入"科目，按其差额，借记或贷记"债权投资——利息调整"科目。

对于债权投资为一次还本付息的，应按票面利率计算确定的应收未收利息，借记"债权投资——应计利息"科目，按债权投资摊余成本和实际利率计算确定的利息收入，贷记"利息收入"科目，按其差额，借记或贷记"债权投资——利息调整"科目。

（3）出售债权投资，应按实际收到的金额，借记"其他货币资金""银行存款"等科目，按其账面余额，贷记"债权投资——成本""应计利息"科目，借记或贷记"债权投资——利息调整"科目，按其差额，贷记或借记"利息收入"科目。已计提信用减值准备的，还应同时结转信用减值准备。

【例 1-1】2019 年 1 月 1 日，盛湘公司从深圳证券交易所购入甲公司同日发行的 5 年期公

司债券 25 000 份，支付价款 2 000 000 元（含交易费用），该债券票面年利率为 4.72%，面值为 2 500 000 元，实际利率为 10%，于每年年末支付本年度债券利息 118 000 元，本金在债券到期时一次性偿还，相关数据的计算见表 1-1。盛湘公司根据管理该金融资产的业务模式，在购买时将该债券分类为以摊余成本计量的金融资产。试分析盛湘公司购入债券、持有债券、债券到期的账务处理过程。

表 1-1　相关数据的计算

单位：元

年份	期初摊余成本（a）	实际利息收入 (b) = (a) ×10%	现金流入（c）	期末摊余成本 (d) = (a) + (b) - (c)
2019	2 000 000.00	200 000.00	118 000.00	2 082 000.00
2020	2 082 000.00	208 200.00	118 000.00	2 172 200.00
2021	2 172 200.00	217 220.00	118 000.00	2 271 420.00
2022	2 271 420.00	227 142.00	118 000.00	2 380 562.00
2023	2 380 562.00	237 438.00 *	2 618 000.00	0

注：* 尾数调整 2 500 000 + 118 000 - 2 380 562 = 237 438（元）。

【解析】
(1) 2019 年 1 月 1 日，购入甲公司债券时：
借：债权投资——甲公司债券——成本　　　　　　　　　　　　　　　2 500 000
　　贷：其他货币资金——存出投资款　　　　　　　　　　　　　　　　2 000 000
　　　　债权投资——甲公司债券——利息调整　　　　　　　　　　　　　500 000
(2) 2019 年 12 月 31 日，确认甲公司债券实际利息收入、收到债券利息时：
借：应收利息——甲公司　　　　　　　　　　　　　　　　　　　　　118 000
　　债权投资——甲公司债券——利息调整　　　　　　　　　　　　　　82 000
　　贷：利息收入　　　　　　　　　　　　　　　　　　　　　　　　　200 000
借：其他货币资金——存出投资款　　　　　　　　　　　　　　　　　118 000
　　贷：应收利息——甲公司　　　　　　　　　　　　　　　　　　　　118 000
(3) 2020 年 12 月 31 日，确认甲公司债券实际利息收入、收到债券利息时：
借：应收利息——甲公司　　　　　　　　　　　　　　　　　　　　　118 000
　　债权投资——甲公司债券——利息调整　　　　　　　　　　　　　　90 200
　　贷：利息收入　　　　　　　　　　　　　　　　　　　　　　　　　208 200
借：其他货币资金——存出投资款　　　　　　　　　　　　　　　　　118 000
　　贷：应收利息——甲公司　　　　　　　　　　　　　　　　　　　　118 000
(4) 2021 年 12 月 31 日，确认甲公司债券实际利息收入、收到债券利息时：
借：应收利息——甲公司　　　　　　　　　　　　　　　　　　　　　118 000
　　债权投资——甲公司债券——利息调整　　　　　　　　　　　　　　99 220
　　贷：利息收入　　　　　　　　　　　　　　　　　　　　　　　　　217 220
借：其他货币资金——存出投资款　　　　　　　　　　　　　　　　　118 000
　　贷：应收利息——甲公司　　　　　　　　　　　　　　　　　　　　118 000

（5）2022 年 12 月 31 日，确认甲公司债券实际利息收入、收到债券利息时：

借：应收利息——甲公司 118 000
　　债权投资—甲公司债券——利息调整 109 142
　　　贷：利息收入 227 142
借：其他货币资金——存出投资款 118 000
　　　贷：应收利息 118 000

（6）2023 年 12 月 31 日，确认甲公司债券实际利息收入、收到债券利息和本金时：

借：应收利息——甲公司 118 000
　　债权投资——甲公司债券——利息调整 119 438
　　　贷：利息收入 237 438

同时，

借：其他货币资金——存出投资款 118 000
　　　贷：应收利息——甲公司 118 000
借：其他货币资金——存出投资款 2 500 000
　　　贷：债权投资——甲公司债券——成本 2 500 000

【例 1-2】承【例 1-1】，如果盛湘公司购买的甲公司债券到期一次还本付息，实际利率为 9.05%，相关数据的计算见表 1-2。试分析盛湘公司购入债券、持有债券、债券到期的账务处理过程。

表 1-2　相关数据的计算

单位：元

年份	期初摊余成本（a）	实际利息收入 (b)＝(a)×9.05%	现金流入（c）	期末摊余成本 (d)＝(a)＋(b)－(c)
2019	2 000 000.00	181 000.00	0	2 181 000.00
2020	2 181 000.00	197 380.50	0	2 378 380.50
2021	2 378 380.50	215 243.44	0	2 593 623.94
2022	2 593 623.94	234 722.97	0	2 828 346.91
2023	2 828 346.91	261 653.09 *	3 090 000.00	0

注：* 尾数调整 2 500 000＋590 000－2 828 346.91＝261 653.09（元）。

【解析】

（1）2019 年 1 月 1 日，购入甲公司债券时：

借：债权投资——甲公司债券——成本 2 500 000
　　　贷：其他货币资金——存出投资款 2 000 000
　　　　　债权投资——甲公司债券——利息调整 500 000

（2）2019 年 12 月 31 日，确认甲公司债券实际利息收入时：

借：债权投资——甲公司债券——应计利息 118 000
　　　　　　　　　　　　　——利息调整 63 000
　　　贷：利息收入 181 000

（3）2020 年 12 月 31 日，确认甲公司债券实际利息收入时：

借：债权投资——甲公司债券——应计利息　　　　　　　　118 000
　　　　　　　　　　　　　　——利息调整　　　　　　　　79 380.5
　　贷：利息收入　　　　　　　　　　　　　　　　　　　　197 380.5

（4）2021年12月31日，确认甲公司债券实际利息收入时：

借：债权投资——甲公司债券——应计利息　　　　　　　　118 000
　　　　　　　　　　　　　　——利息调整　　　　　　　　97 243.44
　　贷：利息收入　　　　　　　　　　　　　　　　　　　　215 243.44

（5）2022年12月31日，确认甲公司债券实际利息收入时：

借：债权投资——甲公司债券——应计利息　　　　　　　　118 000
　　　　　　　　　　　　　　——利息调整　　　　　　　　116 722.97
　　贷：利息收入　　　　　　　　　　　　　　　　　　　　234 722.97

（6）2023年12月31日，确认甲公司债券实际利息收入、收回债券本金和票面利息时：

借：债权投资——甲公司债券——应计利息　　　　　　　　118 000
　　　　　　　　　　　　　　——利息调整　　　　　　　　143 653.09
　　贷：利息收入　　　　　　　　　　　　　　　　　　　　261 653.09

同时，

借：其他货币资金——存出投资款　　　　　　　　　　　　3 090 000
　　贷：债权投资——甲公司债券——成本　　　　　　　　　2 500 000
　　　　　　　　　　　　　　——应计利息　　　　　　　　590 000

【例1-3】承【例1-1】，若盛湘公司于2022年1月1日将甲公司债券以2 600 000万元出售给某公司，要求做盛湘公司出售债券的会计分录。

【解析】

借：其他货币资金——存出投资款　　　　　　　　　　　　2 600 000
　　债权投资——甲公司债券——利息调整　　　　　　　　228 580
　　贷：债权投资——甲公司债券——成本　　　　　　　　　2 500 000
　　　　利息收入　　　　　　　　　　　　　　　　　　　　328 580

第三节　以公允价值计量且其变动记入其他综合收益的金融资产

一、以公允价值计量且其变动记入其他综合收益的金融资产核算应设置的会计科目

（一）"其他债权投资"科目

"其他债权投资"科目属于资产类科目，用来核算分类为以公允价值计量且其变动记入其他综合收益的金融资产。借方登记分类为以公允价值计量且其变动记入其他综合收益的金融资产取得时的成本、持有期间的应计利息、资产负债表日公允价值大于账面价值的差额；贷方登记资产负债表日公允价值小于账面价值的差额、终止确认时结转该资产的账面余额，

期末借方余额表示该金融资产公允价值。

（二）"其他综合收益"科目

"其他综合收益"科目属于所有者权益类科目。贷方表示资产负债表日公允价值大于账面价值的差额、终止确认时结转累计利得，借方表示资产负债表日公允价值小于账面价值的差额、终止确认时结转累计损失。

需要注意的是，以公允价值计量且其变动记入其他综合收益的金融资产产生的利得或损失，除减值损失或利得和汇兑损失外，均记入其他综合收益。终止确认时，之前记入"其他综合收益"的累计利得或损失转入当期损益。

二、 以公允价值计量且其变动记入其他综合收益的金融资产的会计处理

（1）取得时，按该金融资产投资的面值，借记"其他债权投资——成本"科目，按支付的价款中包含的已到付息期但尚未领取的利息，借记"应收利息"科目，按实际支付的金额，贷记"其他货币资金" "银行存款"等科目，按其差额，借记或贷记"其他债权投资——利息调整"科目。

（2）持有期间，该金融资产为分期付息、一次还本债券投资的，应按票面利率计算确定的应收未收利息，借记"应收利息"科目，按该债券的摊余成本和实际利率计算确定的利息收入，贷记"利息收入"科目，按其差额，借记或贷记"其他债权投资——利息调整"科目。

该金融资产为一次还本付息债券投资的，应按票面利率计算确定的应收未收利息，借记"其他债权投资——应计利息"科目，按该债券的摊余成本和实际利率计算确定的利息收入，贷记"利息收入"科目，按其差额，借记或贷记"其他债权投资——利息调整"科目。

（3）资产负债表日，应按该金融资产的公允价值高于其账面余额的差额，借记"其他债权投资——公允价值变动"科目，贷记"其他综合收益——其他债权投资公允价值变动"科目；公允价值低于其账面余额的差额时作相反的会计分录。

需要注意的是，确定该金融资产发生减值的，应按减记的金额，借记"信用减值损失"，按从其他综合收益中转出的累计损失金额，贷记"其他综合收益——信用减值准备"。

（4）出售时，应按实际收到的金额，借记"其他货币资金""银行存款"等科目，按其账面余额，贷记"其他债权投资——成本、应计利息"科目，贷记或借记"其他债权投资——公允价值变动、利息调整"科目；按应从所有者权益中转出的公允价值累计变动额，借记或贷记"其他综合收益——其他债权投资公允价值变动"科目，按从其他综合收益中转出的信用减值准备累计金额，贷记或借记"其他综合收益——信用减值准备"，贷记或借记"投资收益"科目。

【例1-4】2019年1月1日，盛湘公司从深圳证券交易所购入甲公司同日发行的5年期公司债券25 000份，支付价款2 000 000元（含交易费用），该债券票面价值总额为2 500 000元，票面年利率为4.72%（假定全年按照360天计算），于年末支付本年度债券利息（每年利息为118 000元），本金在债券到期时一次性偿还，假设该债券实际利率为10%。盛湘公司没有意图将该债券持有至到期，划分为其他债权投资。

其他资料如下：

2019年12月31日，甲公司债券的公允价值为2 400 000元（不含利息）。

2020 年 12 月 31 日，甲公司债券的公允价值为 2 600 000 元（不含利息）。

2021 年 12 月 31 日，甲公司债券的公允价值为 2 500 000 元（不含利息）。

2022 年 12 月 31 日，甲公司债券的公允价值为 2 400 000 元（不含利息）。

2023 年 1 月 20 日，通过上海证券交易所出售了 甲公司债券 25 000 份，获得价款 2 520 000元。

相关数据的计算见表 1-3。试分析盛湘公司购入债券、持有债券、债券到期的账务处理过程。

表 1-3　年末相关数据的计算

单位：元

日期	现金流入（a）	实际利息收入（b）=期初（d）×10%	已收回的本金（c）=（a）－（b）	摊余成本余额（d）=期初（d）－（c）	公允价值（e）	公允价值变动额（f）=（e）－（d）－期初（g）	公允价值变动累计额（g）=期初（g）+（f）
2019.01.01				2 000 000.00	2 000 000.00	0	0
2019.12.31	118 000.00	200 000.00	−82 000.00	2 082 000.00	2 400 000.00	318 000.00	318 000.00
2020.12.31	118 000.00	208 200.00	−90 200.00	2 172 200.00	2 600 000.00	109 800.00	427 800.00
2021.12.31	118 000.00	217 220.00	−99 220.00	2 271 420.00	2 500 000.00	−199 220.00	228 580.00
2022.12.31	118 000.00	227 142.00	−109 142.00	2 380 562.00	2 400 000.00	−209 142.00	19 438.00

【解析】

（1）2019 年 1 月 1 日，购入甲公司债券时：

借：其他债权投资——甲公司债券——成本 2 500 000

　　贷：其他货币资金——存出投资款 2 000 000

　　　　其他债权投资——甲公司债券——利息调整 500 000

（2）2019 年 12 月 31 日，确认甲公司债券实际利息收入、公允价值变动，收到债券利息时：

借：应收利息——甲公司 118 000

　　其他债权投资——甲公司债券——利息调整 82 000

　　贷：利息收入——甲公司债券 200 000

借：其他货币资金——存出投资款 118 000

　　贷：应收利息——甲公司 118 000

借：其他债权投资——甲公司债券——公允价值变动 318 000

　　贷：其他综合收益——其他债权投资公允价值变动 318 000

（3）2020 年 12 月 31 日，确认甲公司债券实际利息收入、公允价值变动，收到债券利息时：

借：应收利息——甲公司 118 000

　　其他债权投资——甲公司债券——利息调整 90 200

　　贷：利息收入——甲公司债券 208 200

借：其他货币资金——存出投资款 118 000

　　贷：应收利息——甲公司 118 000

借：其他债权投资——甲公司债券——公允价值变动　　　　　　　　109 800

　　贷：其他综合收益——其他债权投资公允价值变动　　　　　　　　　109 800

（4）2021 年 12 月 31 日，确认甲公司债券实际利息收入、公允价值变动，收到债券利息时：

借：应收利息——甲公司　　　　　　　　　　　　　　　　　　　118 000

　　其他债权投资——甲公司债券——利息调整　　　　　　　　　 99 220

　　贷：利息收入——甲公司债券　　　　　　　　　　　　　　　　　217 220

借：其他货币资金——存出投资款　　　　　　　　　　　　　　　118 000

　　贷：应收利息——甲公司　　　　　　　　　　　　　　　　　　　118 000

借：其他综合收益——其他债权投资公允价值变动　　　　　　　　199 220

　　贷：其他债权投资——甲公司债券——公允价值变动　　　　　　　199 220

（5）2022 年 12 月 31 日，确认甲公司债券实际利息收入、公允价值变动，收到债券利息时：

借：应收利息——甲公司　　　　　　　　　　　　　　　　　　　118 000

　　其他债权投资——甲公司债券——利息调整　　　　　　　　　109 142

　　贷：利息收入——甲公司债券　　　　　　　　　　　　　　　　　227 142

借：其他货币资金——存出投资款　　　　　　　　　　　　　　　118 000

　　贷：应收利息——甲公司　　　　　　　　　　　　　　　　　　　118 000

借：其他综合收益——其他债权投资公允价值变动　　　　　　　　209 142

　　贷：其他债权投资——甲公司债券——公允价值变动　　　　　　　209 142

（6）2023 年 1 月 20 日，确认出售甲公司债券实现的损益时：

借：其他货币资金——存出投资款　　　　　　　　　　　　　　2 520 000

　　其他债权投资——甲公司债券——利息调整　　　　　　　　　139 438

　　其他综合收益——其他债权投资公允价值变动　　　　　　　　 19 438

　　贷：其他债权投资——甲公司债券——成本　　　　　　　　　　2 500 000

　　　　　　　　　　　　　　　　——公允价值变动　　　　　　　　 19 438

　　　　　　　　　　　　　　　　——投资收益　　　　　　　　　　159 438

第四节　指定为以公允价值计量且其变动记入其他综合收益的非交易性权益工具投资

一、指定为以公允价值计量且其变动记入其他综合收益的非交易性权益工具投资核算应设置的会计科目

（一）"其他权益工具投资"科目

"其他权益工具投资"科目属于资产类科目，用来核算指定为以公允价值计量且其变动记入其他综合收益的非交易性权益工具投资。借方登记取得时分类为以公允价值计量且其变动记入其他综合收益的非交易性权益工具公允价值与交易费用、资产负债表日公允价值大于

账面价值的差额，贷方反映资产负债表日公允价值小于账面价值的差额、终止确认时结转该金融资产的账面余额，期末借方余额表示该金融资产公允价值。

（二）"其他综合收益"科目

"其他综合收益"科目属于所有者权益类科目。贷方表示资产负债表日其他权益工具投资公允价值大于账面价值的差额、终止确认时结转累计损失，借方表示资产负债表日公允价值小于账面价值的差额、终止确认时结转累计利得。

需要注意的是，指定为以公允价值计量且其变动记入其他综合收益的非交易性权益工具投资除了获得的股利收入（作为投资成本部分收回的股利收入除外）记入当期损益外，其他相关的利得与损失（包括汇兑损益）均记入其他综合收益，且后续不得转入损益；当终止确认时，之前记入"其他综合收益"的累计利得或损失转入留存收益即盈余公积与未分配利润。

二、 指定为以公允价值计量且其变动记入其他综合收益的非交易性权益工具投资的会计处理

（1）取得时，应按其公允价值与交易费用之和，借记"其他权益工具投资——成本"，按支付的价款中包含的已宣告但尚未发放的现金股利，借记"应收股利"科目，按实际支付的金额，贷记"其他货币资金""银行存款"等科目。

（2）持有期间，对于被投资单位宣告发放的现金股利，借记"应收股利"科目，贷记"投资收益"科目；对于收到被投资单位发放的现金股利，借记"其他货币资金——存出投资款"科目，贷记"应收股利"科目。

（3）资产负债表日，应按非交易性权益工具投资的公允价值大于其账面价值，借记"其他权益工具投资——公允价值变动"科目，贷记"其他综合收益——其他权益工具投资公允价值变动"科目；公允价值小于其账面价值，分录相反。

（4）出售时，出售所得价款（扣除交易费用）后，借记"其他货币资金""银行存款"等科目，按其账面余额，贷记"其他权益工具投资"科目，差额记入留存收益，贷记或借记"盈余公积""利润分配——未分配利润"科目；同时，终止确认时，之前记入"其他综合收益"的累计利得或损失转入留存收益，借记或贷记"其他综合收益"科目，贷记或借记"盈余公积""利润分配——未分配利润"科目。

【例1-5】2019年3月10日，工贸公司从上海证券交易所购入甲公司股票2 000 000股，占甲公司所有表决权股份的5%，支付价款合计10 696 000元，其中，证券交易费、印花费等交易费用16 000元，已宣告发放的现金股利80 000元。工贸公司将其指定为以公允价值计量且其变动记入其他综合收益的非交易性权益工具投资。

2019年5月10日，工贸公司收到甲公司发放的2018年现金股利80 000元。

2019年6月30日，甲公司股票收盘价为每股6.20元。

2019年12月31日，甲公司股票收盘价为每股5.80元。

2020年4月20日，甲公司宣告发放的2019年现金股利3 000 000元。

2020年5月10日，工贸公司收到甲公司发放的2019年现金股利。

2024年1月20日，工贸公司以每股5.50元的价格将股票全部转让，同时支付交易费用20 000元（假定2020年1月1日—2023年12月31日，甲公司股票价格一直保持为5.80

元/股）。试分析工贸公司购入股票、持有股票、出售股票的账务处理过程。

【解析】

（1）2019 年 3 月 10 日，购入甲公司股票 2 000 000 股时：

借：其他权益工具投资——甲公司股票——成本   10 616 000

　　应收股利——甲公司   80 000

　　贷：其他货币资金——存出投资款   10 696 000

甲公司股票的单位成本＝（10 696 000－80 000）÷2 000 000＝5.308（元/股）

（2）2019 年 5 月 10 日，收到甲公司发放的 2018 年现金股利 80 000 元时：

借：其他货币资金——存出投资款   80 000

　　贷：应收股利——甲公司   80 000

（3）2019 年 6 月 30 日，确认乙公司股票公允价值变动为 1 784 000 元〔（6.20－5.308）×2 000 000〕时：

借：其他权益工具投资——甲公司股票——公允价值变动   1 784 000

　　贷：其他综合收益——其他权益工具投资公允价值变动   1 784 000

（4）2019 年 12 月 31 日，确认甲公司股票公允价值变动为 800 000 元〔（5.80－6.20）×2 000 000〕时：

借：其他综合收益——其他权益工具投资公允价值变动   800 000

　　贷：其他权益工具投资——甲公司股票——公允价值变动   800 000

（5）2020 年 4 月 10 日，确认 2019 年应享有的现金股利 150 000 元（3 000 000×5％）时：

借：应收股利——甲公司   150 000

　　贷：投资收益——甲公司股票   150 000

（6）2020 年 5 月 10 日，收到甲公司发放的 2019 年现金股利时：

借：其他货币资金——存出投资款   150 000

　　贷：应收股利——甲公司   150 000

（7）2020 年 1 月 1 日—2023 年 12 月 31 日，公允价值变动为 0，不做账务处理时：

（8）2024 年 1 月 10 日，出售甲公司股票 2 000 000 股。

①之前记入"其他综合收益"的累计利得时：

借：其他综合收益——其他权益工具投资公允价值变动   984 000

　　贷：盈余公积   984 00

　　　　利润分配——未分配利润   885 600

②出售差额记入留存收益时：

借：其他货币资金——存出投资款   10 980 000

　　盈余公积   62 000

　　利润分配——未分配利润   558 000

　　贷：其他权益工具投资——成本   10 616 000

　　　　其他权益工具投资——公允价值变动   984 000

出售甲公司股票取得的价款＝5.50×2 000 000－20 000＝10 980 000（元）

甲公司股票持有期间公允价值变动记入所有者权益的金额＝1 784 000－800 000

＝984 000（元）

出售甲公司股票时的账面余额＝10 616 000＋984 000＝11 600 000（元）

综合练习题

扫一扫 学一学

一、单项选择题

1. 企业持有以摊余成本计量且一次还本付息的债券投资时，资产负债表日确认当期应收未收的利息应记入的会计科目是（　　　）。

    A. 债权投资——应计利息　　　　　　B. 应收利息

    C. 其他应收款　　　　　　　　　　　D. 长期应收款

2. 企业持有以公允价值计量且其变动记入其他综合收益的金融资产时，资产负债表日公允价值大于账面价值的差额借记的会计科目是（　　　）。

    A. 债权投资——公允价值变动　　　　B. 其他债权投资——公允价值变动

    C. 公允价值变动　　　　　　　　　　D. 投资收益

3. 企业取得以摊余成本计量的债券投资时，入账价值中不应当包括的是（　　　）。

    A. 购入债券的净买价　　　　　　　　B. 支付的手续费

    C. 已到付息期但尚未领取的债券利息　D. 支付的交易费用

4. 2019 年 1 月 1 日，某企业从上海证券交易所购入面值为 1 000 万元的债券，作为以公允价值计量且其变动记入其他综合收益的金融资产核算。购入时，实际支付的价款为 950 万元，另支付交易费用 5 万元。该债券是 2018 年 1 月 1 日发行的，是分期付息到期还本，上年利息费用于次年 1 月 10 日支付。已知债券票面年利率为 5%，则企业取得债券时的入账价值为（　　　）万元。

    A. 950　　　　　　B. 955　　　　　　C. 1 000　　　　　　D. 905

5. 2019 年 4 月 5 日，甲公司从证券市场购入乙公司发行的股票 500 万股，指定为以公允价值计量且其变动记入其他综合收益的非交易性权益工具投资，支付价款为 890 万元（其中包含已宣告但尚未发放的现金股利 80 万元），另支付交易费用 2 万元。5 月 10 日，收到乙公司发放的现金股利 80 万元。12 月 31 日，该项金融资产的公允价值为 960 万元。假定不考虑其他因素，2019 年甲公司应确认的其他综合收益为（　　　）万元。

    A. 70　　　　　　B. 150　　　　　　C. 128　　　　　　D. 148

6. 2019 年 1 月 1 日，甲公司以银行存款 1 100 万元购入乙公司当日发行的 5 年期不可赎回债券，面值为 1 000 万元，并将其划分为债权投资。该债券票面年利率为 10%，每年付息一次，实际年利率为 7.53%。2019 年 12 月 31 日，该债券的公允价值上涨至 1 150 万元。假定不考虑其他因素，2019 年 12 月 31 日甲公司该债券投资的账面价值为（　　　）万元。

    A. 1 082.83　　　　B. 1 150　　　　C. 1 182.83　　　　D. 1 200

7. 2019 年 2 月 3 日，甲公司以其他货币资金 2003 万元（其中含相关交易费用 3 万元）从二级市场购入乙公司股票 100 万股，作为交易性金融资产核算。2019 年 7 月 10 日，甲公司收到乙公司于当年 5 月 25 日宣告分派的现金股利 40 万元。2019 年 12 月 31 日，上述股票的公允价值为 2 800 万元。假定不考虑其他因素，该项投资使甲公司 2019 年营业利润增加的金额为（　　　）万元。

    A. 797　　　　　　B. 800　　　　　　C. 837　　　　　　D. 840

8. 下列各项中，关于交易性金融资产表述不正确的是（　　　）。

A. 取得交易性金融资产所发生的相关交易费用应当在发生时记入投资收益

B. 资产负债表日交易性金融资产公允价值与账面余额的差额记入当期损益

C. 收到交易性金融资产购买价款中已到付息期但尚未领取的债券利息记入当期损益

D. 出售交易性金融资产时应将其公允价值与账面余额之间的差额确认为投资收益

9. 甲公司 2019 年 7 月 1 日购入乙公司 2019 年 1 月 1 日发行的债券，支付价款为 2 100 万元（含已到付息期但尚未领取的债券利息 40 万元），另支付交易费用 15 万元。该债券面值为 2 000 万元，票面年利率为 4％（票面利率等于实际利率），每半年付息一次，并将其划分为交易性金融资产。甲公司 2019 年度该项交易性金融资产应确认的投资收益为 （   ）万元。

A. 25　　　　　B. 40　　　　　C. 65　　　　　D. 80

10. A 公司于 2018 年 11 月 5 日从证券市场上购入 B 公司发行在外的股票 2 000 万股作为交易性金融资产核算，每股支付价款 5 元，另支付相关费用 10 万元。2018 年 12 月 31 日，该股票的公允价值为 10 500 万元。2019 年 12 月 31 日，该股票的公允价值为 10 300 万元，A 公司 2019 年 12 月 31 日应确认的公允价值变动损益为 （   ）万元。

A. 损失 200　　　B. 收益 500　　　C. 损失 490　　　D. 收益 300

二、多项选择题

1. 下列各项关于其他权益工具投资的处理，不会影响当期损益的是 （   ）。

A. 确认购买价款中包含的现金股利

B. 确认期末公允价值变动

C. 外币投资在资产负债表日的汇兑差额

D. 持有期间被投资单位宣告分配现金股利

2. 关于金融资产的计量，下列说法正确的是 （   ）。

A. 交易性金融资产取得时支付的交易费用记入当期损益

B. 债权投资在持有期间应当按照期初摊余成本和实际利率计算利息，记入利息收入

C. 以公允价值计量且其变动记入其他综合收益的金融资产应当按照取得时的公允价值和相关交易费用之和作为初始确认金额

D. 应收账款入账金额中应当包括替购货单位代垫的各种款项

3. 下列关于以公允价值计量且其变动记入其他综合收益的金融资产，下列表述中正确的是 （   ）。

A. 以公允价值计量且其变动记入其他综合收益的金融资产分为两个类别，分别为"债务工具"类别与"权益工具"类别

B. 以公允价值计量且其变动记入其他综合收益的金融资产，"债务工具"类别需要确认信用减值损失，而"权益工具"类别并无减值的要求

C. 其他权益工具投资公允价值变动记入当期损益

D. 其他权益工具投资取得时的入账金额中不包括已宣告但尚未发放的现金股利

4. 关于以公允价值计量且其变动记入其他综合收益的金融资产会计处理，下列各项中表述正确的是 （   ）。

A. 取得时发生的交易费用应记入初始投资成本

B. 持有期间取得的现金股利应冲减投资成本

C. 持有期间的公允价值变动应记入所有者权益

D. 处置的净收益应记入投资收益

5. 关于以摊余成本计量的金融资产，下列说法正确的是（　　　）。

A. 企业从二级市场上购入的固定利率国债、浮动利率公司债券等，符合以摊余成本计量的金融资产条件的，设置"债权投资"科目核算

B. 购入的股权投资也可以以摊余成本计量

C. 企业将一项以摊余成本计量的金融资产重分类为以公允价值计量且其变动记入其他综合收益的金融资产的，应当按照该金融资产在重分类日的公允价值进行计量

D. 企业取得以摊余成本计量的金融资产时支付的价款中包含的已到期但尚未领取的债券利息，应记入初始确认成本

6. 关于金融资产的重分类，下列说法正确的是（　　　）。

A. 企业将一项以公允价值计量且其变动记入当期损益的金融资产重分类为以摊余成本计量的金融资产的，应当以其在重分类日的公允价值作为新的账面余额

B. 企业将一项以公允价值计量且其变动记入其他综合收益的金融资产重分类为以公允价值计量且其变动记入当期损益的金融资产的，应当将之前记入其他综合收益的累计利得或损失从其他综合收益转入当期损益

C. 企业将一项以公允价值计量且其变动记入当期损益的金融资产重分类为以公允价值计量且其变动记入其他综合收益的金融资产的，应当继续以公允价值计量该金融资产

D. 企业将一项以摊余成本计量的金融资产重分类为以公允价值计量且其变动记入其他综合收益的金融资产的，应当按照该金融资产在重分类日的公允价值进行计量

7. 关于交易性金融资产的会计处理，下列各项中表述正确的是（　　　）。

A. 持有期间发生的公允价值变动记入公允价值变动损益

B. 持有期间被投资单位宣告发放的现金股利记入投资收益

C. 取得时支付的价款中包含的应收股利记入初始成本

D. 取得时支付的相关交易费用记入投资收益

8. 下列各项中，关于以摊余成本计量的金融资产的会计处理表述正确的是（　　　）。

A. 取得时以公允价值计量

B. 取得时所发生的交易费用记入初始确认成本

C. 分期付息债券投资的应收未收利息记入"应收利息"科目

D. 一次还本付息债券投资，计提的利息记入"应收利息"

9. 甲上市公司决定于 2019 年 3 月 12 日改变其管理某金融资产的业务模式，则重分类日不正确的是（　　　）。

A. 2019 年 4 月 1 日　　　　　　　　B. 2019 年 6 月 1 日

C. 2019 年 12 月 1 日　　　　　　　 D. 2020 年 1 月 1 日

10. 企业应当根据其管理金融资产的业务模式和金融资产的合同现金流量特征，将金融资产划分为以下三类，分别是（　　　）。

A. 以摊余成本计量的金融资产

B. 以公允价值计量且其变动记入其他综合收益的金融资产

C. 长期股权投资

D. 以公允价值计量且其变动记入当期损益的金融资产

三、判断题

1. 预付账款与应收账款虽然都属于企业债权，但应收账款属于金融资产，预付账款则不属于金融资产。   （　　）

2. 取得以摊余成本计量的金融资产时，其入账价值应当为实际支付的全部价款。
                                                                （　　）

3. 其他债权投资处置时应当将取得的价款与账面价值的差额记入"投资收益"科目。
                                                                （　　）

4. 取得交易性金融资产时发生的交易费用记入交易性金融资产的成本。   （　　）

5. 其他权益工具投资终止确认时应当将处置所得的价款与账面价值的差额记入"投资收益"科目。   （　　）

6. 甲上市公司决定于 2019 年 10 月 25 日改变其管理某金融资产的业务模式，则重分类日为 2020 年 1 月 1 日。   （　　）

四、综合业务题

1. 2019 年 5 月 6 日，甲公司从上证交易所购入乙公司发行的股票 200 万股，支付价款为 1 016 万元（包含交易费用 1 万元和已宣告但尚未发放的现金股利 15 万元），占乙公司有表决权股份的 0.5%。甲公司将其指定为以公允价值计量且其变动记入其他综合收益的非交易性权益工具投资。

（1）2019 年 5 月 10 日，甲公司收到乙公司发放的现金股利 15 万元。

（2）2019 年 6 月 30 日，该股票市价为每股 5.20 元。

（3）2019 年 12 月 31 日，甲公司仍持有该股票，当日，股票市价为每股 5 元。

（4）2020 年 5 月 9 日，乙公司宣告发放股利 4 000 万元。

（5）2020 年 5 月 13 日，甲公司收到乙公司发放的现金股利。

（6）2020 年 5 月 20 日，甲公司由于某特殊原因，以每股 4.90 元的价格将股票全部转让。

要求：假定不考虑其他因素，请完成上述业务的账务处理。

2. 2019 年 1 月 1 日，甲公司购入乙公司当日发行的 5 年期公司债券，支付价款为 1 800 万元，该债券票面价值总额为 2 000 万元，票面年利率为 5%，实际利率 7.47%，于每年年末支付本年度债券利息，本金到期一次性偿还。甲公司购买时将该债券划分为以摊余成本计量的金融资产。由于经营需要，2021 年 1 月 1 日，甲公司将持有的乙公司债券以 2 010 万元出售。

要求：

（1）计算甲公司 2019 年度债权投资的利息收入。

（2）计算甲公司 2020 年度债权投资的利息收入。

（3）计算甲公司 2021 年 1 月 1 日出售债权投资的损益。

（4）编制相关会计分录。

第二章　长期股权投资

学习目标

知识目标

理解长期股权投资的含义，理解长期股权投资的范围，掌握长期股权投资初始投资的确定方法，掌握成本法及权益法的核算范围及核算方法，理解长期股权投资核算方法的转换处理。

能力目标

能正确地辨别长期股权投资形成的方式并正确计算长期股权投资的投资成本；能正确地使用成本法对长期股权投资进行后续核算处理；能正确地使用权益法对长期股权投资进行后续核算处理。

素质目标

1. 提高学生长期股权投资初始投资确定方法的职业判断。
2. 提高学生长期股权投资业务会计核算的职业技能。

重点难点

重点：长期股权投资初始成本的确定、长期股权投资成本法的核算、长期股权投资权益法的核算。

难点：长期股权投资初始成本的确定、长期股权投资权益法的核算、成本法与权益法的转换。

案例导入

吉利控股集团的对外投资

浙江吉利控股集团有限公司始建于 1986 年，是中国国内汽车行业十强中唯一一家民营轿车生产经营企业，经过 30 多年的建设与发展，在生产汽车、摩托车、汽车发动机、变速器、汽车电子电气及汽车零部件方面取得了辉煌业绩。

2010 年 3 月 28 日，浙江吉利控股集团和福特汽车公司签署了股权收购协议，同时，吉利以 18 亿美元收购了沃尔沃 100％的股权。2010 年 8 月 2 日，吉利董事长李书福和福特首席财务官在英国伦敦共同出席并完成交割仪式。2018 年 2 月 24 日，吉利控股又以约 90 亿美元价格收购了梅赛德斯奔驰集团的母公司戴姆勒公司 9.69％的股份。虽然吉利控股成为戴姆勒公司最大单一股东，但目前吉利控股暂未在戴姆勒公司董事会或类似权力机构中派有代表。

（资料来源：作者根据相关资料整理所得）

请分析：浙江吉利控股集团对沃尔沃及戴姆勒的投资是否属于长期股权投资的范围？若是，浙江吉利控股集团应该对该长期股权投资采用成本法还是权益法进行会计核算？为什么？

第一节 长期股权投资概述

一、 长期股权投资的概念

长期股权投资是指投资企业对被投资单位实施控制、重大影响的权益性投资，以及对其合营企业的权益性投资。除此之外，其他权益性投资不作为长期股权投资进行核算，而应当按照《企业会计准则第 22 号——金融工具确认和计量》的规定进行会计核算。

二、 长期股权投资的范围

长期股权投资是指应当按照《企业会计准则第 2 号——长期股权投资》进行核算的权益性投资，主要包括以下 3 个方面。

（1）投资方能够对被投资单位实施控制的权益性投资，即对子公司投资。控制是指投资方拥有对被投资单位的权力，通过参与被投资单位的相关活动而享有可变回报，并且有能力运用对被投资单位的权力影响及其回报金额。

【例 2-1】甲公司拥有 A 公司 65％的股权，A 公司所有重大决策均需要 50％以上的表决权通过方可作出。试分析甲公司对 A 公司是否实施控制。

【解析】甲公司拥有 A 公司的股权比率超过 A 公司通过所有重大决策所需表决权比率，由此可见，甲公司无须与其他参与方联合就能够单独主导 A 公司的相关活动，即甲公司可控制 A 公司。因此，A 公司是甲公司的子公司，甲公司对 A 公司的投资属于实施控制的权益性投资。

（2）投资方与其他合营方一同对被投资单位实施共同控制，且对被投资单位净资产享有权利的权益性投资，即对合营企业投资。企业与其他企业对被投资单位实施共同控制的，被投资单位为企业的合营企业。共同控制是指按照相关约定对某项安排所共有的控制，并且该安排的相关活动必须经过分享控制权的参与方一致同意后才能决策。

如果存在两个或两个以上的参与方组合能够集体控制某项安排的，不构成共同控制，即共同控制合营安排的参与方组合是唯一的。

【例 2-2】甲公司、乙公司、丙公司三家公司分别拥有 B 公司 45％、40％、15％的股权，

B公司所有重大决策均需要80％以上的表决权通过方可作出。试分析甲公司、乙公司、丙公司三家公司对B公司是否实施共同控制。

【解析】甲公司、乙公司合计拥有B公司85％的表决权，超过了80％的表决权要求，当且仅当甲公司、乙公司均同意时，B公司的重大决策方能表决通过，丙公司的意愿并不能起到影响表决是否通过的决定性作用。因此，没有任何一方能够单独控制B公司，甲公司与乙公司对B公司实施共同控制，B公司是甲公司与乙公司的合营企业，而丙公司虽然作为B公司的股东，但并不具有共同控制权。

【例2-3】甲公司、乙公司、丙公司三家公司分别拥有B公司45％、40％、15％的股权，B公司所有重大决策需要50％以上的表决权通过方可作出。试分析甲公司、乙公司、丙公司三家公司对B公司是否实施共同控制。

【解析】若只从表决权来确定投资企业对被投资单位的控制情况，B公司所有重大决策只需要50％以上的表决权即可通过，甲公司、乙公司合计拥有B公司85％的表决权，超过了50％的表决权要求；甲公司、丙公司合计拥有B公司60％的表决权，超过了50％的表决权要求；乙公司、丙公司合计拥有B公司55％的表决权，超过了50％的表决权要求，存在不止一个参与方组合能够集体控制B公司，则甲公司、乙公司、丙公司三家公司对B公司的投资不构成共同控制。

（3）投资方对被投资单位具有重大影响的权益性投资，即对联营企业投资。重大影响是指投资方对被投资单位的财务和经营政策有参与决策的权力，但并不能够控制或与其他方一起共同控制这些政策的制定。投资方直接或通过子公司间接持有被投资单位20％以上但低于50％的表决权时，一般认为对被投资单位具有重大影响，除非有明确的证据表明该种情况下不能参与被投资单位的生产经营决策，否则不形成重大影响。在确定能否对被投资单位施加重大影响时，不仅要应考虑投资方直接或间接持有被投资单位的表决权股份；还要考虑投资方及其他方持有的当期可执行潜在表决权在假定转换为对被投资单位的股权后产生的影响，如被投资单位发行的当期可转换的认股权证、股份期权及可转换公司债券等的影响。

企业通常可以通过以下一种或几种情形来判断是否对被投资单位具有重大影响：

（1）在被投资单位的董事会或类似权力机构中派有代表。在这种情况下，由于在被投资单位的董事会或类似权力机构中派有代表，并相应享有实质性的参与决策权，投资方可以通过该代表参与被投资单位财务和经营政策的制定，达到对被投资单位施加重大影响。

（2）参与被投资单位财务和经营政策的制定过程。这种情况下，在制定政策过程中可以为其自身利益提出建议和意见，从而可以对被投资单位施加重大影响。

（3）与被投资单位之间发生重要交易。有关的交易因对被投资单位的日常经营具有重要性，进而一定程度上可以影响到被投资单位的生产经营决策。

（4）向被投资单位派出管理人员。在这种情况下，管理人员有权力主导被投资单位的相关活动，从而能够对被投资单位施加重大影响。

（5）向被投资单位提供关键技术资料。因被投资单位的生产经营需要依赖投资方的技术或技术资料，所以表明投资方对被投资单位具有重大影响。

需要注意的是，存在上述一种或多种情形并不意味着投资方一定对被投资单位具有重大影响。企业需要综合考虑所有事实和情况来作出恰当的判断。

除上述以外其他的权益性投资，还包括风险投资机构、共同基金，以及类似主体持有的、在初始确认时按照《企业会计准则第22号——金融工具确认和计量》的规定以公允价值计量且其变动记入当期损益的金融资产及其他权益性投资。投资性主体对不纳入合并财务报表的子公司的权益性投资，应当按照《企业会计准则第 22 号——金融工具确认和计量》等相关准则的规定进行核算。

第二节　长期股权投资的初始计量

一、长期股权投资的科目设置

为了核算和监督长期股权投资业务，投资企业应设置"长期股权投资"科目。该科目用来核算企业持有的长期股权投资，借方登记长期股权投资取得时的初始投资成本，及采用权益法核算时按被投资单位实现的净损益、其他综合收益和其他权益变动等计算应分担的份额，贷方登记处置长期股权投资的账面余额或采用权益法核算时被投资单位宣告分派的现金股利或利润时企业按持股比例计算应享有的份额，以及按被投资单位发生的净亏损、其他综合收益和其他权益变动等计算的应分担的份额，期末借方余额，反映企业持有的长期股权投资的价值。本科目应当按照被投资单位进行明细核算。

长期股权投资核算采用权益法的，应当分别"投资成本""损益调整""其他综合收益""其他权益变动"等进行明细核算。

二、长期股权投资的初始计量

长期股权投资在取得时，应按初始投资成本入账。长期股权投资初始投资成本应分别同企业合并和非企业合并两种情况进行确认与计量。

（一）企业合并形成的长期股权投资

企业合并是指将两个或两个以上的企业合并形成一个报告主体的交易或事项。企业合并可分为吸收合并、新设合并和控股合并三种形式。吸收合并是指两家或两家以上的企业合并成一家企业，其中一家企业将另一家企业或多家企业吸收进自己的企业，并以自己的名义继续经营，而被吸收的企业在合并后丧失法人地位，解散消失。新设合并是指几家企业协议合并组成一家新的企业。也就是说，经过这种形式的合并，原来的各家企业均不复存在，而由新企业经营。控股合并是指一家企业购进或取得了另一家企业有投票表决权的股份或出资证明书，且已达到控制后者经营和财务方针的持股比例的企业合并形式。只有控股合并才会形成长期股权投资。

企业合并形成的长期股权投资，应分别同一控制下控股合并与非同一控制下控股合并确定其初始投资成本。

1. 非同一控制下企业合并取得的长期股权投资

非同一控制下的企业合并是指参与合并各方在合并前后不受同一方或相同的多方最终控制的合并交易，即合并前合并双方不属于同一集团企业。非同一控制下的企业合并，在购买日取得对其他参与合并企业控制权的一方为购买方，参与合并的其他企业为被购买方。

（1）初始投资成本的确定。非同一控制下企业合并中，购买方为了取得对被购买方的控制权而放弃的资产、发生或承担的负债、发行的权益性证券等均应按其在购买日的公允价值计量。购买方确定的合并成本包括购买方在购买日为取得对被购买方的控制权而付出的资产、发生或承担的负债，以及发行的权益性证券的公允价值。

$$
\begin{array}{ccccc}
\text{长期股权投资的} & & \text{支付价款} & & \text{发生或承担的} & & \text{发行的} \\
\text{初始投资成本} & = & \text{或付出资产的} & + & \text{负债的} & + & \text{权益性证券的} & \text{（2-1）} \\
\text{（合并成本）} & & \text{公允价值} & & \text{公允价值} & & \text{公允价值}
\end{array}
$$

（2）购买日的会计核算。非同一控制下企业合并形成的长期股权投资且涉及以固定资产或无形资产作为合并对价的，应在购买日按企业合并成本，借记"长期股权投资"科目，按实际支付的价款或对价中包含已宣告但未发放的现金股利或利润，借记"应收股利"科目，按实际发生的审计、法律服务、评估咨询等中介费用，借记"管理费用"等科目，按支付合并对价的账面价值，贷记"固定资产清理""无形资产"等科目，按其差额，贷记或借记"资产处置损益"科目。

非同一控制下企业合并形成的长期股权投资且涉及以长期股权投资或金融资产作为合并对价的，应在购买日按支付合并对价的账面价值，贷记"长期股权投资""交易性金融资产"等科目，按其差额，贷记或借记"投资收益"科目。

非同一控制下企业合并形成的长期股权投资且涉及以存货作为合并对价的，应在购买日按存货的公允价值，贷记"主营业务收入"或"其他业务收入"等科目，并同时结转相关的成本。涉及增值税的，还应进行相应的处理。

非同一控制下企业合并形成的长期股权投资且涉及以投资性房地产作为合并对价的，应在购买日按投资性房地产的公允价值，贷记"其他业务收入"科目，并同时结转其他业务成本。涉及增值税的，还应进行相应的处理。

非同一控制下企业合并形成的长期股权投资且涉及以发行股票等权益性工具作为合并对价的，应在购买日按股票面值，贷记"股本"科目，按差额，借记或贷记"资本公积——股本溢价"等科目。另外，与所发行权益性工具相关的佣金、手续费等，应自所发行权益性证券的发行收入中扣减，冲减资本公积（资本溢价或股本溢价），资本公积不足冲减的，依次冲减盈余公积和未分配利润。

【例 2-4】甲公司和乙公司均为增值税一般纳税人，且不存在任何关联方关系。2019 年 7 月 4 日，甲公司以账面原价 18 000 000 元、累计折旧 5 000 000 元、减值准备 1 000 000 元、公允价值 15 000 000 元（不含增值税，适用增值税税率为 9%）的一栋办公楼作为对价，自乙公司处取得其持有的丙公司 80% 股权，能够对丙公司实施控制。购买日丙公司可辨认净资产公允价值为 10 000 000 元。甲公司以银行转账方式支付审计费 500 000 元，甲公司与丙公司的会计年度和采用的会计政策相同。假定不考虑除增值税以外的相关税费等其他因素，试分析甲公司对该项投资初始投资时的账务处理过程。

【解析】

（1）该项合并为非同一控制下企业合并。

理由：甲公司与乙公司在此项交易前不存在任何关联方关系。

（2）购买日为 2019 年 7 月 4 日：

企业合并成本 = 15 000 000 × （1 + 9%）= 16 350 000（元）

（3）甲公司编制如下会计分录：

借：固定资产清理　　　　　　　　　　　　　　　　　　　　　　　　12 000 000

　　累计折旧　　　　　　　　　　　　　　　　　　　　　　　　　　 5 000 000

```
        固定资产减值准备                                    1 000 000
            贷：固定资产                                         18 000 000
    借：长期股权投资                                  16 350 000
        贷：固定资产清理                                     15 000 000
            应交税费——应交增值税（销项税额）                   1 350 000
    借：固定资产清理                                   3 000 000
        贷：资产处置损益                                      3 000 000
    借：管理费用                                      500 000
        贷：银行存款                                          500 000
```

【例 2-5】甲公司和乙公司均为增值税一般纳税人，且不存在任何关联方关系。2019 年 7 月 8 日，甲公司以一批库存商品作为对价，自乙公司处取得其持有的丙公司 80％股权，并能够对丙公司实施控制。该批产品的成本为 12 000 000 元，未计提存货跌价准备，市场售价为 15 000 000 元（不含增值税，适用增值税税率为 13％）。购买日丙公司可辨认净资产公允价值为 10 000 000 元。甲公司以银行转账方式支付审计费 500 000 元，甲公司与丙公司的会计年度和采用的会计政策相同。假定不考虑除增值税以外的相关税费等其他因素，试分析甲公司对该项投资初始投资时的账务处理过程。

【解析】

（1）该项合并为非同一控制下企业合并。

理由：甲公司与乙公司在此项交易前不存在任何关联方关系。

（2）购买日为 2019 年 7 月 8 日：

企业合并成本 ＝15 000 000×（1＋13％）＝16 950 000（元）

（3）甲公司编制如下会计分录：

```
    借：长期股权投资                                  16 950 000
        贷：主营业务收入                                     15 000 000
            应交税费——应交增值税（销项税额）                   1 950 000
    借：主营业务成本                                  12 000 000
        贷：库存商品                                         12 000 000
    借：管理费用                                      500 000
        贷：银行存款                                          500 000
```

【例 2-6】甲公司和乙公司均为增值税一般纳税人，且不存在任何关联方关系。2019 年 8 月 8 日，甲公司以向乙公司定向增发股票方式，自乙公司处取得其持有的丙公司 80％股权，并能够实施控制丙公司。甲公司定向增发 5 000 000 股普通股股票，每股面值 1 元，每股公允价值 3 元，甲公司以银行转账方式支付发行费 300 000 元。购买日丙公司可辨认净资产公允价值为 10 000 000 元。甲公司以银行转账方式支付审计费 500 000 元，甲公司与丙公司的会计年度和采用的会计政策相同。假定不考虑相关税费等其他因素，试分析甲公司对该项投资初始投资时的账务处理过程。

【解析】

（1）该项合并为非同一控制下企业合并。

理由：甲公司与乙公司在此项交易前不存在任何关联方关系。

（2）购买日为 2019 年 8 月 8 日：

企业合并成本 ＝5 000 000×3＝15 000 000（元）

（3）甲公司编制如下会计分录：

借：长期股权投资　　　　　　　　　　　　　　　　　　　　15 000 000

　　贷：股本　　　　　　　　　　　　　　　　　　　　　　　5 000 000

　　　　资本公积——股本溢价　　　　　　　　　　　　　　10 000 000

借：管理费用　　　　　　　　　　　　　　　　　　　　　　　500 000

　　资本公积——股本溢价　　　　　　　　　　　　　　　　　300 000

　　贷：银行存款　　　　　　　　　　　　　　　　　　　　　800 000

2. 同一控制下企业合并形成的长期股权投资

同一控制下企业合并是指参与合并的企业在合并前后均受同一方或相同的多方最终控制且该控制并非暂时性的合并交易，即合并之前合并双方在同一个集团。同一控制下的企业合并，在合并日取得对其他参与合并企业控制权的一方为合并方，参与合并的其他企业为被合并方。

扫一扫 学一学

（1）初始投资成本的确定。同一控制下企业合并，合并方应当在合并日按取得被合并方在最终控制方合并财务报表中的净资产的账面价值的份额为长期股权投资的初始投资成本。

$$\begin{matrix} \text{长期股权投资的} \\ \text{初始投资成本} \\ \text{（合并成本）} \end{matrix} = \begin{matrix} \text{合并方在最终控制方} \\ \text{合并财务报表中的} \\ \text{净资产的账面价值的份额} \end{matrix} \qquad (2\text{-}2)$$

（2）合并日的会计核算。同一控制下企业合并形成的长期股权投资，合并方应在合并日按取得被合并方所有者权益账面价值的份额，借记"长期股权投资"科目，按合并方为企业合并发生的审计、法律服务、评估咨询等中介费用，借记"管理费用"科目，按享有被合并方已宣告但未发放的现金股利或利润，借记"应收股利"科目，按支付的合并对价的账面价值，贷记"银行存款""股本"等有关资产或有关负责科目，按长期股权投资的初始投资成本与支付合并对价账面价值之间的差额调整资本公积，借记或贷记"资本公积——资本溢价（或股本溢价）"科目，资本公积的余额不足冲减的，依次冲减盈余公积和未分配利润。

【例 2-7】甲、乙公司为同属某集团股份有限公司控制的两家子公司。2019 年 9 月 1 日，甲公司以银行存款 13 000 000 元作为对价，自其集团公司处取得对乙公司 100％的控股股权，相关手续已办理并能够对乙公司实施控制。合并当日，乙公司所有者权益在其最终控制方合并财务报表中的账面价值为 9 000 000 元。合并当日，甲公司"资本公积——股本溢价"为 1 000 000 元，盈余公积 700 000 元。甲公司与乙公司的会计年度和采用的会计政策相同。假定不考虑其他因素，试分析甲公司对该项投资初始投资时的账务处理过程。

【解析】

（1）该项合并为同一控制下企业合并。

理由：甲、乙公司为同属某集团股份有限公司控制的两家子公司。

（2）购买日为 2019 年 9 月 1 日：

企业合并成本 ＝9 000 000×100％＝9 000 000（元）

（3）甲公司编制如下会计分录：

借：长期股权投资　　　　　　　　　　　　　　　　　　　　9 000 000

资本公积——股本溢价	1 000 000
盈余公积	700 000
利润分配——未分配利润	2 300 000
贷：银行存款	13 000 000

【例 2-8】甲公司和乙公司同属 A 集团下属子公司。2019 年 9 月 8 日，甲公司以账面原价 18 000 000 元、累计摊销 5 000 000 元、已计提减值准备 1 000 000 元、公允价值为 15 000 000 元（不含增值税，适用增值税税率为 9%）的一宗土地使用权作为对价，自乙公司处取得其持有丙公司 80% 的股权，并能够对丙公司实施控制。合并日丙公司在最终控制方合并财务报表中的净资产账面价值为 10 000 000 元。合并当日甲公司"资本公积——股本溢价"1 000 000 元，盈余公积 150 000 元。甲公司以银行转账方式支付审计费 500 000 元，甲公司与丙公司的会计年度和采用的会计政策相同。假定不考虑除增值税以外的相关税费等其他因素，试分析甲公司对该项投资初始投资时的账务处理过程。

【解析】

（1）该项合并为同一控制下企业合并。

理由：甲公司和乙公司同属 A 集团下属子公司。

（2）购买日为 2019 年 9 月 8 日：

企业合并成本 = 10 000 000×80% = 8 000 000（元）

（3）甲公司编制如下会计分录：

借：长期股权投资	8 000 000
累计摊销	5 000 000
无形资产减值准备	1 000 000
资本公积——股本溢价	1 000 000
盈余公积	150 000
利润分配——未分配利润	4 200 000
贷：无形资产	18 000 000
应交税费——应交增值税（销项税额）	1 350 000
借：管理费用	500 000
贷：银行存款	500 000

【例 2-9】甲公司和乙公司同属 A 集团下属子公司。2019 年 9 月 7 日，甲公司以向乙公司定向增发股票方式自乙公司处取得丙公司 70% 的股权，并能够对丙公司实施控制。甲公司定向增发 10 000 000 股普通股股票，每股面值 1 元，每股公允价值 5 元。甲公司以银行转账方式支付发行费 600 000 元。合并日丙公司相对于最终控制方而言的净资产账面价值为 20 000 000 元。合并当日甲公司"资本公积——股本溢价"3 000 000 元，盈余公积 200 000 元。甲公司与丙公司的会计年度和采用的会计政策相同。假定不考虑相关税费等其他因素，试分析甲公司对该项投资初始投资时的账务处理过程。

【解析】

（1）该项合并为同一控制下企业合并。

理由：甲公司和乙公司同属 A 集团下属子公司。

（2）购买日为 2019 年 9 月 7 日：

企业合并成本 = 20 000 000×70% = 14 000 000（元）

（3）甲公司编制如下会计分录：

借：长期股权投资　　　　　　　　　　　　　　　　　　14 000 000
　　贷：股本　　　　　　　　　　　　　　　　　　　　　10 000 000
　　　　资本公积——股本溢价　　　　　　　　　　　　　　4 000 000
借：资本公积——股本溢价　　　　　　　　　　　　　　　 600 000
　　贷：银行存款　　　　　　　　　　　　　　　　　　　　 600 000

（二）企业合并以外的其他方式取得的长期股权投资

1. 以支付现金取得的长期股权投资

企业以支付现金取得长期股权投资时，应当按照实际支付的购买价款作为初始投资成本，包括与取得长期股权投资直接相关的费用、税金及其他必要支出，但不包括应自被投资单位收取的已宣告但尚未发放的现金股利或利润。其计算公式如下：

初始投资成本＝购买价款＋相关费用－已宣告但尚未发放的现金股利或利润　　（2-3）

企业以支付现金取得长期股权投资时，应当按照初始投资成本，借记"长期股权投资"科目，贷记"银行存款"等科目。如果实际支付的价款中包含已宣告但尚未发放的现金股利或利润，借记"应收股利"科目，贷记"银行存款""其他货币资金"等科目。

【例 2-10】甲公司于 2019 年 9 月 10 日，自公开市场中买入乙公司 20% 的股份，实际支付价款 80 000 000 元。在购买过程中支付手续费等相关费用 1 000 000 元。该股份取得后能够对乙公司施加重大影响。假定甲公司取得该项投资时，乙公司已宣告但尚未发放现金股利，甲公司按其持股比例计算确定可分得 300 000 元。试分析甲公司对该项投资初始投资时的账务处理过程。

【解析】

甲公司对乙公司的初始投资成本＝80 000 000＋1 000 000－300 000＝80 700 000（元）

会计处理分录如下：

借：长期股权投资——乙公司——投资成本　　　　　　　80 700 000
　　应收股利——乙公司　　　　　　　　　　　　　　　　 300 000
　　贷：银行存款　　　　　　　　　　　　　　　　　　　81 000 000

2. 以发行权益性证券取得的长期股权投资

企业以发行权益性证券取得长期股权投资时，应当按照发行权益性证券的公允价值作为初始投资成本，但不包括应自被投资单位收取的已宣告但尚未发放的现金股利或利润。为发行权益性证券支付的手续费、佣金等与发行直接相关的费用同企业合并的会计处理方式。

企业以发行权益性证券取得长期股权投资时，应当按照发行权益性证券的公允价值，借记"长期股权投资"科目，按发行股份的面值总额作为股本，贷记"股本"科目，按长期股权投资初始投资成本与发行股份面值总额之间的差额调整资本公积（股本溢价），借或贷记"资本公积"科目，资本公积的余额不足冲减的，依次冲减盈余公积和未分配利润。

【例 2-11】2019 年 9 月 5 日，A 公司通过增发 30 000 000 股（每股面值 1 元）普通股为对价，从非关联方处取得对 B 公司 20% 的股权，所增发股份的公允价值为 52 000 000 元。为增发该部分普通股，A 公司支付了 2 000 000 元的佣金和手续费。取得 B 公司股权后，A 公司能够对 B 公司施加重大影响。假定不考虑相关税费等其他因素影响，试分析 A 公司对该项投资初始投资时的账务处理过程。

【解析】

A 公司对 B 公司的初始投资成本＝52 000 000 （元）

会计处理分录如下：

借：长期股权投资——B 公司——投资成本　　　　　　　　　　52 000 000
　　贷：股本　　　　　　　　　　　　　　　　　　　　　　　　　30 000 000
　　　　资本公积——股本溢价　　　　　　　　　　　　　　　　　22 000 000
借：资本公积——股本溢价　　　　　　　　　　　　　　　　　　2 000 000
　　贷：银行存款　　　　　　　　　　　　　　　　　　　　　　　 2 000 000

3. 投资者投入的长期股权投资

一般而言，投资者投入的长期股权投资应根据法律法规的要求进行评估作价，在公平交易当中，投资者投入的长期股权投资的公允价值与所发行证券的公允价值不应存在重大差异。

如有确凿证据表明取得长期股权投资的公允价值比所发行证券的公允价值更加可靠的，则以投资者投入的长期股权投资的公允价值为基础确定其初始投资成本，即以更可靠的为准。

4. 以非货币资产交换、债务重组等方式取得的长期股权投资

非货币性资产交换、债务重组等方式取得的长期股权投资，其初始投资成本应按照《企业会计准则第 12 号——债务重组》和《企业会计准则第 7 号——非货币性资产交换》的规定确定。

第三节　长期股权投资的后续计量

长期股权投资在持有期间，根据投资方对被投资单位的影响程度分别采用成本法及权益法进行核算。对子公司的长期股权投资应当按成本法核算，对合营企业、联营企业的长期股权投资应当按权益法核算。

一、成本法

（一）成本法的适用范围

成本法是指按投资成本计价的方法。投资方持有的对子公司投资应当采用成本法核算。对子公司的长期股权投资应采用成本法核算，主要是为了避免在子公司实际发放现金股利或利润之前，母公司垫付资金发放现金股利或利润等情况，还可以解决权益法下投资收益不能足额收回导致超分配的问题。

（二）成本法的具体会计核算

1. 取得长期股权投资

采用成本法核算的长期股权投资，应当按照初始投资成本计价。在追加投资时，按照追加投资支付的对价的公允价值及发生的相关交易费用增加长期股权投资的账面价值。

2. 持有期间被投资单位宣告分派现金股利或利润

被投资单位宣告分派现金股利或利润的，投资方根据应享有的部分确认当期投资收益，

借记"应收股利"等科目，贷记"投资收益"科目。

【例 2-12】甲公司于 2018 年 9 月 10 日自关联方处取得乙公司 60％ 的股权，成本为 12 000 000 元，支付相关手续费 300 000 元，相关手续于当日完成，并能够对乙公司实施控制。2019 年 4 月 6 日，乙公司宣告分派现金股利，甲公司按照持股比例可取得 100 000 元。乙公司于 2019 年 6 月 20 日实际分派现金股利。假定不考虑相关税费等其他因素的影响，试分析甲公司对该项投资的账务处理过程。

【解析】

（1）2018 年 9 月 10 日确认初始投资成本时，该投资属于同一控制下企业合并，初始投资时应编制如下会计分录：

借：长期股权投资　　　　　　　　　　　　　　　　　　　　　　　12 000 000
　　管理费用　　　　　　　　　　　　　　　　　　　　　　　　　　　300 000
　　贷：银行存款　　　　　　　　　　　　　　　　　　　　　　　　　12 300 000

（2）2019 年 4 月 6 日确认应享有的股利部分时：

借：应收股利　　　　　　　　　　　　　　　　　　　　　　　　　　100 000
　　贷：投资收益　　　　　　　　　　　　　　　　　　　　　　　　　　100 000

（3）2019 年 6 月 20 日实际收到现金股利时：

借：银行存款　　　　　　　　　　　　　　　　　　　　　　　　　　100 000
　　贷：应收股利　　　　　　　　　　　　　　　　　　　　　　　　　　100 000

需要注意的是，如果子公司将未分配利润或盈余公积转增股本（实收资本），且未向投资方提供等值现金股利或利润的选择权，则投资方并没有获得收取现金或利润的权利，该项交易通常属于子公司自身权益结构的重分类，投资方不应确认相关的投资收益。

3. 长期股权投资计提减值

企业按照上述规定确认自被投资单位应分得的现金股利或利润后，在资产负债表日应当考虑长期股权投资是否发生减值。在判断该类长期股权投资是否存在减值迹象时，应当关注长期股权投资的账面价值是否大于享有被投资单位净资产（包括相关商誉）账面价值的份额等类似情况。出现类似情况时，企业应当按照资产减值准则对长期股权投资进行减值测试。可收回金额低于长期股权投资账面价值的，应当计提减值准备。

企业应当设置"长期股权投资减值准备"科目，用来核算企业计提的长期股权投资减值准备。该科目贷方登记在资产负债表日发生的长期股权投资减值金额，借方登记处置长期股权投资而结转的减值准备金额。期末贷方余额，反映企业已计提但尚未转销的长期股权投资减值准备。该科目可按被投资单位进行明细核算。

企业计提长期股权投资减值准备时，应按减记的金额，借记"资产减值损失——计提的长期股权投资减值准备"科目，贷记"长期股权投资减值准备"科目。

需要注意的是，长期股权投资减值准备一经计提，持有期间不得转回。

4. 处置长期股权投资

处置长期股权投资时，应按照实际取得的价款与长期股权投资账面价值之间的差额确认为投资收益，如果对长期股权投资计提有减值准备，应一并结转，即处置长期股权投资时，按实际收到的金额借记"银行存款"等科目，按照原已计提的减值准备，借记"长期股权投资减值准备"科目，按照该项长期股权投资的账面余额，贷记"长期股权投资"科目，按照尚未领取的现金股利或利润，贷记"应收股利"科目，按照其差额，贷记或借记"投资收益"科目。

【例2-13】2019年9月30日，甲公司将其持有的原作为长期股权投资核算的乙公司的股票卖出，实际收到价款20 000 000元。该项长期股权投资的账面价值为19 000 000元，已宣告未领取的现金股利为200 000元，已计提的减值准备为20 000元。试分析甲公司出售该股票的账务处理过程。

【解析】

2019年9月30日甲公司应编制如下会计分录：

借：银行存款	20 000 000
长期股权投资减值准备	2 000 000
贷：长期股权投资	19 000 000
应收股利	200 000
投资收益	2 800 000

二、权益法

企业对合营企业和联营企业的投资应当采用权益法核算，即投资企业对被投资单位具有共同控制或重大影响的长期股权投资，应当采用权益法核算。

权益法是指长期股权投资以初始成本计量后，在持有期间根据投资企业享有被投资单位所有者权益份额的变动对长期股权投资的账面价值进行调整的方法。

长期股权投资采用权益法核算的，应当分别"投资成本""损益调整""其他综合收益""其他权益变动"等明细科目进行明细核算。

（一）初始投资成本的确认与调整

投资企业应该在"长期股权投资"账户下设置"投资成本"明细账，借方登记取得投资时的初始投资成本以及初始投资成本小于投资时应享有被投资单位可辨认净资产公允价值份额时对初始投资成本的调整额和贷方登记处置时结转的成本。

投资方取得对联营企业或合营企业的投资以后，对于取得投资时初始投资成本与应享有被投资单位可辨认净资产公允价值份额之间的差额，应区别情况处理。

（1）初始投资成本大于取得投资时应享有被投资单位可辨认净资产公允价值份额的，该部分差额是投资方在取得投资过程中通过作价体现出的与所取得股权份额相对应的商誉价值，这种情况下不要求对长期股权投资的成本进行调整。按初始投资成本，借记"长期股权投资——投资成本"科目，贷记"银行存款"等科目。

（2）初始投资成本小于取得投资时应享有被投资单位可辨认净资产公允价值份额，两者之间的差额体现为双方在交易作价过程中转让方的让步，该部分经济利益流入应记入取得投资当期的营业外收入，同时调整增加长期股权投资的账面价值。按应享有被投资单位可辨认净资产公允价值份额，借记"长期股权投资——投资成本"科目，按实付价款贷记"银行存款"等科目，按差额贷记"营业外收入"科目。

【例2-14】2019年9月，A公司取得B公司30%的股权，支付价款70 000 000元，另支付相关税费500 000元，增值税进项税额15 000元。取得投资时，B公司净资产账面价值为200 000 000元（假定被投资单位各项可辨认净资产的公允价值与其账面价值相同）。A公司在取得 B 公司的股权后，能够对 B 公司施加重大影响。不考虑相关税费等其他因素影响。试分析 A 公司取得该项投资时的账务处理过程。

【解析】

初始投资成本＝70 000 000＋500 000＝70 500 000（元）

A 公司编制如下会计分录：

借：长期股权投资——投资成本　　　　　　　　　　　　　　　　　　70 500 000
　　应交税费——应交增值税（进项税额）　　　　　　　　　　　　　　　15 000
　　贷：银行存款　　　　　　　　　　　　　　　　　　　　　　　　　70 515 000

不需要调整长期股权投资的账面价值。理由：长期股权投资的初始投资成本 70 500 000元大于取得投资时应享有被投资单位可辨认净资产公允价值的份额 60 000 000 元（200 000 000×30%），自此该差额 10 500 000 元不需要调整长期股权投资的账面价值。

【例 2-15】承【例 2-14】，假定上例中取得投资时，B 公司可辨认净资产的公允价值为240 000 000元。假定其他条件不变，试分析 A 公司取得该项投资时的账务处理过程。

【解析】

初始投资成本＝70 000 000＋500 000＝70 500 000（元）

A 公司编制如下会计分录：

借：长期股权投资——投资成本　　　　　　　　　　　　　　　　　　70 500 000
　　应交税费——应交增值税（进项税额）　　　　　　　　　　　　　　　15 000
　　贷：银行存款　　　　　　　　　　　　　　　　　　　　　　　　　70 515 000

A 公司按持股比例 30% 计算确定投资时应享有 B 公司可辨认净资产公允价值的份额为72 000 000 元（240 000 000×30%），则初始投资成本小于应享有被投资单位可辨认净资产公允价值份额，该差额 1 500 000 元应记入取得投资当期的营业外收入。编制如下会计分录：

借：长期股权投资——投资成本　　　　　　　　　　　　　　　　　　1 500 000
　　贷：营业外收入　　　　　　　　　　　　　　　　　　　　　　　　1 500 000

（二）被投资单位发生净损益的核算

投资企业应该在"长期股权投资"账户下设置"损益调整"明细账，借方登记投资企业享有的被投资单位实现净利润份额或被宣告发放的现金股利或利润的份额；贷方登记投资企业应负担被投资单位发生净亏损份额。

1. 被投资单位实现的净利润

投资企业在持有长期股权投资期间，应根据被投资单位实现的净利润计算应享有的份额，借记"长期股权投资——损益调整"科目，贷记"投资收益"科目。

【例 2-16】2018 年 1 月 1 日，甲公司以银行存款 25 000 000 元取得乙公司 20% 有表决权的股份，对乙公司具有重大影响，采用权益法核算；乙公司当日可辨认净资产的账面价值为 120 000 000 元，各项可辨认资产、负债的公允价值与其账面价值均相同。乙公司 2018 年度实现的净利润为 10 000 000 元。假定不考虑其他因素，试分析甲公司对该项投资的账务处理过程。

【解析】

（1）2018 年 1 月 1 日，确认初始投资成本时：

借：长期股权投资——投资成本　　　　　　　　　　　　　　　　　　25 000 000
　　贷：银行存款　　　　　　　　　　　　　　　　　　　　　　　　　25 000 000

后续采用权益法计量，初始投资成本 25 000 000 元大于享有的乙公司可辨认净资产公允价值份额 24 000 000 元（120 000 000×20%），不需要调整长期股权投资初始投资成本。

（2）2018 年 12 月 31 日，确认对乙公司净损益享有份额时：

借：长期股权投资——损益调整   2 000 000
　　贷：投资收益   2 000 000

需要注意的是，投资企业在持有长期股权投资期间，根据被投资单位实现的净利润计算应享有的份额时，需要考虑投资企业与被投资单位的会计政策和会计期间是否一致、取得投资时被投资单位各项可辨认资产及负债等公允价值与账面价值之间的差额、内部交易等相关因素先对被投资单位实现净损益的调整。

2. 被投资单位发生净亏损

被投资单位发生净亏损时，应根据被投资单位发生净亏损计算应享有的份额，借记"投资收益"科目，贷记"长期股权投资——损益调整"科目，但以"长期股权投资"账户的账面价值减记至零为限，投资企业负有承担额外损失的除外。以"长期股权投资"账户的账面价值减记至零为限，是指"长期股权投资"账户下设的"投资成本""损益调整""其他综合收益""其他权益变动" 4 个二级明细账户余额合计为零。

【例 2-17】 承**【例 2-16】**，假定乙公司由于经营不善，2018 年度发生净亏损 20 000 000 元。其他条件不变。试分析甲公司对该项投资的账务处理过程。

【解析】

（1）2018 年 1 月 1 日，确认初始投资成本时：

借：长期股权投资——投资成本   25 000 000
　　贷：银行存款   25 000 000

甲公司对乙公司的决策具有重大影响，后续采用权益法计量，初始投资成本 25 000 000 元大于享有的乙公司可辨认净资产公允价值份额 24 000 000 元（120 000 000×20%），不需要调整长期股权投资初始投资成本。

（2）确认对乙公司 2018 年度净损益享有份额时：

借：投资收益   4 000 000
　　贷：长期股权投资——损益调整   4 000 000

（三）取得现金股利或利润的处理

被投资单位宣告发放现金股利或利润时，企业按计算应分得的部分，借记"应收股利"科目，贷记"长期股权投资——损益调整"科目。实际收到现金股利或利润时，借记"银行存款"科目，贷记"应收股利"科目。收到被投资单位发放的股票股利时，不进行账务处理，但应在备查簿中登记。

【例 2-18】 承**【例 2-16】**，2019 年 3 月 5 日乙公司宣告分派现金股利 3 000 000 元，2019 年 3 月 15 日甲公司收到乙公司分派的现金股利 600 000 元。试分析甲公司相关账务处理过程。

【解析】

（1）2019 年 3 月 5 日乙公司宣告分派现金股利时：

借：应收股利   600 000

  贷：长期股权投资——损益调整   600 000

（2）2019 年 3 月 15 日甲公司收到现金股利时：

借：银行存款   600 000

  贷：应收股利   600 000

（四）被投资单位发生其他综合收益变动的处理

权益法核算下，被投资单位确认的其他综合收益及其变动，不仅会影响被投资单位所有者权益总额，还会影响投资企业应享有被投资单位所有者权益的份额。因此，当被投资单位其他综合收益发生变动时，投资企业应当按照归属于本企业的份额，相应调整长期股权投资的账面价值，同时增加或减少其他综合收益。

企业应设置"其他综合收益"账户，借方登记其他综合收益减少额，贷方登记增加额。按被投资单位其他综合收益增加计算归属于本企业的份额，借记"长期股权投资——其他综合收益"科目，贷记"其他综合收益"科目。被投资单位其他综合收益减少时，做相反分录。

【例 2-19】承【例 2-16】，乙公司 2018 年因持有的分类为以公允价值计量且其变动记入其他综合收益的金融资产（其他债权投资），公允价值的变动记入其他综合收益的金额为 6 000 000 元。假定其他条件不变，试分析甲公司相关账务处理过程。

【解析】

因乙公司其他综合收益变动甲公司应编制如下会计分录：

借：长期股权投资——其他综合收益   1 800 000

  贷：其他综合收益   1 800 000

（五）被投资单位发生其他权益变动的处理

被投资单位发生其他权益变动是指被投资单位因除净损益，其他综合收益及利润分配以外的所有者权益的其他变动的因素，主要包括被投资单位接受其他股东的资本性投入、被投资单位发行可分离交易的可转债中包含的权益成分、以权益结算的股份支付、其他股东对被投资单位增资等导致投资方持股比例变动及其他权益变动。

投资方应按所持股权比例计算应享有的份额，调整长期股权投资的账面价值，借记或贷记"长期股权投资——其他权益变动"科目，同时记入资本公积（其他资本公积），贷记或借记"本公积——其他资本公积"科目，并在备查簿中予以登记。

但被投资单位发生以下所有者权益变动的事项时，不影响投资企业应享有被投资单位所有者权益的份额：弥补亏损、转增资本、提取盈余公积。

【例 2-20】承【例 2-16】，2018 年乙企业的母公司给予乙企业捐赠 8 000 000 元，该捐赠实质上属于资本性投入，乙公司将其记入资本公积（资本溢价）。假定不考虑其他因素，试分析甲公司相关账务处理过程。

【解析】

甲企业在确认应享有被投资单位所有者权益的其他变动＝8 000 000×20％＝1 600 000（元）。

甲企业应编制如下会计分录：

借：长期股权投资——其他权益变动　　　　　　　　　　　　　　1 600 000
　　贷：资本公积——其他资本公积　　　　　　　　　　　　　　　　　　　　1 600 000

（六）长期股权投资的减值与处置

权益法下长期股权投资减值的会计核算同成本法下的核算一致。因此不再赘述。

企业处置长期股权投资时，应按照实际取得的价款与长期股权投资账面价值的差额确认为投资收益，并同时结转已计提的长期股权投资减值准备。

企业处置长期股权投资时，应按照实际收到的金额，借记"银行存款"等科目，按照原已计提的减值准备，借记"长期股权投资减值准备"科目，按照该长期股权投资的账面余额，贷记"长期股权投资"科目，按照尚未领取的现金股利或利润，贷记"应收股利"科目，按照其差额，贷记或借记"投资收益"科目。

同时，按结转的长期股权投资成本比例结转原记入"其他综合收益"账户的金额，借记或贷记"其他综合收益"科目，贷记或借记"投资收益"科目。

投资方处置长期股权投资但对剩余股权仍采用权益法核算时，应按处置的长期股权投资的投资成本比例结转原记入"资本公积——其他资本公积"账户的金额，借记或贷记"资本公积——其他资本公积"科目，贷记或借记"投资收益"科目；对剩余股权终止权益法核算时，将这部分资本公积全部转入当期投资收益。

【例 2-21】承【例 2-16】—【例 2-20】2019 年 5 月 5 日甲公司将原持有的乙公司 20% 的股权出售。出售取得价款 32 000 000 元，存入投资专户。试分析甲公司出售该项股权时的账务处理过程。

【解析】

（1）确认处置损益时：

借：其他货币资金——存出投资款　　　　　　　　　　　　　　32 000 000
　　贷：长期股权投资——投资成本　　　　　　　　　　　　　　　　25 000 000
　　　　　　　　　　——损益调整　　　　　　　　　　　　　　　　 1 400 000
　　　　　　　　　　——其他综合收益　　　　　　　　　　　　　　 1 800 000
　　　　投资收益　　　　　　　　　　　　　　　　　　　　　　　　 3 800 000

（2）将原记入其他综合收益及资本公积的部分转入当期损益时：

借：其他综合收益　　　　　　　　　　　　　　　　　　　　　　 1 800 000
　　资本公积——其他资本公积　　　　　　　　　　　　　　　　　 1 600 000
　　贷：投资收益　　　　　　　　　　　　　　　　　　　　　　　　 2 400 000

第四节　长期股权投资核算方法的转换

投资企业可能由于自身资金需求或投资战略变化、被投资单位财务状况或发展前景等原因对被投资单位进行追加投资或减少投资，导致投资企业对被投资单位的持股比例发生变化、对被投资单位实施控制或重大影响等情况发生变化，从而使投资企业需要在长期股权投资的各种不同会计核算方法之间进行转换变更。

（一）成本法转权益法

投资企业原持有的对被投资单位具有控制的长期股权投资，因部分处置等原因导致持股比例下降，对被投资单位的影响能力由控制转为实施共同控制或具有重大影响的，应当将该股权投资的核算方法由成本法改为权益法。

投资企业在处置日应将处置部分股权正常作出售处理，同时对剩余股份进行追溯调整，即将剩余股权自原投资日起从成本法核算调整为权益法核算。

1. 对处置部分股权的处理

投资企业对处置部分股权的处理，应按处置投资的比例结转应终止确认的长期股权投资成本。

按实际收到的处置价款，借记"银行存款"等科目，按处置比例计算处置部分长期股权投资的账面价值，贷记"长期股权投资"科目，按差额，借记或贷记"投资收益"科目。

2. 对剩余股权的处理

（1）重新确认初始成本。企业应将剩余股权的初始成本由成本法调整为权益法核算。比较剩余长期股权投资的成本与按照剩余持股比例计算原投资时应享有的被投资单位可辨认净资产公允价值的份额，前者大于后者的，属于投资作价中体现的商誉部分，不需要调整长期股权投资的账面价值；前者小于后者的，在调整长期股权投资成本的同时，调整留存收益，按差额，借记"长期股权投资——投资成本"科目，贷记"盈余公积"及"利润分配——未分配利润"科目。若处置日与投资日在同一会计年度，则调整营业外收入。

（2）确认投资期间的收益及权益变动。企业应将剩余股权从原投资日至处置日之间被投资单位实现的净损益及所有者权益变动中投资方应享有的份额调整为权益法核算。

对于原取得投资时至处置投资时之间被投资单位实现净损益中投资方应享有的份额，应当调整长期股权投资的账面价值；同时，对于原取得投资时至处置投资当期期初被投资单位实现的净损益（扣除已宣告发放的现金股利和利润）中应享有的份额，调整留存收益；对于处置投资当期期初至处置投资之日被投资单位实现的净损益中享有的份额，调整当期损益。

企业按被投资单位实现的净损益中应享有的份额，借记或贷记"长期股权投资——损益调整"科目，贷记或借记"投资收益"或"盈余公积"科目及"利润分配——未分配利润"科目。

在被投资单位宣告分配现金股利时，按投资企业应享有的份额，借记"应收股利"或"盈余公积"科目及"利润分配——未分配利润"科目，贷记或借记"长期股权投资——损益调整"科目。按被投资单位其他综合收益变动中应享有的份额，借记或贷记"长期股权投资——其他综合收益"科目，贷记或借记"其他综合收益"科目。按除净损益、其他综合收益和利润分配外的其他原因导致被投资单位其他所有者权益变动中应享有的份额，借记或贷记"长期股权投资——其他权益变动"科目，贷记或借记"资本公积——其他资本公积"科目。

【例 2-22】甲公司原持有乙公司 80% 的股权，能够对乙公司实施控制。2019 年 7 月 6 日，甲公司对乙公司的长期股权投资账面价值为 40 000 000 元，未计提减值准备。甲公司将其持有的对乙公司长期股权投资中的 1/2 出售给非关联方，取得价款 32 000 000 元，当日被投资单位可辨认净资产公允价值总额为 90 000 000 元。相关手续于当日完成，甲公司不再对乙公司实施控制，但对乙公司的决策具有重大影响。

甲公司原取得乙公司 80% 的股权时，乙公司可辨认净资产公允价值总额为 50 000 000 元（假定公允价值与账面价值相同）。自甲公司取得对乙公司长期股权投资后至部分处置投资前，乙公司实现净利润 30 000 000 元。其中，自甲公司取得投资日至 2019 年年年初实现净利润 24 000 000 元。假定乙公司一直未进行利润分配，也未发生其他记入资本公积的交易或事项。甲公司按净利润的 10% 提取法定盈余公积。假定不考虑相关税费等其他因素影响，试分析甲公司相关账务处理过程。

【解析】

（1）确认长期股权投资处置损益时：

借：银行存款   32 000 000

 贷：长期股权投资——乙公司   20 000 000

   投资收益   12 000 000

（2）调整长期股权投资账面价值时：

剩余长期股权投资的账面价值为 20 000 000 元，与原投资时应享有被投资单位可辨认净资产公允价值份额 20 000 000 元（50 000 000×40%）相等。因此不需要对长期股权投资的成本进行调整。

处置投资以后按照持股比例计算享有被投资单位自购买日至处置投资当期期初之间实现的净损益为 9 600 000 元（24 000 000×40%），应调整增加长期股权投资的账面价值，同时调整留存收益；应享有处置期初至处置日之间本投资单位实现的净损益份额 2 400 000 元（6 000 000×40%），应调整增加长期股权投资的账面价值，同时记入当期投资收益。

借：长期股权投资——乙公司——损益调整   12 000 000

 贷：盈余公积——法定盈余公积   960 000

   利润分配——未分配利润   8 640 000

   投资收益   2 400 000

（二）权益法转成本法

投资方原持有对联营企业、合营企业的长期股权投资，因追加投资等原因，能够由对被投资单位的影响力及共同控制或具有重大影响变为实施控制的，应当将该股权投资的核算方法由权益法改为成本法。

1. 重新确认初始成本

投资企业转换核算方法时，应当根据追加投资所形成的企业合并类型，确定按照成本法核算的初始投资成本。追加投资形成同一控制下企业合并的，应按取得的被合并方所有者权益在最终控制方合并财务报表中的账面价值份额，作为改按成本法核算的长期股权投资的初始投资成本。追加投资形成非同一控制下企业合并的，应按照原持有的股权投资账面价值与新增投资成本之和，作为改按成本法核算的长期股权投资的初始投资成本。

企业应在追加投资日按长期股权投资的初始成本，借记"长期股权投资"科目，按原长期股权投资的账面价值，贷记"长期股权投资——投资成本""长期股权投资——损益调整"

"长期股权投资——其他综合收益""长期股权投资——其他权益变动"等科目，按追加投资支付对价，贷记"银行存款""股本"等科目，同一控制下企业合并还需按长期股权投资初始成本与合并对价账面价值之间的差额，调整资本公积，资本公积不足冲减的，冲减留存收益。

2. 结转其他综合收益和资本公积

原采用权益法核算时确认的其他综合收益，暂不作会计处理，应待将来处置该项长期股权投资时，采用与被投资方直接处置相关资产或负债相同的基础进行会计处理；原采用权益法核算时确认的其他权益变动，也不能由资本公积（其他资本公积）转为投资收益，应待将来处置该项长期股权投资时，再转为处置当期的投资收益。

【例 2-23】2018 年 1 月 1 日，甲公司以现金支付购入乙公司 30％ 的股权。初始投资成本为 10 000 000 元，当日乙公司可辨认净资产公允价值为 30 000 000 元。2018 年乙公司分红500 000 元，实现净利润 2 000 000 元，其他综合收益增加 1 000 000 元。2019 年 9 月 1 日甲公司以 13 000 000 元的代价自非关联方购入乙公司 40％ 的股份完成对乙公司的控股合并，因甲公司与乙公司合并前不属于同一集团。因此该合并应定义为非同一控制下的企业合并，且此次合并过程不属于一揽子交易。试分析甲公司相关账务处理过程。

【解析】

（1）2018 年 1 月 1 日取得乙公司 30％ 的股权时：

借：长期股权投资——投资成本   10 000 000
  贷：银行存款   10 000 000

（2）2018 年乙公司分红时：

借：应收股利   150 000
  贷：长期股权投资——损益调整   150 000

（3）2018 年乙公司实现净利润时：

借：长期股权投资——损益调整   600 000
  贷：投资收益   600 000

（4）2018 年乙公司实现其他综合收益时：

借：长期股权投资——其他综合收益   300 000
  贷：其他综合收益   300 000

（5）2019 年 9 月 1 日甲公司再次购入乙公司 40％ 股权时：

长期股权投资成本＝原持有的股权投资账面价值＋新增投资成本＝10 000 000－150 000＋600 000＋300 000＋13 000 000＝23 750 000（元）

借：长期股权投资   23 750 000
  贷：长期股权投资——投资成本   10 000 000
      ——损益调整   450 000
      ——其他综合收益   300 000
    银行存款   13 000 000

综合练习题

一、单项选择题

1. 甲公司由 A 公司、B 公司和 C 公司投资设立。根据投资协议的约定，甲公司相关活动决策至少需要 70％以上的有表决权股份方可通过。假定 A 公司、B 公司和 C 公司相互均未达成托管协议，则下列投资持股比例形成共同控制的是（　　）。

    A. A 公司持股比例为 60％，B 公司持股比例为 20％，C 公司持股比例为 20％

    B. A 公司持股比例为 55％，B 公司持股比例为 33％，C 公司持股比例为 12％

    C. A 公司持股比例为 75％，B 公司持股比例为 12％，C 公司持股比例为 13％

    D. A 公司持股比例为 50％，B 公司持股比例为 25％，C 公司持股比例为 25％

2. 甲公司和乙公司为同一集团下的两个子公司。2019 年 8 月 1 日，甲公司以一项无形资产作为对价取得乙公司 70％的股权，另为企业合并支付了审计咨询等费用 20 万元。甲公司该项无形资产原值 600 万元，预计使用年限 10 年，至购买股权当日已经使用了 4 年，且当日该无形资产的公允价值为 500 万元。同日，乙公司相对于最终控制方而言的所有者权益账面价值总额为 600 万元，公允价值为 750 万元，假定甲公司和乙公司采用的会计政策及会计期间均相同，不考虑其他因素，则甲公司取得该项长期股权投资的初始投资成本为（　　）万元。

    A. 360   B. 420   C. 500   D. 525

3. 同一控制下企业合并中，合并方为企业合并发生的审计、法律服务、评估咨询等中介费用及其他相关费用，应于发生时记入（　　）。

    A. 管理费用   B. 资本公积

    C. 长期股权投资的初始投资成本   D. 营业外支出

4. 甲公司于 2019 年 7 月 2 日自公开市场上购入乙公司 20％的股权，支付价款 800 万元（包含已宣告但尚未发放的现金股利 50 万元），另支付相关手续费 5 万元，能够对乙公司具有重大影响。当日，乙公司可辨认净资产的公允价值为 5 000 万元，账面价值为 4 500 万元。假定不考虑其他因素，甲公司购买该项股权投资的初始投资成本为（　　）万元。

    A. 755   B. 805   C. 1 005   D. 900

5. 投资者投入长期股权投资时，如果合同或协议约定价值是公允的，应当按照（　　）作为初始投资成本。

    A. 投资合同或协议约定的价值   B. 账面价值

    C. 计税基础   D. 市场价值

6. 采用权益法核算长期股权投资时，初始投资成本小于投资时应享有被投资单位可辨认净资产公允价值份额的差额，应记入（　　）科目。

    A. 投资收益   B. 资本公积

    C. 营业外收入   D. 公允价值变动损益

7. 下列有关长期股权投资初始计量的表述中，正确的是（　　）。

    A. 以非现金资产为对价取得长期股权投资的，应确认非现金资产的转让损益

  B. 以发行权益性证券的方式取得长期股权投资的，权益性证券发行费用应从发行溢价中扣除，溢价不足扣减的，应当冲减盈余公积和未分配利润

  C. 以发行公司债券方式完成企业合并的，公司债券的发行费用应追加债券发行折价或冲减债券发行溢价，溢价不够冲抵时再调整留存收益

  D. 长期股权投资初始投资成本等于入账价值

  8. 下列各项中，影响长期股权投资账面价值增减变动的是（　　　）。

  A. 采用权益法核算的长期股权投资，持有期间被投资单位宣告分派股票股利

  B. 采用权益法核算的长期股权投资，持有期间被投资单位宣告分派现金股利

  C. 采用成本法核算的长期股权投资，持有期间被投资单位宣告分派股票股利

  D. 采用成本法核算的长期股权投资，持有期间被投资单位宣告分派现金股利

  9. 下列各项中，长期股权投资采用权益法核算时，影响"长期股权投资——其他综合收益"科目余额的是（　　　）。

  A. 被投资单位实现净利润

  B. 被投资单位因投资性房地产转换导致其他综合收益增加

  C. 被投资单位宣告分配现金股利

  D. 投资企业发生亏损

  10. 企业处置一项权益法核算的长期股权投资时，长期股权投资各明细科目的金额为：投资成本400万元，损益调整借方200万元，其他权益变动借方40万元。处置该项投资收到的价款为700万元。处置该项投资的收益为（　　　）万元。

  A. 700　　　　　　　B. 640　　　　　　　C. 60　　　　　　　D. 100

二、多项选择题

  1. 甲公司持有的下列各项权益性投资中，应作为长期股权投资核算的有（　　　）。

  A. 从市场购入5 000万股B公司发行在外的普通股，不准备随时出售，甲公司对B公司具有重大影响

  B. 购入D公司发行的认股权证200万份，每份认股权证可于两年后按每股5元的价格认购D公司增发的1股普通股

  C. 取得E公司10%股权，准备随时出售，对E公司不具有控制、共同控制或重大影响

  D. 甲公司拥有F公司60%的表决权资本，对F公司具有控制权

  2. 下列情形中，长期股权投资应采用成本法核算的有（　　　）。

  A. 投资企业拥有被投资单位半数以上的表决权

  B. 投资企业对被投资单位具有共同控制

  C. 投资企业对被投资单位具有重大影响

  D. 投资企业在被投资单位的董事会或类似机构占多数表决权

  3. A公司所持有的下列股权投资中，通常应采用权益法核算的有（　　　）。

  A. A公司与C公司各持有B公司50%的股权，由A公司与C公司共同决定B公司的财务和经营政策

  B. A公司持有D公司15%的股权，并在D公司董事会派有代表

C. A 公司持有 E 公司 10% 的股权，E 公司的生产经营需依赖 A 公司的技术资料

D. A 公司持有 F 公司 5% 的股权，同时持有 F 公司部分当期可转换的公司债券，如果将 F 公司所发行的该项可转债全部转股，A 公司对 F 公司的持股比例将达到 30%

4. 长期股权投资采用成本法核算时，投资方应确认为投资收益的有（　　）。

A. 被投资单位实际发放股票股利

B. 被投资单位宣告分派现金股利

C. 期末计提长期股权投资减值准备

D. 出售长期股权投资时，实际收到的金额与其账面价值及尚未领取的现金股利或利润的差额

5. 下列各项中，采用权益法核算长期股权投资时，不会引起投资企业资本公积发生增减变动的有（　　）。

A. 被投资企业接受非现金资产捐赠

B. 被投资企业以股本溢价转增股本

C. 被投资企业发放股票股利

D. 被投资企业以盈余公积弥补亏损

6. 关于权益法下被投资单位发生超额亏损的，下列说法中正确的有（　　）。

A. 首先应冲减长期股权投资的账面价值，冲至零为限

B. 首先应冲减构成被投资单位的长期应收款等长期权益

C. 如果协议约定，投资公司需承担额外损失弥补义务的，需要确认预计负债

D. 确认有关投资损失后，被投资单位以后期间实现盈利的，可按照随意顺序冲减当初确认的损失

7. 下列各项关于长期股权投资发生减值的相关会计处理中，正确的有（　　）。

A. 企业拥有的长期股权投资发生减值，应按照《企业会计准则第 8 号——资产减值》的规定进行处理

B. 长期股权投资计提的减值准备持有期间不得转回

C. 采用成本法核算的长期股权投资计提的减值准备满足条件时可以转回

D. 采用权益法核算的长期股权投资不需要计提减值准备

8. 下列关于成本法转为权益法的说法中，正确的有（　　）。

A. 成本法转为权益法时，应按成本法下长期股权投资的账面价值作为按照权益法核算的初始投资成本，对于该项投资不需要追溯调整

B. 成本法转为权益法时，应按成本法下长期股权投资的账面价值作为按照权益法核算的初始投资成本，并在此基础上比较该初始投资成本与应享有被投资方可辨认净资产公允价值的份额，确定是否需要对长期股权投资账面价值进行调整

C. 剩余长期股权投资的账面余额大于按照相应持股比例计算确定应享有原取得投资时被投资单位可辨认净资产公允价值份额的部分应是作为商誉，不需要调整长期股权投资的账面价值

D. 剩余长期股权投资的账面余额小于按照相应持股比例计算确定应享有原取得投资时被投资单位可辨认净资产公允价值份额的部分，应调整长期股权投资的账面价

值，同时调整留存收益等

9. 对于非同一控制下，因追加投资导致长期股权投资由权益法转为成本法的（不构成一揽子交易），下列表述中不正确的有（　　）。

A. 应对增资前的长期股权投资进行追溯调整

B. 增资日的长期股权投资成本为原权益法下的账面价值与新增投资成本之和

C. 增资日的长期股权投资成本为初始投资日的投资成本与新增投资成本之和

D. 原权益法下因被投资方其他综合收益变动而记入其他综合收益的金额，应在增资日转入投资收益

10. 企业处置长期股权投资时，下列处理方法正确的有（　　）。

A. 处置长期股权投资时，持有期间计提的减值准备也应一并结转

B. 采用权益法核算长期股权投资时，因被投资单位除净损益、其他综合收益和利润分配以外所有者权益的其他变动而记入所有者权益的，处置该项投资时应当将原记入所有者权益的部分按相应比例转入营业外收入

C. 采用权益法核算长期股权投资时，因被投资单位除净损益、其他综合收益和利润分配以外所有者权益的其他变动而记入所有者权益的，处置该项投资时应当将原记入所有者权益的部分按相应比例转入投资收益

D. 处置长期股权投资时，其账面价值与实际取得价款的差额，应当记入投资收益

三、判断题

1. 同一控制下的企业合并，投资方投出资产的公允价值和其账面价值之间的差额应确认为当期损益。（　　）

2. 被投资方发生巨额亏损，投资方按规定确认损失后，仍有额外损失的，应在账外作备查登记。（　　）

3. 对于非同一控制下的控股合并，合并方所支付合并对价的公允价值与账面价值的差额均应记入营业外收支。（　　）

4. 投资企业对被投资单位具有共同控制，若被投资单位的股票在活跃市场上有报价，则该投资不能按长期股权投资准则进行核算。（　　）

5. 无论是成本法还是权益法下，被投资方宣告分派的股票股利，投资企业均不需要作账务处理。（　　）

6. 采用权益法核算时，被投资企业发生盈亏，投资企业应于会计期末按持股比例相应调整长期股权投资账面价值，同时借记或贷记"投资收益"科目。（　　）

7. 甲公司出资500万元取得乙公司40%的股权，合同约定乙公司董事会2/3的人员由甲公司委派，且其董事会能够控制被投资单位的经营决策和财务，则甲公司对该项长期股权投资应采用权益法核算。（　　）

8. 同一控制下的增资由权益法转为成本法核算，增资后的长期股权投资成本为原权益法下的账面价值与购买日新支付对价的公允价值之和。（　　）

9. 资产负债表日，长期股权投资发生减值的，按应减记的金额，借记"投资收益"科目，贷记"长期股权投资减值准备"科目。（　　）

10. 成本法核算的长期股权投资，投资企业在确认自被投资单位应分得的现金股利或利

润后，应当考虑有关长期股权投资是否发生减值。在判断该类长期股权投资是否存在减值迹象时，应当关注长期股权投资的账面价值是否大于享有被投资单位净资产（包括相关商誉）账面价值的份额等情况。 （　　）

四、综合业务题

1. 乙股份有限公司（以下简称"乙公司"）有关投资业务如下：

（1）2017年1月1日，以银行存款650万元购入A公司30%的股权，对A公司具有重大影响。投资当日，A公司可辨认净资产的公允价值（等于其账面价值）为2 000万元。

（2）2017年3月10日A公司宣告发放现金股利100万元，乙公司已收到现金股利。

（3）2017年A公司全年实现净利润400万元。

（4）2018年4月10日A公司宣告发放现金股利200万元，乙公司已收到现金股利。

（5）2018年A公司全年实现净利润600万元，其持有的其他债权投资期末公允价值增加了150万元。

（6）2019年5月7日，乙公司由于投资策略调整将对A公司的投资进行全部处置，获得处置对价1 000万元。

其他相关资料：乙公司与A公司采用的会计期间和会计政策相同。

要求：假定不考虑所得税等其他因素，编制乙公司有关长期股权投资业务的会计分录。（单位用万元表示）

2. 甲股份有限公司（以下简称甲公司）为上市公司，与长期股权投资有关业务如下：

（1）2018年1月1日，甲公司向M公司定向发行500万股普通股（每股面值1元，每股市价8元）作为对价，取得M公司拥有的丙公司80%的股权。在此之前，M公司与甲公司不存在任何关联方关系。甲公司另以银行存款支付评估费、审计费及律师费30万元；为发行股票，甲公司以银行存款支付了券商佣金、手续费50万元。

2018年1月1日，丙公司可辨认净资产公允价值为4 800万元，与账面价值相同，相关手续于当日办理完毕，甲公司于当日取得丙公司的控制权。

（2）2018年度丙公司实现净利润1 800万元，其持有的其他债权投资期末公允价值增加了200万元。

（3）2019年3月10日，丙公司股东大会作出决议，宣告分配现金股利300万元。2019年3月20日，甲公司收到该现金股利。

（4）2019年6月10日，甲公司将持有丙公司的长期股权投资的60%股权对外出售，出售取得价款3 000万元。在出售48%的股权后，甲公司对丙公司的剩余持股比例为32%，对丙公司经营决策具有重大影响。剩余股权投资在当日的公允价值为1 800万元。

（5）2019年9月10日，甲公司将持有的丙公司的长期股权投资全部对外出售，出售取得价款2 000万元。

其他相关资料：①假设上述投资均未发生减值；②不考虑所得税等相关因素的影响。

要求：根据相关资料，编制甲公司长期股权投资相关的会计分录。（单位用万元表示）

3. 甲股份有限公司（以下简称甲公司）与长期股权投资有关业务如下：

（1）2017年1月1日：

甲公司以银行存款6 000万元购入乙公司25%的股权，能够对乙公司施加重大影响。取得股权投资时，乙公司可辨认净资产的公允价值为 25 000 万元（与账面价值相等）。假定甲公司与丙公司不存在任何关联方关系。

（2）2017 年度，乙公司实现净利润 5 000 万元，其他债权投资公允价值上升了 500 万元。

（3）2018 年 1 月 1 日，甲公司以定向增发股票的方式购买丙公司持有的乙公司 50％的股权。为取得该股权，甲公司增发 5 000 万股普通股，每股面值为 1 元，每股公允价值为 3 元；支付承销商佣金 50 万元。取得该股权时，乙公司可辨认净资产公允价值为 30 000 万元。进一步取得投资后，甲公司能够对乙公司实施控制。

（4）2018 年，乙公司实现净利润 6 500 万元，无其他权益变动。

（5）2019 年 3 月 5 日，乙公司宣告分派现金股利 1 000 万元，甲公司 3 月 10 日实际收到现金股利。

（6）2019 年 9 月 1 日，甲公司将所持乙公司全部股权对外出售，获得对价收入 23 000 万元。

要求：假定不考虑所得税及其他因素的影响，就甲公司该项长期股权投资会计处理进行分析处理。

第三章　投资性房地产

🎯 学习目标

知识目标

了解投资性房地产的概念及特征，理解投资性房地产的确认条件，掌握投资性房地产的初始计量、后续计量、转换及处置等相关内容。

能力目标

1. 能准确判断和确认投资性房地产。
2. 能准确运用账户进行投资性房地产初始计量的业务核算。
3. 能准确运用账户进行投资性房地产后续计量的业务核算。
4. 能准确运用账户进行投资性房地产转换及处置的业务核算。

素质目标

1. 提高学生对于各项资产的明辨意识，如何区分判断固定资产、无形资产、存货和投资性房地产等各项资产。
2. 提高学生的账务处理原理运作意识。

🕐 重点难点

重点：投资性房地产的初始计量、后续计量、转换及处置等的相关业务核算。

难点：投资性房地产的确认、投资性房地产的后续支出、投资性房地产后续计量模式的变更及投资性房地产的转换。

📖 案例导入

投资性房地产的确认

源兴公司是一家房地产开发企业，2019年发生了下列经济业务：

（1）公司在麓谷建造了一栋16层的房屋，将其中的第1层出租给南方公司做超市；将2～6层作为公司办公楼，7～16层出租给本单位职工居住。

（2）公司在汉口区建造了两栋30层的商品房，准备对外出售。

（资料来源：作者根据相关资料改编）

　　请分析：如果你是源兴公司的一名会计，你应将上述房屋确认为哪一类资产？如何区分判断固定资产和投资性房地产？

第一节　投资性房地产概述

一、投资性房地产的概念和特征

（一）投资性房地产的概念

　　房地产是土地和房屋及其权属的总称。在我国，土地归国家和集体所有，企业只能取得土地所用权。因此，房地产中的土地是指土地使用权，房屋是指土地上的建筑物及构筑物。随着我国社会主义市场经济的深入发展和不断完善，房地产市场日益活跃，企业持有的房地产除了用作自身管理、生产经营活动场所和对外销售之外，还出现了将房地产用于赚取租金或增值收益的活动。就某些企业而言，投资性房地产属于日常的经营活动，形成的租金收入或增值收益确认为企业的主营业务收入。但就大多数企业而言，投资性房地产是与经营活动相关的其他经营活动，形成的租金收入或转让增值收益确认为企业的其他业务收入。用于出租或增值的房地产就是投资性房地产。投资性房地产兼有固定资产和无形资产的双重性质。

　　投资性房地产是指为赚取租金或资本增值，或两者兼有而持有的房地产。投资性房地产应当能够单独计量和出售。

（二）投资性房地产的特征

1. 投资性房地产是一种经营性活动

　　投资性房地产主要有两种形式。一种形式是出租建筑物、出租土地使用权，这实质上属于一种让渡资产使用权的行为。房地产的租金就是让渡资产使用权取得的收入，是企业为实现其经营目标所从事的经营性活动，以及与之相关的其他活动形成的经济利益的总流入。另一种形式是持有并准备增值后转让的土地使用权，其目的是增值后转让以赚取增值收益。虽然这种增值收益通常与市场供求、经济发展等因素相关，但其也是企业为完成其经营目标所从事的经营性活动，以及与之相关的其他活动形成的经济利益的总流入。

2. 投资性房地产在用途、状态、目的等方面区别于作为生产经营场所的房地产和用于销售的房地产

　　企业持有的投资性房地产除了用作自身的管理、生产经营场所和对外销售之外，还可将其用于赚取租金或增值收益活动，这些活动甚至成为某些企业的主营业务。这就需要将投资性房地产单独作为一项资产进行核算和管理，与企业自用和作为存货的房地产加以区分，从而更加清晰地反映企业持有的投资性房地产的构成情况和盈利能力。

二、投资性房地产的范围

（一）属于投资性房地产的项目

根据《企业会计准则第 3 号——投资性房地产》的规定，投资性房地产的范围限定为已出租的土地使用权、持有并准备增值后转让的土地使用权及已出租的建筑物。

1. 已出租的土地使用权

已出租的土地使用权是指企业通过出让或转让方式取得并以经营租赁方式出租的土地使用权。企业取得的土地使用权通常包括在一级市场上以缴纳土地出让金的方式取得土地使用权，也包括在二级市场上接受其他单位转让的土地使用权。对于以经营租赁方式租入土地使用权再转租给其他单位的，不能确认为投资性房地产。

【例 3-1】2019 年 6 月 15 日，东方公司与南方公司签订了一项经营租赁合同，约定自 2019 年 7 月 1 日起，东方公司以年租金 7 000 000 元租赁使用南方公司拥有的 40 万平方米的场地，租赁期为 8 年。2019 年 8 月 1 日，东方公司又将这块场地转租给源兴公司以赚取租金差价，租赁期为 5 年。以上交易假设不违反国家有关规定。南方公司与东方公司应分别如何确认该项土地使用权。

【解析】本例中，对于南方公司而言，自租赁期开始日（2019 年 7 月 1 日）起，这项土地使用权属于投资性房地产；但对于东方公司而言，这项土地使用权不能予以确认，也不属于其投资性房地产。

2. 持有并准备增值后转让的土地使用权

持有并准备增值后转让的土地使用权是指企业取得的、准备增值后转让的土地使用权。这类土地使用权很可能给企业带来增值收益，符合投资性房地产的定义。例如，某企业发生转产，部分土地使用权停止自用，管理层决定继续持有这部分土地使用权，待其增值后转让以赚取增值收益。

按照国家有关规定认定的闲置土地，不属于持有并准备增值后转让的土地使用权，也就不属于投资性房地产。

3. 已出租的建筑物

已出租的建筑物是指企业拥有产权的、以经营租赁方式出租的建筑物，包括自行建造的或开发活动完成后用于出租的建筑物。

企业在判断和确认已出租的建筑物是否为投资性房地产时，应当把握以下要点：

（1）用于出租的建筑物是指企业拥有产权的建筑物，不包括企业以经营租赁方式租入再转租的建筑物。

【例 3-2】2019 年 7 月 15 日，东方公司与南方公司签订了一项经营租赁合同，南方公司将其拥有产权的两间房屋出租给东方公司，租赁期为 5 年。东方公司一开始将这两间房间用于自行经营餐馆。2 年后，由于连续亏损，东方公司把餐馆转租给源兴公司，以赚取租金差价。南方公司和东方公司是否都能将该房屋确认为投资性房地产。

【解析】本例中，南方公司拥有这两间房屋的产权并以经营租赁方式对外出租，应将其确认为投资性房地产；但对于东方公司而言，这两间房屋属于以经营租赁方式租入后又转租的建筑物，东方公司并不拥有产权。因此不能将其确认为投资性房地产。

（2）已出租的建筑物是企业已经与其他房签订了租赁协议，约定以经营租赁方式出租的建筑物。一般应自租赁协议规定的租赁期开始日起，经营租出的建筑物才属于已出租的建筑物。

（3）企业将建筑物出租，按租赁协议向承租人提供的相关辅助服务在整个协议中不重大的，应当将该建筑物确认为投资性房地产。例如，企业将其办公楼出租，同时向承租人提供维护、保安等日常辅助服务，企业应当将其确认为投资性房地产。

（二）不属于投资性房地产的项目

1. 自用房地产

自用房地产是指企业为生产商品、提供劳务或经营管理而持有的房地产，包括自用建筑物（固定资产）和自用土地使用权（无形资产）。例如，企业出租给本企业职工居住的宿舍，即使按照市场价格收取租金，也不属于投资性房地产。但这部分房产间接为企业自身的生产经营服务。因此具有自用房地产的性质。计划用于出租但尚未出租的建筑物和土地使用权也属于自用房地产。

2. 作为存货的房地产

作为存货的房地产，通常指房地产开发企业在正常经营过程中销售的或为销售而正在开发的商品房和土地。

（三）需要根据具体情况判断是否属于投资性房地产的项目

1. 一项房地产多种用途的辨认

一个房地产项目，部分用于赚取租金或资本增值，部分用于生产商品、提供劳务或经营管理，其中用于赚取租金或资本增值的部分，如果能够分别计量和出售，则可以确认为投资性房地产；如果不能够单独计量和出售，则应当确认为固定资产、无形资产或开发产品。例如，某房地产开发商建造了一栋商住两用楼盘，一层出租给一家大型超市，已签订经营租赁合同；其余楼层均为普通住宅，且正在公开销售中。这种情况下，如果一层商铺能够单独计量和出售，则应当确认为该房地产开发商的投资性房地产，其余楼层为该房地产开发商的存货，即开发产品；如果不能够单独计量和出售，则全部确认为开发产品。

2. 关联企业之间投资性房地产的辨认

关联企业之间出租房地产时，出租方应将出租的房地产确认为投资性房地产。但在编制合并报表时，应将其作为企业集团的自用房地产。例如，母公司以经营租赁方式出租给子公司的房地产，应当作为母公司的投资性房地产，但在编制合并报表时，作为企业集团的自用房地产。

3. 租赁期届满的投资性房地产

已出租的房地产租赁期届满，因暂时空置但继续用于出租的，仍作为投资性房地产；不再用于出租的，则作为企业的固定资产、无形资产或存货。

第二节　投资性房地产的初始计量

一、　投资性房地产的确认

将某个项目确认为投资性房地产，首先要符合投资性房地产的概念，其次要同时满足以下两个确认条件：①与该投资性房地产有关的经济利益很可能流入企业；②该投资性房地产的成本能够可靠地计量。

对于企业拥有产权，并且以经营租赁方式出租的土地使用权、建筑物，其确认为投资性房地产的时点一般应为租赁开始日，即租赁协议规定的租赁期开始之日。对持有并准备增值后转让的土地使用权，其确认为投资性房地产的时点应为企业将自用房地产停止自用、准备增值后转让的日期。

二、　投资性房地产核算的账户设置

企业应当设置以下账户，对投资性房地产业务进行核算：

（一）"投资性房地产"账户

"投资性房地产"账户属于资产类账户，用来核算采用成本模式或公允价值模式计量的投资性房地产的成本或公允价值。采用成本模式计量时，借方登记企业外购、自行建造等方式取得的投资性房地产的成本，贷方登记处置或转为自用的投资性房地产的成本，期末余额在借方，表示企业现有投资性房地产的成本。该账户可按投资性房地产的类别和项目进行明细核算；采用公允价值模式计量时，该账户反映投资性房地产的公允价值。同时，还应当设置"成本"和"公允价值变动"两个明细账户。

（二）"投资性房地产累计折旧（摊销）"账户

"投资性房地产累计折旧（摊销）"账户属于资产类账户，用来核算采用成本模式计量的投资性房地产的累计折旧或摊销，是"投资性房地产"账户的备抵调整账户。该账户贷方登记投资性房地产累计计提的折旧或累计摊销的金额，或者自用的房地产转为投资性房地产时转入的累计折旧或累计摊销额；借方登记投资性房地产处置或转为自用时应当结转的累计折旧额或累计摊销额；期末余额一般在贷方，表示投资性房地产的累计折旧额或累计摊销额。

（三）"投资性房地产减值准备"账户

企业应当设置"投资性房地产减值准备"账户，用来核算采用成本模式计量的投资性房地产发生的减值，是"投资性房地产"账户的备抵调整账户。该账户的使用比照"固定资产减值准备""无形资产减值准备"等账户进行。

三、　投资性房地产的初始计量

投资性房地产的计量分为初始计量和后续计量。投资性房地产应当按照成本进行初始确认和计量。投资性房地产主要由外购和自行建造两种方式取得，下面分别就这两种方式取得时的初始计量予以说明。

1. 外购投资性房地产

企业外购投资性房地产时，只有在购入的同时开始对外出租或用于资本增值，才能作为投资性房地产加以确认；企业购入房地产自用一段时间之后才对外出租或用于资本增值的，应当先将外购的房地产确认为固定资产或无形资产，自租赁开始日或用于资本增值之日起，再从固定资产或无形资产转换为投资性房地产。

企业外购投资性房地产时，应当按照取得时的实际成本进行初始计量。取得时的实际成本，包括购买价款、相关税费和可直接归属于该资产的其他支出。采用成本模式进行后续计量的，企业应当在购入投资性房地产时借记"投资性房地产"科目，贷记"银行存款"等科目；采用公允价值模式进行后续计量的，企业应当在购入投资性房地产时，借记"投资性房地产——成本"科目，贷记"银行存款"等科目。

【例 3-3】2019 年 4 月 10 日，东方公司出资 1 000 000 元购入一栋门面商铺，购入后立即对外经营出租。试分析东方公司分别采用成本模式和公允价值模式时的账务处理。

【解析】

（1）如果东方公司采用成本模式进行后续计量时，则账务处理如下：

借：投资性房地产——门面商铺　　　　　　　　　　　　　　　　　　　　1 000 000
　　贷：银行存款　　　　　　　　　　　　　　　　　　　　　　　　　　　　　1 000 000

（2）如果东方公司采用公允价值模式进行后续计量时，则账务处理如下：

借：投资性房地产——门面商铺——成本　　　　　　　　　　　　　　　　1 000 000
　　贷：银行存款　　　　　　　　　　　　　　　　　　　　　　　　　　　　　1 000 000

2. 自行建造投资性房地产

企业自行建造或开发投资性房地产时，只有在自行建造或开发活动完成，即达到预定可使用状态，并开始对外出租或用于资本增值时，才能将自行建造的房地产确认为投资性房地产；自行建造房地产达到预定可使用状态后一段时间才对外出租或用于资本增值的，应当先将自行建造的房地产确认为固定资产、无形资产或存货，自租赁开始之日或用于资本增值之日起，再从固定资产、无形资产或存货转换为投资性房地产。

企业自行建造投资性房地产的成本，由建造该项房地产达到预定可使用状态前发生的必要支出构成，包括土地开发费、建筑成本、安装成本、应予以资本化的借款费用、支付的其他费用和分摊的间接费用等。采用成本模式进行后续计量的，应按照确定的自行建造投资性房地产成本，借记"投资性房地产"科目，贷记"在建工程"或"开发产品"等科目；采用公允价值模式进行后续计量的，应按照确定的自行建造投资性房地产成本，借记"投资性房地产——成本"科目，贷记"在建工程"或"开发产品"等科目。

【例 3-4】2019 年 2 月，东方公司从源兴公司购入一块使用期限为 50 年的土地，并在这块土地上开始自行建造两栋厂房。2019 年 11 月底，东方公司预计厂房即将完工，与南方公司签订了经营租赁合同，将其中的一栋厂房租赁给南方公司使用。租赁合同约定，该厂房于完工时开始起租。2019 年 12 月 25 日，两栋厂房同时完工。该块土地使用权的成本为 9 000 000 元，至 2019 年 12 月 25 日，土地使用权已摊销 165 000 元；两栋厂房的实际造价均为 12 000 000 元，能够单独出售。假设两栋厂房分别占用这块土地的一半面积，并且以占用的土地面积作为土地使用权划分依据。试分析东方公司分别采用成本模式和公允价值模式时的账务处理。

【解析】

（1）如果东方公司采用成本模式进行后续计量，则账务处理如下：

①2019年12月25日，结转完工工程成本时：

借：固定资产——厂房   12 000 000

　　投资性房地产——厂房   12 000 000

　　　贷：在建工程——厂房   24 000 000

②同时将土地使用权中对应出租的部分转换为投资性房地产时：

借：投资性房地产——已出租土地使用权   4 500 000

　　累计摊销（165 000÷2）   82 500

　　　贷：无形资产——土地使用权（9 000 000÷2）   4 500 000

　　　　　投资性房地产累计摊销   82 500

（2）如果东方公司采用公允价值模式进行后续计量，则账务处理如下：

①2019年12月25日，结转完工工程成本时：

借：固定资产——厂房   12 000 000

　　投资性房地产——厂房——成本   12 000 000

　　　贷：在建工程——厂房   24 000 000

②同时将土地使用权中对应出租的部分转换为投资性房地产时：

借：投资性房地产——已出租土地使用权——成本   4 417 500

　　累计摊销（165 000÷2）   82 500

　　　贷：无形资产——土地使用权（9 000 000÷2）   4 500 000

第三节　投资性房地产的后续计量

投资性房地产的后续计量模式有两种：成本计量和公允价值计量。企业通常应当采用成本模式进行后续计量，满足特定条件时才可以采用公允价值模式计量。但是，同一企业只能采用一种计量模式对所有投资性房地产进行后续计量，不能同时采用两种计量模式。

一、采用成本模式进行后续计量的投资性房地产

企业通常应当采用成本模式对投资性房地产进行后续计量。采用成本模式进行后续计量的投资性房地产，应当按照以下规定进行会计处理：

（1）按照固定资产或无形资产的有关规定，按期（月）计提折旧或摊销，借记"其他业务成本"等科目，贷记"投资性房地产累计折旧（摊销）"科目。

（2）取得的租金收入，借记"银行存款"等科目，贷记"其他业务收入"等科目。

（3）投资性房地产存在减值迹象的，适用资产减值的有关规定（比照固定资产或无形资产减值的相关规定进行）。经减值测试后确定发生减值的，应当计提减值准备，借记"资产减值损失"科目，贷记"投资性房地产减值准备"等科目。已经计提减值准备的投资性房地产的价值在以后的会计期间又得以恢复，其减值损失不得转回。

【例3-5】东方公司将外购的一栋写字楼出租给南方公司使用，确认为投资性房地产，采用成本模式进行后续计量。该写字楼的成本为2 400 000元，使用寿命为40年，净残值预计

为 0，按直线法计提折旧。经营租赁合同约定，租期为 5 年，每月收取租金 40 000 元（不考虑相关税费）。试分析东方公司的账务处理。

【解析】

（1）每月计提折旧时：

每月应计提的折旧额＝2 400 000÷40÷12 ＝5 000（元）

借：其他业务成本 5 000

　　贷：投资性房地产累计折旧 5 000

（2）每月确认租金收入时：

借：银行存款（或其他应收款） 40 000

　　贷：其他业务收入 40 000

二、采用公允价值模式进行后续计量的投资性房地产

企业只有存在确凿证据表明投资性房地产的公允价值能够持续可靠取得的情况下，才可以采用公允价值模式对投资性房地产进行后续计量。企业一旦选择采用公允价值计量模式，就应当对其所有投资性房地产均采用公允价值模式进行后续计量。

（一）采用公允价值模式进行后续计量的前提条件

采用公允价值模式进行后续计量的投资性房地产，应当同时满足以下两个条件：

（1）投资性房地产所在地存在活跃的房地产交易市场。所在地通常指投资性房地产所在的城市。对于大中城市，应当具体化为投资性房地产所在的城区。

（2）企业能够从房地产交易市场上取得同类或类似房地产的市场价格及其他相关信息，从而可以对投资性房地产的公允价值作出合理的估计。

同类或类似的房地产，对建筑物而言，是指所处地理位置和地理环境相同、性质相同、结构类型相同或相近、新旧程度相同或相近、可使用状况相同或相近的建筑物；对土地使用权而言，是指同一位置区域、所处地理环境相同或相近、可使用状况相同或相近的土地。

投资性房地产的公允价值是市场参与者在计量日的有序交易中，出售该房地产所能收到的金额。确定投资性房地产的公允价值时，应当参照活跃市场上同类或类似房地产的现行市场价格（市场公开报价）；无法取得同类或类似房地产现行市场价格的，应当参照活跃市场上同类或类似房地产的最近交易价格，并考虑交易情况、交易日期、所在区域等因素，从而对投资性房地产的公允价值作出合理估计；也可以基于预计未来获得的租金收益和相关现金流量予以估计。

（二）采用公允价值模式进行后续计量的投资性房地产的会计处理

采用公允价值模式进行后续计量的投资性房地产，应当按照以下规定进行会计处理。

1. 不对投资性房地产计提折旧或摊销

企业应当以资产负债表日投资性房地产的公允价值为基础调整其账面价值，公允价值与原账面价值之间的差额记入当期损益。资产负债表日，投资性房地产的公允价值高于原账面价值的差额，借记"投资性房地产——公允价值变动"科目，贷记"公允价值变动损益"科目；公允价值低于原账面价值的差额，作相反的会计处理。

2. 取得的租金收入

每期确认的租金收入，借记"银行存款"等科目，贷记"其他业务收入"等科目。

【例 3-6】2019 年 12 月 31 日，东方公司将本月新完工的一栋写字楼经营出租给南方公司。写字楼的工程造价为 4 900 000 元，公允价值与之相同。租期为 4 年，东方公司每月收取租金 30 000 元。该写字楼地处市中心，所在城区有活跃的房地产交易市场，而且能够从交易市场上取得同类房地产的市场报价。东方公司决定采用公允价值计量模式对该项出租的房地产进行后续计量。2020 年 12 月 31 日，该写字楼的公允价值为 5 000 000 元；2021 年 12 月 31 日，该写字楼的公允价值为 4 800 000 元。试分析东方公司的账务处理过程。

【解析】

（1）2019 年 12 月 31 日，写字楼出租时：

借：投资性房地产——写字楼——成本　　　　　　　　　　　　　　4 900 000
　　贷：在建工程　　　　　　　　　　　　　　　　　　　　　　　　4 900 000

（2）2020 年每月收取租金时：

借：银行存款　　　　　　　　　　　　　　　　　　　　　　　　　　30 000
　　贷：其他业务收入　　　　　　　　　　　　　　　　　　　　　　　30 000

（3）2020 年 12 月 31 日，按照公允价值调整其账面价值时：

公允价值与账面价值之间的差额＝5 000 000－4 900 000＝100 000（元）

借：投资性房地产——写字楼——公允价值变动　　　　　　　　　　100 000
　　贷：公允价值变动损益　　　　　　　　　　　　　　　　　　　　100 000

（4）2021 年每月收取租金时略（同 2020 年每月收取租金时的会计分录）。

（5）2021 年 12 月 31 日，按照公允价值调整其账面价值时：

公允价值与账面价值之间的差额＝4 800 000－5 000 000＝－200 000（元）

借：公允价值变动损益　　　　　　　　　　　　　　　　　　　　　200 000
　　贷：投资性房地产——写字楼——公允价值变动　　　　　　　　　200 000

三、投资性房地产后续计量模式的变更

企业对投资性房地产的计量模式一经确定，不得随意变更。采用公允价值模式进行后续计量的投资性房地产，不得从公允价值模式转为成本模式；采用成本模式进行后续计量的投资性房地产，在房地产市场比较成熟，能够满足采用公允价值模式计量条件的情况下，才允许变更为公允价值计量模式。

成本模式转为公允价值模式应当作为会计政策变更处理，按公允价值与账面价值的差额调整期初留存收益。变更投资性房地产计量模式时，企业应当按照变更日投资性房地产的公允价值，借记"投资性房地产——成本"科目；按照已计提的折旧或摊销，借记"投资性房地产累计折旧（摊销）"科目；按照已计提的减值准备，借记"投资性房地产减值准备"科目；按照原账面余额，贷记"投资性房地产"科目；按照公允价值与账面价值之间的差额，贷记或借记"利润分配——未分配利润""盈余公积"等科目。

【例 3-7】2019 年 4 月 30 日，东方公司原出租给南方公司的旧仓库具备了采用公允价值模式计量的所有条件，东方公司决定对其从成本计量模式转换为公允价值计量模式。该旧仓库的原价为 8 000 000 元，已计提折旧 3 000 000 元，已计提减值准备 3 000 000 元，公允价值为 2 500 000 元，东方公司按照净利润的 10% 计提盈余公积。试分析转换日东方公司的账务处理。

【解析】

借：投资性房地产——仓库——成本　　　　　　　　　　　　　2 500 000
　　投资性房地产累计折旧　　　　　　　　　　　　　　　　　3 000 000
　　投资性房地产减值准备　　　　　　　　　　　　　　　　　3 000 000
　　贷：投资性房地产——仓库　　　　　　　　　　　　　　　　8 000 000
　　　　利润分配——未分配利润　　　　　　　　　　　　　　　450 000
　　　　盈余公积　　　　　　　　　　　　　　　　　　　　　50 000

变更日公允价值与账面价值之间的差额为 500 000（2 500 000－2 000 000）元，应计提的盈余公积为 50 000（500 000×10％）元，未分配利润为 450 000（500 000－50 000）元。

四、投资性房地产的后续支出

投资性房地产的后续支出是指对投资性房地产进行的改扩建、装修及日常维护所发生的支出。与投资性房地产有关的后续支出，满足投资性房地产确认条件的后续支出应予以资本化，即应当记入投资性房地产的成本；不满足确认条件的后续支出应予以费用化，即应当在发生时记入当期损益。

扫一扫 学一学

（一）资本化的后续支出

企业为了延长投资性房地产的使用寿命，或者为了提高投资性房地产的使用效能，需要对投资性房地产进行改建、扩建等，这些支出在满足投资性房地产确认条件时，应当予以资本化。

1. 成本模式下

企业采用成本模式计量的，投资性房地产进入改扩建或装修阶段后，应当将其账面价值转入改扩建工程。借记"投资性房地产——在建""投资性房地产累计折旧""投资性房地产减值准备"等科目，贷记"投资性房地产"科目；发生资本化的改良或装修支出，通过"投资性房地产——在建"科目归集，借记"投资性房地产——在建"科目，贷记"银行存款""应付账款"等科目；改扩建或装修完成后，借记"投资性房地产"科目，贷记"投资性房地产——在建"科目。

【例 3-8】2019 年 4 月，东方公司与南方公司签订的一栋厂房经营租赁合同即将到期。该厂房原价 50 000 000 元，已计提折旧 20 000 000 元。为提高厂房的租金收入，东方公司决定在租赁期满后对厂房进行改扩建，并与源兴公司签订了经营租赁合同，约定自改扩建完工时将厂房租给源兴公司。4 月 10 日，与南方公司的合同到期，随即进行改扩建工程。12 月 15 日，改扩建完工，总共发生的支出为 2 000 000 元，即日按合同出租给源兴公司。东方公司采用成本模式进行后续计量。试分析东方公司的账务处理。

【解析】

（1）2019 年 4 月 10 日，开始改扩建时：

借：投资性房地产——厂房（在建）　　　　　　　　　　　　30 000 000
　　投资性房地产累计折旧　　　　　　　　　　　　　　　　20 000 000
　　贷：投资性房地产——厂房　　　　　　　　　　　　　　　50 000 000

（2）2019 年 4 月 10 日至 12 月 15 日，进行改扩建时：

借：投资性房地产——厂房（在建）　　　　　　　　　　　　2 000 000

　　贷：银行存款　　　　　　　　　　　　　　　　　　　　　　　　　　　　2 000 000

　　（3）2019 年 12 月 15 日，改扩建完成时：

　　借：投资性房地产——厂房　　　　　　　　　　　　　　　　　　　32 000 000

　　　　贷：投资性房地产——厂房（在建）　　　　　　　　　　　　　　32 000 000

　　本例中，该厂房改扩建完工后的总成本为 32 000 000（30 000 000＋2 000 000）元。需要注意的是，企业对某项投资性房地产进行改扩建等再开发且将来仍作为投资性房地产的，再开发期间应继续将其作为投资性房地产，不计提折旧或摊销。

2. 公允价值模式下

企业采用公允价值模式计量的，投资性房地产进入改扩建或装修阶段，借记"投资性房地产——在建"科目，贷记"投资性房地产——成本"，借记或贷记"投资性房地产—公允价值变动"等科目；发生资本化的改良或装修支出，通过"投资性房地产—在建"科目归集，借记"投资性房地产——在建"科目，贷记"银行存款""应付账款"等科目；在改扩建或装修完成后，借记"投资性房地产——成本"科目，贷记"投资性房地产——在建"科目。

【例 3-9】承【例 3-8】，假设东方公司采用公允价值模式进行后续计量。4 月 10 日，与南方公司的合同到期时，厂房的账面余额为 28 000 000 元，其中，成本为 22 000 000 元，累计公允价值变动 6 000 000 元。其他条件不变。试分析东方公司的账务处理过程。

【解析】

　　（1）2019 年 4 月 10 日，开始改扩建时：

　　借：投资性房地产——厂房（在建）　　　　　　　　　　　　　　28 000 000

　　　　贷：投资性房地产——成本　　　　　　　　　　　　　　　　　22 000 000

　　　　　　投资性房地产——公允价值变动　　　　　　　　　　　　　6 000 000

　　（2）2019 年 4 月 10 日至 12 月 15 日，进行改扩建时：

　　借：投资性房地产——厂房（在建）　　　　　　　　　　　　　　　2 000 000

　　　　贷：银行存款　　　　　　　　　　　　　　　　　　　　　　　2 000 000

　　（3）2019 年 12 月 15 日，改扩建完成时：

　　借：投资性房地产——成本　　　　　　　　　　　　　　　　　　30 000 000

　　　　贷：投资性房地产——厂房（在建）　　　　　　　　　　　　　30 000 000

本例中，该厂房改扩建完工后的总成本为 30 000 000（28 000 000＋2 000 000）元。

（二）费用化的后续支出

企业发生的投资性房地产相关的后续支出，不满足投资性房地产确认条件的，应当在支出发生时记入当期损益。企业对投资性房地产进行的日常维护修理所发生的支出，在发生支出时借记"其他业务成本"等科目，贷记"银行存款"等科目。

第四节　投资性房地产的转换

投资性房地产的转换是指因房地产的用途发生改变而对其进行的重分类。这里所说的房地产转换是指房地产用途发生改变而非后续计量模式的变更。企业只有存在确凿证据表明房地产用途发生改变的情况下，才能将投资性房地产转换为非投资性房地产或将非投资性房地产转换为投资性房地产。这里所说的确凿证据包括两个方面：一是企业董事会或类似机构应当就改变房地产用途形成正式的书面决议；二是房地产因用途改变而发生实际状态上的改变，如从自用状态改为出租状态。

一、房地产的转换形式及转换日

（一）投资性房地产转换为自用房地产或存货

这种情况可进一步分为两个方面：一是指非投资性房地产企业将经营出租的房地产收回用于生产商品、提供劳务或经营管理等自用，其转换日为企业将投资性房地产用于生产商品、提供劳务或经营管理等自用的日期；二是房地产开发企业将用于经营出租的房地产收回重新开发用于对外销售，其转换日为租赁期满日，即企业董事会或类似机构作出书面决议明确表示将其重新开发用于对外销售的日期。

（二）自用房地产或存货转换为投资性房地产

自用房地产或存货转换为投资性房地产可进一步分为三个方面：一是将原用于生产商品、提供劳务或经营管理的房地产改为出租，其转换日为租赁开始日，即承租人有权行使其使用租赁资产权利的日期；二是房地产开发企业将其持有的开发产品以经营租赁方式对外出租，其转换日为租赁开始日；三是将原用于生产商品、提供劳务或经营管理等自用的土地使用权改用于赚取租金或资本增值，其转换日为土地使用权停止自用后，确定用于资本增值的日期。

二、房地产转换的会计处理

（一）成本模式下的转换

采用成本模式进行后续计量的投资性房地产转换，无论是将投资性房地产转换为自用房地产或存货，还是将自用房地产或存货转换为投资性房地产，均应将房地产转换前的账面价值作为转换后的入账价值。

1. 投资性房地产转换为自用房地产

一般企业将采用成本模式计量的投资性房地产转换为自用房地产时，应当按照该项投资性房地产在转换日的账面余额、累计折旧、减值准备等，分别对应转入"固定资产""累计折旧""固定资产减值准备"等账户。

具体处理为：按照其账面余额，借记"固定资产"或"无形资产"科目，贷记"投资性房地产"科目；按照已计提的折旧或摊销，借记"投资性房地产累计折旧（摊销）"科目，贷记"累计折旧"或"累计摊销"科目；原已计提减值准备的，借记"投资性房地产减值准备"科目，贷记"固定资产减值准备"或"无形资产减值准备"科目。

【例3-10】东方公司于2019年6月将出租给南方公司的仓库收回，用于本单位的经营管理。转换前该仓库采用成本模式进行后续计量，仓库的原价为4 000 000元，已计提折旧1 000 000元，已计提减值准备500 000元。试分析转换日东方公司的账务处理。

【解析】转换日东方公司的账务处理如下：

借：固定资产——仓库　　　　　　　　　　　　　　　　　　　　　　4 000 000

投资性房地产累计折旧	1 000 000
投资性房地产减值准备	500 000
贷：投资性房地产——仓库	4 000 000
累计折旧	1 000 000
固定资产减值准备	500 000

2. 投资性房地产转换为存货

房地产开发企业将采用成本模式进行后续计量的投资性房地产转换为存货时，应当按照该项房地产在转换日的账面价值，借记"开发产品"科目；按照已计提的折旧或摊销，借记"投资性房地产累计折旧（摊销）"科目；原已计提减值准备的，借记"投资性房地产减值准备"科目；按投资性房地产账面余额，贷记"投资性房地产"科目。

【例 3-11】东方房地产开发公司于 2019 年 6 月将出租给南方公司的门面房收回，拟重新开发用于销售。转换前该门面房采用成本模式进行后续计量，门面房的原价为 1 800 000 元，已计提折旧 500 000 元。试分析转换日东方公司的账务处理。

扫一扫 学一学

【解析】转换日东方公司的账务处理如下：

借：开发产品	1 300 000
投资性房地产累计折旧	500 000
贷：投资性房地产——仓库	1 800 000

3. 自用房地产转换为投资性房地产

一般企业将自用土地使用权或建筑物转换为以成本模式进行后续计量的投资性房地产时，应当按照该项土地使用权或建筑物在转换日的原价、累计折旧、减值准备等，分别对应转入"投资性房地产""投资性房地产累计折旧（摊销）""投资性房地产减值准备"账户。

具体处理为：按照其账面余额，借记"投资性房地产"科目，贷记"固定资产"或"无形资产"科目；按照已计提的折旧或摊销，借记"累计折旧"或"累计摊销"科目，贷记"投资性房地产累计折旧（摊销）"科目；原已计提减值准备的，借记"固定资产减值准备"或"无形资产减值准备"科目，贷记"投资性房地产减值准备"科目。

【例 3-12】东方公司有闲置厂房一栋，原价为 9 000 000 元。东方公司拟将该厂房经营租赁给南方公司，双方达成协议，租赁开始日为 2020 年 1 月 18 日，租期为 8 年。该厂房已计提折旧 2 000 000 元。由于东方公司所在地不存在活跃的房地产交易市场，东方决定对该厂房采用成本模式计量。试分析租赁开始日东方公司的账务处理。

【解析】

借：投资性房地产——厂房	9 000 000
累计折旧	2 000 000
贷：固定资产——厂房	9 000 000
投资性房地产累计折旧	2 000 000

4. 作为存货的房地产转换为投资性房地产

房地产开发企业将作为存货的房地产转换为投资性房地产时，应当按照该项存货在转换日的账面价值，借记"投资性房地产"科目；按原已计提的跌价准备，借记"存货跌价准备"科目；按照其账面余额，贷记"开发产品"等科目。

（二）公允价值模式下的转换

1. 投资性房地产转换为自用房地产

一般企业将采用公允价值模式计量的投资性房地产转换为自用房地产时，应当以其**转换当日的公允价值作为自用房地产的账面价值，公允价值与原账面价值的差额记入当期损益**。

具体处理为：按照该项投资性房地产的公允价值，借记"固定资产"或"无形资产"科目；按照该项投资性房地产的成本，贷记"投资性房地产——成本"科目；按照该项投资性房地产的累计公允价值变动，贷记或借记"投资性房地产——公允价值变动"科目；按照其差额，贷记或借记"公允价值变动损益"科目。

【例3-13】 2019年12月31日，东方公司原对外出租的办公楼租赁期满，收回自用。该办公楼在转换前采用公允价值模式进行计量，原账面价值为5 000 000元，其中，成本为4 800 000元，公允价值变动为200 000元。转换日，该办公楼的公允价值为5 500 000元。试分析转换日东方公司的账务处理。

【解析】 转换日东方公司的账务处理如下：

借：固定资产　　　　　　　　　　　　　　　　　　　　　　　5 500 000
　　贷：投资性房地产——办公楼——成本　　　　　　　　　　　4 800 000
　　　　投资性房地产——办公楼——公允价值变动　　　　　　　　200 000
　　　　公允价值变动损益　　　　　　　　　　　　　　　　　　　500 000

2. 投资性房地产转换为存货

房地产开发企业将采用公允价值模式进行后续计量的投资性房地产转换为存货时，应当以其**转换日的公允价值作为存货的账面价值，公允价值与原账面价值的差额记入当期损益**。

具体处理为：按该投资性房地产的公允价值，借记"开发产品"等科目；按该项投资性房地产的成本，贷记"投资性房地产——成本"科目；按该项投资性房地产的累计公允价值变动，贷记或借记"投资性房地产——公允价值变动"科目；按其差额，贷记或借记"公允价值变动损益"科目。

【例3-14】 承**【例3-13】**，假定东方公司为房地产开发公司，其原对外出租的办公楼租赁期满，收回作为存货，其他条件不变。试分析转换日东方公司的账务处理。

【解析】

借：开发产品　　　　　　　　　　　　　　　　　　　　　　　5 500 000
　　贷：投资性房地产——办公楼——成本　　　　　　　　　　　4 800 000
　　　　投资性房地产——办公楼——公允价值变动　　　　　　　　200 000
　　　　公允价值变动损益　　　　　　　　　　　　　　　　　　　500 000

3. 自用房地产转换为投资性房地产

一般企业将自用土地使用权或建筑物转换为采用公允价值模式计量的投资性房地产时，应当按该项土地使用权或建筑物在转换日的**公允价值**，借记"投资性房地产——成本"科目；按已计提的累计摊销或累计折旧，借记"累计摊销"或"累计折旧"科目；按原已计提减值准备的，借记"无形资产减值准备""固定资产减值准备"科目；按其账面余额，贷记"无形资产"或"固定资产"科目；当转换日的**公允价值小于账面价值**时，按照其差额，**借**

记"公允价值变动损益"科目；当转换日的公允价值大于账面价值时，按照其差额，贷记"其他综合收益"科目。待该项投资性房地产处置时，因转换记入其他综合收益的部分应转入当期损益。

【例3-15】东方公司将自用的一栋仓库改为对外出租，租期4年。由于该仓库所在地区的房地产交易价格活跃，东方公司对该房地产采用公允价值模式进行后续计量。2019年4月1日，东方公司将该仓库出租给南方公司，该仓库的账面原价为5 600 000元，已计提折旧2 300 000元，公允价值为3 100 000元。试分析出租日东方公司的账务处理。

【解析】

借：投资性房地产——仓库——成本　　　　　　　　　　　　　3 100 000

　　累计折旧　　　　　　　　　　　　　　　　　　　　　　　2 300 000

　　公允价值变动损益　　　　　　　　　　　　　　　　　　　　200 000

　　贷：固定资产——仓库　　　　　　　　　　　　　　　　　　　　5 600 000

【例3-16】承【例3-15】，假定出租日仓库的公允价值为3 500 000元，其他条件不变。试分析出租日东方公司的账务处理。

【解析】

借：投资性房地产——仓库——成本　　　　　　　　　　　　　3 500 000

　　累计折旧　　　　　　　　　　　　　　　　　　　　　　　2 300 000

　　贷：固定资产——仓库　　　　　　　　　　　　　　　　　　　　5 600 000

　　　　其他综合收益　　　　　　　　　　　　　　　　　　　　　200 000

4. 作为存货的房地产转换为投资性房地产

房地产开发企业将作为存货的房地产转换为采用公允价值模式进行后续计量的投资性房地产时，应当按照该项房地产在转换日的公允价值，借记"投资性房地产——成本"科目；按原已计提的跌价准备，借记"存货跌价准备"科目；按照其账面余额，贷记"开发产品"等科目；转换日的公允价值小于账面价值时，按照其差额，借记"公允价值变动损益"科目；当转换日的公允价值大于账面价值时，按照其差额，贷记"其他综合收益"科目。待该项投资性房地产处置时，因转换记入其他综合收益的部分应转入当期损益。

【例3-17】2019年12月12日，东方房地产开发公司董事会形成书面决议，将其开发的一栋写字楼用于出租。租赁期开始日为2020年1月1日，租赁期为10年。2020年1月1日，该写字楼的账面余额为3 100 000元，已计提的跌价准备为100 000元，公允价值为3 300 000元。试分析出租日东方公司的账务处理。

【解析】

借：投资性房地产——写字楼——成本　　　　　　　　　　　　3 300 000

　　存货跌价准备　　　　　　　　　　　　　　　　　　　　　100 000

　　贷：开发产品　　　　　　　　　　　　　　　　　　　　　　　3 100 000

　　　　其他综合收益　　　　　　　　　　　　　　　　　　　　　300 000

第五节 投资性房地产的处置

当投资性房地产被处置，或者永久退出使用且预计不能从其处置中取得经济利益时，应当终止确认该项投资性房地产。企业出售、转让、报废投资性房地产，或者发生投资性房地产毁损，应当将处置收入扣除其账面价值和相关税费后的金额记入当期损益。此外，企业因其他原因，如非货币性资产交换等而减少投资性房地产，也属于投资性房地产的处置。

一、 成本模式计量的投资性房地产的处置

处置采用成本模式计量的投资性房地产时，应当按实际收到的金额，借记"银行存款"等科目，贷记"其他业务收入"科目；按该项投资性房地产的账面价值，借记"其他业务成本"科目，按其账面余额，贷记"投资性房地产"科目，按照已计提的折旧或摊销，借记"投资性房地产累计折旧（摊销）"科目；按照已计提的减值准备，借记"投资性房地产减值准备"科目。

【例3-18】东方公司对外出租一栋写字楼于2019年11月1日租赁期届满，公司决定将其对外出售，收到价款5 100 000元，存入银行。该写字楼采用成本模式进行后续计量，原价6 400 000元，已计提折旧1 200 000元，已计提减值准备1 000 000元。试分析出售日东方公司的账务处理。

【解析】

（1）取得出售价款时：

借：银行存款　　　　　　　　　　　　　　　　　　　　　5 100 000

　　贷：其他业务收入　　　　　　　　　　　　　　　　　　　　5 100 000

（2）结转成本时：

借：其他业务成本　　　　　　　　　　　　　　　　　　　4 200 000

　　投资性房地产累计折旧　　　　　　　　　　　　　　　1 200 000

　　投资性房地产减值准备　　　　　　　　　　　　　　　1 000 000

　　贷：投资性房地产——写字楼　　　　　　　　　　　　　　　6 400 000

二、 公允价值模式计量的投资性房地产的处置

处置采用公允价值模式计量的投资性房地产时，应当按实际收到的金额，借记"银行存款"等科目，贷记"其他业务收入"科目；按该项投资性房地产的账面余额，借记"其他业务成本"科目；按其成本，贷记"投资性房地产——成本"科目；按其累计公允价值变动，贷记或借记"投资性房地产——公允价值变动"科目。同时，将累计记入"公允价值变动损益"账户的金额转入"其他业务成本"账户，借记或贷记"公允价值变动损益"科目，贷记或借记"其他业务成本"科目。若存在原转换日记入其他综合收益的金额，也一并结转，借记"其他综合收益"科目，贷记"其他业务成本"科目。

【例3-19】东方公司为一家房地产开发企业，2019年3月10日，东方公司与南方公司签订了租赁协议，将其开发的一栋写字楼出租给南方公司使用，租赁期开始日为2019年4月

1 日。2019 年 4 月 1 日，该写字楼账面余额为 460 000 000 元，公允价值为 480 000 000 元。2019 年 12 月 31 日，该项投资性房地产的公允价值为 490 000 000 元。2020 年 5 月租赁期届满，东方公司收回该项投资性房地产，并以 600 000 000 元出售，出售价款已收讫。东方公司对该写字楼采用公允价值模式计量。试分析东方公司以上业务的账务处理过程。

【解析】

（1）2019 年 4 月 1 日，存货转为投资性房地产时：

借：投资性房地产——成本   480 000 000
　　贷：开发产品   460 000 000
　　　　其他综合收益   20 000 000

（2）2019 年 12 月 31 日，公允价值变动时：

借：投资性房地产——公允价值变动   10 000 000
　　贷：公允价值变动损益   10 000 000

（3）2020 年 5 月，收回并出售该项写字楼时：

借：银行存款   600 000 000
　　贷：其他业务收入   600 000 000

（4）结转成本时

借：其他业务成本   490 000 000
　　贷：投资性房地产——成本   480 000 000
　　　　投资性房地产——公允价值变动   10 000 000

同时，将累计公允价值变动损益转入其他业务成本：

借：公允价值变动损益   10 000 000
　　贷：其他业务成本   10 000 000

同时，将原记入其他综合收益的部分转入其他业务成本：

借：其他综合收益   20 000 000
　　贷：其他业务成本   20 000 000

综合练习题

一、单项选择题

1. 下列项目不属于投资性房地产的是（　　）。

A. 房地产开发企业将作为存货的房地产以经营租赁方式出租

B. 持有并准备增值后转让的房屋建筑物

C. 房地产企业拥有产权，出租给他人经营的饭店

D. 持有并准备增值后转让的土地使用权

2. 下列说法中不正确的是（　　）。

A. 与投资性房地产有关的后续支出，满足投资性房地产确认条件的，应当记入投资

性房地产的成本；不满足确认条件的，应当在发生时记入当期损益

  B. 自行建造投资性房地产的成本，由建造该项资产达到预定可使用状态前所发生的必要支出构成

  C. 外购投资性房地产的成本包括购买价款、相关税费和可直接归属于该资产的其他支出

  D. 只要与投资性房地产有关的经济利益很可能流入企业，就应确认为投资性房地产

3. A 公司于 2020 年 1 月 30 日将采用公允价值模式计量的投资性房地产转为行政管理部门使用，该房地产 2019 年末的公允价值为 2 000 万元，转换日的公允价值为 2 080 万元，预计尚可使用年限为 10 年，采用直线法计提折旧，无残值，则 A 公司在 2020 年对该资产应计提的折旧额是（　　）万元。

  A. 208   B. 190.67   C. 200   D. 183.33

4. 甲企业 2019 年 1 月 1 日，以银行存款出资 500 万元外购一栋建筑物，购入后立即对外经营出租，年租金 50 万元，每年年初收取租金。该企业对投资性房地产采用公允价值模式进行后续计量。2019 年 12 月 31 日，该建筑物的公允价值为 520 万元。2019 年该项交易影响当期损益的金额为（　　）万元。

  A. 70   B. 60   C. 80   D. 50

5. 关于企业出租并按出租协议向承租人提供保安和维修等其他服务的建筑物是否属于投资性房地产，下列说法正确的是（　　）。

  A. 所提供的其他服务在整个协议中不重大的，该建筑物应视为企业的经营场所，应当确认为自用房地产

  B. 所提供的其他服务在整个协议中如为重大的，应将该建筑物确认为投资性房地产

  C. 所提供的其他服务在整个协议中如为不重大的，应将该建筑物确认为投资性房地产

  D. 所提供的其他服务在整个协议中无论是否重大，均不将该建筑物确认为投资性房地产

6. 下列各项有关投资性房地产会计处理的表述中，正确的是（　　）。

  A. 以成本模式进行后续计量的投资性房地产转换为存货，存货应按转换日的公允价值计量，公允价值大于原账面价值的差额确认为其他综合收益

  B. 以成本模式进行后续计量的投资性房地产转换为自用固定资产，自用固定资产应按转换日的公允价值计量，公允价值小于原账面价值的差额确认为当期损益

  C. 以公允价值模式进行后续计量的投资性房地产转换为自用固定资产，自用固定资产应按转换日的公允价值计量，公允价值大于账面价值的差额确认为其他综合收益

  D. 存货转化为以公允价值模式进行后续计量的投资性房地产，投资性房地产应按转换日的公允价值计量，公允价值小于存货账面价值的差额确认为当期损益

7. 企业对采用公允价值模式进行后续计量的投资性房地产取得的租金收入，应贷记（　　）科目。

  A. 投资收益   B. 其他综合收益

  C. 营业外收入   D. 其他业务收入

8. A 公司将某一栋自用写字楼经营租赁给 B 公司使用，并一直采用成本模式进行后续计量。2019 年 1 月 1 日，A 公司认为，出租给 B 公司使用的写字楼所在地的房地产市场比较成熟，具备了采用公允价值模式计量的条件，决定将该投资性房地产从成本模式转换为公允价值模式计量。该写字楼的原价为 20 500 万元，已计提折旧 400 万元，已计提减值准备 500 万元。2019 年 1 月 1 日，该写字楼的公允价值为 26 500 万元。假设 A 公司按净利润的 10% 提取盈余公积。假定不考虑所得税及其他因素的影响，则转换日影响盈余公积项目的金额为（　　）万元。

  A. 245   B. 6 000   C. 690   D. 5 500

9. A 公司从事房地产开发经营业务，2019 年 4 月 5 日收回租赁期届满的商铺，并计划对其装修后继续对外出租。该商铺成本为 7 000 万元，至装修之日，已计提累计折旧 1 000 万元，已计提减值准备 1 000 万元。装修工程于 4 月 6 日开始，于当年年末完工并达到预定可使用状态，共发生装修支出 800 万元（均符合资本化条件）。A 公司对该商铺采用成本模式进行后续计量。2019 年 12 月 31 日 A 公司该项投资性房地产的账面价值为（　　）万元。

  A. 5 200   B. 3 500   C. 5 800   D. 4 600

10. 2019 年 5 月 31 日，A 公司与 B 公司签订租赁合同，合同规定 A 公司将一栋自用办公楼出租给 B 公司，租赁期为 1 年，年租金为 150 万元。当日，出租办公楼的公允价值为 7 500 万元，其账面价值为 5 000 万元。2019 年 12 月 31 日，该办公楼的公允价值为 8 500 万元。2020 年 5 月 31 日，A 公司收回租赁期届满的办公楼并对外出售，售价 9 000 万元。A 公司采用公允价值模式对投资性房地产进行后续计量。假定不考虑其他因素，则因出售投资性房地产而确认的营业收入为（　　）万元。

  A. 7 500   B. 9 000   C. 8 500   D. 10 000

二、多项选择题

1. 下列不属于投资性房地产的是（　　）。

  A. 自用房地产   B. 作为存货的房地产
  C. 出租拥有产权的建筑物   D. 出租拥有使用权的建筑物

2. 下列表述正确的是（　　）。

  A. 按照国家有关规定认定的闲置土地不属于持有并准备转让的土地使用权
  B. 某项投资性房地产部分用于出租，部分用于自用，能够区分的，分开核算出租部分和自用部分
  C. 某项投资性房地产部分用于出租，部分自用，不能区分的全部作为投资性房地产核算
  D. 某项投资性房地产部分用于出租，部分自用，不能区分的全部作为自用房地产核算

3. 有关投资性房地产后续的支出，下列描述正确的是（　　）。

  A. 采用成本模式计量下当月增加的房屋当月不计提折旧
  B. 采用成本模式计量下当月增加的土地当月进行摊销
  C. 采用公允价值模式计量下当月增加的房屋下月开始计提折旧
  D. 采用公允价值模式计量下当月增加的土地当月进行摊销

4. 采用公允价值模式进行后续计量的投资性房地产，应当同时满足（　　）条件。

    A. 投资性房地产所在地有活跃的房地产市场

    B. 企业能够从活跃的房地产交易市场上取得同类或类似房地产的市场价格及其他相关信息，从而对投资性房地产的公允价值作出合理的估计

    C. 所有的投资性房地产有活跃的房地产交易市场

    D. 企业能够取得交易价格的信息

5. 关于投资性房地产的后续计量，下列说法正确的是（　　）。

    A. 企业通常应当采用成本模式对投资性房地产进行后续计量

    B. 企业可以采用公允价值模式对投资性房地产进行后续计量

    C. 企业应当采用一种模式对投资性房地产进行后续计量，不得同时采用两种计量模式

    D. 企业可以同时采用两种计量模式对投资性房地产进行后续计量

6. 将投资性房地产转换为其他资产或将其他资产转换为投资性房地产时，关于转换日的确定，下列表述正确的是（　　）。

    A. 企业将用于出租的房地产改为自用房地产，则该房地产的转换日为房地产达到自用状态，企业开始将房地产用于经营管理的日期

    B. 房地产开发企业将其持有的开发产品以经营租赁的方式出租，则该房地产的转换日应为房地产的租赁期开始日

    C. 企业将用于经营管理的土地使用权改为用于资本增值，则该房地产的转换日应为土地使用权停止自用后，确定用于资本增值的日期

    D. 企业将用于生产商品的房地产改为出租的房地产，则该房地产额转换日为承租人有权行使其使用租赁资产权利的日期

7. 关于投资性房地产的后续计量，下列说法正确的是（　　）。

    A. 采用公允价值模式计量的，不对投资性房地产计提折旧或摊销

    B. 已采用公允价值模式计量的投资性房地产，可以从公允价值模式转为成本模式

    C. 已采用成本模式计量的，可以转为采用公允价值模式计量

    D. 采用公允价值模式计量的，应对投资性房地产计提折旧或摊销

8. 下列投资性房地产业务，影响企业当期营业利润的是（　　）。

    A. 成本模式下计提折旧

    B. 公允价值模式下的公允价值变动

    C. 成本模式下计提的减值准备

    D. 非投资性房地产转换为采用公允价值模式进行后续计量的投资性房地产，转换日公允价值大于账面价值的差额

9. A 企业的投资性房地产采用公允价值模式进行后续计量。2019 年 1 月 1 日该企业购入一栋建筑物直接用于出租，租赁期 3 年，每年租金收入 120 万元。该建筑物的购买价格为 590 万元，发生相关税费 20 万元，上述款项均以银行存款支付。税法规定，该建筑物预计使用年限为 20 年，预计净残值为 10 万元，采用年限平均法计提折旧。2019 年 12 月 31 日，该建筑物的公允价值为 580 万元。假定不考虑所得税等其他因素，下列表述中正确的是（　　）。

    A. 2019 年该项投资性房地产应计提折旧 25 万元

B. 2019 年该项投资性房地产增加当期营业利润 120 万元

C. 2019 年该项投资性房地产增加当期营业利润 90 万元

D. 2019 年 12 月 31 日该项投资性房地产的列报金额为 580 万元

10. A 公司 2016 年 12 月 31 日购入一栋办公楼，实际取得成本为 12 000 万元。该办公楼预计使用年限为 20 年，预计净残值为 0，采用年限平均法计提折旧。2019 年 6 月 30 日 A 公司与 B 公司签订租赁协议，该协议约定：A 公司将上述办公楼租赁给 B 公司，租赁期开始日为协议签订日，租期两年，年租金 600 万元，每半年支付一次。租赁协议签订日该办公楼的公允价值为 10 600 万元。A 公司对投资性房地产采用公允价值模式进行后续计量。下列各项表述正确的是（　　　）。

A. 出租办公楼应于 2019 年计提折旧 300 万元

B. 出租办公楼应于租赁期开始日确认其他综合收益 100 万元

C. 出租办公楼应于租赁期开始日按 10 500 万元确认为投资性房地产

D. 出租办公楼 2019 年取得的租金收入应记入其他业务收入

三、判断题

1. 企业对某项投资性房地产进行改扩建等再开发且将来仍作为投资性房地产的，再开发期间应将其转入在建工程。　　　　　　　　　　　　　　　　　　　　　　　（　　　）

2. 公允价值模式计量的投资性房地产的账面价值大于可收回金额的差额应计提减值准备。　　　　　　　　　　　　　　　　　　　　　　　　　　　　　　　　　（　　　）

3. 企业出售、转让、报废投资性房地产或发生投资性房地产毁损时，应当将处置收入扣除其账面价值和相关税费后的金额记入营业外收入或营业外支出。　　　　　（　　　）

4. 在成本模式下，应当将房地产转换前的账面价值作为转换后的入账价值。（　　　）

5. 与投资性房地产有关的后续支出，应当在发生时记入当期损益。　　　（　　　）

四、业务题

1. A 公司将原采用公允价值计量模式计价的一栋出租用厂房收回，作为企业的一般性固定资产。在出租收回前，该投资性房地产的成本和公允价值变动明细账户分别为 10 000 000 元和 20 000 000 元（借方）。要求：编制 A 公司以下相关会计分录。

(1) 假定转换日该厂房的公允价值为 10 800 000 元。

(2) 假定转换日该厂房的公允价值为 12 800 000 元。

2. B 公司 2019 年至 2021 年发生的有关投资性房地产业务如下：

(1) 2019 年 1 月，B 公司以银行存款 10 000 000 元购入一栋办公楼，假定不考虑其他税费。购入后直接用于对外出租，B 公司对该房地产采用成本模式进行后续计量。预计该办公楼的使用寿命为 25 年，预计净残值为 1 000 000 元，采用直线法按年计提折旧。

(2) 该项办公楼每年在 19 年取得的租金收入为 900 000 元，已存入银行。

(3) 2021 年 12 月，B 公司将该对外出租的办公楼收回，作为企业经营管理的固定资产。

要求：根据以上业务编制以下相关会计分录。

(1) B 公司 2019 年 1 月取得该办公楼时的会计分录。

(2) 计算 2019 年度 B 公司对该办公楼计提的折旧额，并编制相关会计分录。

（3）B公司2019年取得租金收入时的会计分录。

（4）2021年12月B公司收回该办公楼时的会计分录。

3．A公司2016年至2021年发生以下交易或事项：

（1）2016年12月31日购入一栋管理用办公楼，实际取得成本为40 000 000元。该办公楼预计使用年限为25年，预计净残值为0，采用年限平均法计提折旧。

（2）2019年6月30日A公司与B公司签订租赁协议。协议约定：A公司将上述办公楼租赁给B公司，租赁开始日为协议签订日，租期为两年，年租金为2 000 000元，每半年支付一次。租赁协议签订日该办公楼的公允价值为38 000 000元，至租赁开始日该办公楼未计提减值准备。

（3）A公司对投资性房地产采用公允价值模式进行后续计量。2019年12月31日该办公楼的公允价值为40 000 000元；2020年12月31日，该办公楼的公允价值为41 000 000元；2021年6月30日，A公司将投资性房地产对外出售，售价为42 000 000元。假定不考虑其他因素。

要求：

（1）确定房地产转换日。

（2）计算出租办公楼2019年计提折旧的金额并编制相关会计分录。

（3）编制租赁期开始日的会计分录。

（4）编制2019年取得租金收入时和2019年12月31日确认公允价值变动的会计分录。

（5）计算上述交易或事项对A公司2019年营业利润的影响金额。

（6）编制2020年12月31日确认公允价值变动的会计分录。

（7）编制A公司2021年6月30日出售该办公楼的会计分录。

第四章　其他资产

学习目标

知识目标

了解租赁的分类，知道如何区分判断经营租入固定资产和融资租入固定资产，掌握承租人对融资租赁的会计处理；了解长期应收款的概念及其所核算的内容，掌握具有融资性质的分期收款销售商品的会计处理。

能力目标

1. 能准确区分判断经营租赁和融资租赁。
2. 能准确运用账户进行承租人对融资租赁的业务核算。
3. 能准确运用账户进行具有融资性质的分期收款销售商品的业务核算。

素质目标

1. 提高学生对于经营租赁和融资租赁的明辨意识。
2. 提高学生对于货币时间价值的理解和运用能力。
3. 提高学生的账务处理原理运作能力。

重点难点

重点：承租人对融资租赁的会计处理；具有融资性质的分期销售商品销售方的会计处理。

难点：如何判定租赁的性质；承租人对融资租赁的会计处理的理解和掌握；具有融资性质的分期销售商品；销售方的会计处理的理解和掌握。

案例导入

融资租入固定资产如何进行账务处理

南方公司为增值税一般纳税人，于 2019 年 8 月 28 日将 1 套灯架以融资租赁方式租赁给广州蓝光设备有限公司，租赁期为 3 年（2019 年 8 月 28 日至 2022 年 8 月 27 日），广州蓝光设备有限公司每月支付租金 7 000 元，租赁期满后灯架所有权属于承租方，灯架的公允价值为 200 000 元，租赁初始直接费用（业务中介费）1 000 元由南方公司以现金支付，其中租金和资产的公允价值均为不含税金额。

（资料来源：融资租赁——会计处理10大典型案例 搜狐网）

请分析：请问广州蓝光设备有限公司应如何进行账务处理？

第一节　融资租入固定资产

一、租赁的概念

租赁是指在约定的期间内，出租人将资产使用权让与承租人以获取租金的协议。租赁的主要特征是转移资产的使用权，而不是转移资产的所有权，并且这种转移是有偿的，取得使用权以支付租金为代价，从而使租赁有别于资产购置和不把资产的使用权从合同的一方转移给另一方的服务性合同，如劳务合同、运输合同、保管合同、仓储合同等，以及无偿提供使用权的借用合同。

二、租赁的分类

承租人应当在租赁开始日将租赁分为融资租赁和经营租赁。租赁开始日是指租赁协议日与租赁各方就主要条款作出承诺日中的较早者。在租赁开始日，承租人应当将租赁认定为融资租赁或经营租赁，并确定在租赁期开始日应确认的金额。

企业对租赁进行分类时，应当全面考虑租赁期届满时租赁资产所有权是否转移给承租人、承租人是否有购买租赁资产的选择权、租赁期占租赁资产使用寿命的比例等各种因素。租赁期是指租赁协议规定的不可撤销的租赁期间。如果承租人有权选择续租该资产，并且在租赁开始日就可以合理确定承租人将会行使选择权，不论是否再支付租金，续租期也包括在租赁期之内。

具体地说，满足下列标准之一的，应认定为融资租赁：

（1）在租赁期届满时，资产的所有权转移给承租人，即如果在租赁协议中已经约定，或者根据其他条件在租赁开始日就可以合理地判断，租赁期届满时出租人会将资产的所有权转移给承租人，那么该项租赁应当认定为融资租赁。

（2）承租人有购买租赁资产的选择权，所订立的购价预计远低于行使选择权时租赁资产的公允价值，因而在租赁开始日就可合理地确定承租人将会行使这种选择权。

（3）租赁期占租赁资产使用寿命的大部分。这里的"大部分"是指掌握在租赁期占租赁开始日租赁资产尚可使用寿命的 75% 以上（含 75%，下同）。需要注意的是，这条标准强调的是租赁期占租赁资产尚可使用寿命的比例，而非租赁期占该项资产全部可使用年限的比例。如果租赁资产是旧资产，在租赁前已使用年限超过资产自全新时起算可使用年限的 75% 以上时，则这条标准不适用，所以不能使用这条标准确定租赁的分类。

例如，某项租赁设备全新时可使用年限为 10 年，已经使用了 3 年，从第 4 年开始出租，租赁期为 6 年。由于租赁开始时该设备尚可使用寿命为 7 年，租赁期占使用寿命的 85.7%

（6 年/7 年），符合第 3 条标准。因此，应当将该项租赁划分为融资租赁；如果从第 4 年开始出租，租赁期为 3 年，则租赁期占使用寿命的 42.9%（3 年/7 年），就不符合第 3 条标准，如果其他标准也都不符合时，则不应当将该项租赁认定为融资租赁；如果该设备已经使用了 8 年，从第 9 年开始出租，租赁期为 2 年，此时设备的尚可使用寿命为 2 年，虽然租赁期占预计尚可使用寿命的 100%（2 年/2 年），但由于在租赁前该设备的已使用年限超过了其全部可使用年限的 75%（8 年/10 年=80%＞75%）。因此，不能采用这条标准来判断租赁的类型。

（4）就承租人而言，租赁开始日**最低租赁付款额的现值几乎相当于租赁开始日租赁资产的公允价值**。这里的"几乎相当于"所指**比率大约在 90%（含 90%）以上**。

最低租赁付款额是指在租赁期内，承租人应支付或可能被要求支付的款项（不包括或有租金和履约成本），加上由承租人或与其有关的第三方担保的**资产余值**。承租人有购买租赁资产选择权，所订立的购买价款预计将远低于行使选择权时租赁资产的公允价值，因而在租赁开始日就可以合理确定承租人将会行使这种选择权，购买价款应当计入最低租赁付款额。

（5）**租赁资产性质特殊**。如果不做较大改造，只有承租人才能使用。这条标准是指，租赁资产是出租人根据承租人对资产型号、规格等方面的特殊要求专门购买或建造的，具有专购、专用性质，这些租赁资产如果不做较大的重新改制，其他企业将会难以使用。这种情况下，该项租赁也应当认定为融资租赁。

扫一扫 学一学

需要说明的是，上述划分依据中的量化标准（75%、90%）只是指导性标准，企业在具体运用时，必须根据准则规定的相关条件并结合租赁合同的条款，按照实质重于形式的原则进行判断。

三、企业（承租人）对融资租赁的会计处理

（一）租赁期开始日的会计处理

租赁期开始日是指承租人有权行使其使用租赁资产权利的日期，表明租赁行为的开始。在租赁期开始日，承租人应当对租入资产、最低租赁付款额和未确认融资费用进行初始确认。

企业采用融资租赁方式租入的固定资产，应在租赁期开始日，将租赁开始日**租赁资产公允价值与最低租赁付款额现值两者中较低者**，加上**初始直接费用**，作为**租入资产的入账价值**，借记"固定资产——融资租入固定资产"等科目，按**最低租赁付款额**，贷记"**长期应付款**"科目，按发生的初始直接费用，贷记"银行存款"等科目，按其**差额**，借记"**未确认融资费用**"科目。

其中：

（1）在计算最低租赁付款额的现值时，能够取得**出租人租赁内含利率**的，应当采用租赁内含利率作为折现率；否则，应当采用**租赁合同规定的利率**作为折现率。企业无法取得出租人租赁内含利率且租赁合同没有规定利率的，应当采用**同期银行贷款利率**作为折现率。

扫一扫 学一学

（2）初始直接费用是指在租赁谈判和签订租赁协议的过程中发生的可直接归属于租赁项目的费用。承租人发生的初始直接费用，通常有印花税、佣金、律师费、差旅费、谈判费等。

扫一扫 学一学

（二）支付租金及未确认融资费用的分摊

在融资租赁下，承租人向出租人支付的租金中，包含了本金和利息两部分。承租人支付租金时，一方面应减少长期应付款，按当期支付的租金，借记"长期应付款——应付融资租赁款"科目，贷记"银行存款"等科目；另一方面应同时将未确认的融资费用按一定的方法（应付本金的期初余额×分摊率）确认为当期融资费用，计入财务费用，借记"财务费用"科目，贷记"未确认融资费用"科目。

在分摊未确认的融资费用时，根据租赁准则的规定，承租人应当采用实际利率法。根据租赁开始日租赁资产和负债的入账价值基础不同，融资费用分摊率的选择也不同。未确认融资费用的分摊率的确定具体分为下列几种情况：

（1）以出租人的租赁内含利率为折现率将最低租赁付款额折现，且以该现值作为租赁资产入账价值的，应当将租赁内含利率作为未确认融资费用的分摊率。

（2）以合同规定利率为折现率将最低租赁付款额折现，且以该现值作为租赁资产入账价值的，应当将合同规定利率作为未确认融资费用的分摊率。

（3）以银行同期贷款利率为折现率将最低租赁付款额折现，且以该现值作为租赁资产入账价值的，应当将银行同期贷款利率作为未确认融资费用的分摊率。

（4）以租赁资产公允价值作为租赁资产入账价值的，应当重新计算折现率。该分摊率是使最低租赁付款额的现值等于租赁资产公允价值的折现率。

存在优惠购买选择权的，在租赁期届满时，未确认融资费用应全部摊销完毕，租赁负债应当减少至优惠购买金额；在承租人或与其有关的第三方对租赁资产提供了担保的情况下，在租赁期届满时，未确认融资费用应全部摊销完毕，租赁负债还应减少至担保余值。

（三）租赁资产折旧的计提

承租人应对融资租入的固定资产按期计提折旧费用。对融资租入固定资产计提折旧，主要涉及两个问题：

1. 折旧政策

扫一扫 学一学

对于融资租入资产计提折旧时，承租人应采用与自有应折旧资产相一致的折旧政策。如果承租人或与其有关的第三方未对租赁资产余值提供担保，则应计折旧总额为租赁开始日固定资产的入账价值；如果承租人或与其有关的第三方对租赁资产余值提供了担保，则应计折旧总额为租赁开始日固定资产的入账价值扣除担保余值后的余额。

2. 折旧期间

确定租赁资产的折旧期间时，应视租赁合同而定。如果能够合理确定租赁期届满时承租人将会取得租赁资产的所有权，即可认为承租人拥有该项资产的全部使用寿命，则应以租赁开始日租赁资产的预计尚可使用寿命作为折旧期间；如果无法合理确定租赁期届满后承租人能否取得租赁资产的所有权，则应以租赁期与租赁资产预计尚可使用寿命两者中较短者（承租人实际可使用租赁资产的期间）作为折旧期间。

（四）履约成本的会计处理

履约成本是指租赁期内为租赁资产支付的各种使用费用，如技术咨询和服务费、人员培训费、维修费、保险费等。承租人发生的履约成本通常记入当期损益。

（五）或有租金的会计处理

或有租金是指金额不固定，以时间长短以外的其他因素（如销售量、使用量、物价指数等）为依据计算的租金。由于或有租金的金额不固定，无法采用系统合理的方法进行分摊。因此，或有租金在实际发生时，应记入当期损益，借记"销售费用"等科目，贷记"银行存款"等科目。

（六）租赁期届满时的会计处理

租赁期届满时，承租人对融资租入资产的处理通常有 3 种情况，即返还、优惠续租和留购。

1. 返还

租赁期届满，承租人向出租人返还租赁资产时，借记"长期应付款——应付融资租赁款""累计折旧"科目，贷记"固定资产——融资租入固定资产"科目。

2. 优惠续租

如果承租人行使优惠续租选择权，则应视同该项租赁一直存在而作出相应的会计处理。如果承租人在租赁期届满时没有续租，根据租赁协议规定向出租人支付违约金时，应当借记"营业外支出"科目，贷记"银行存款"等科目。

3. 留购

在承租人享有优惠购买选择权的情况下，支付购买价款时，借记"长期应付款——应付融资租赁款"科目，贷记"银行存款"等科目；同时，将固定资产从"融资租入固定资产"明细科目转入有关明细科目。

【例 4-1】2018 年 12 月 1 日，东方公司与南方公司签订了一份租赁合同。合同主要条款如下：

（1）租赁标的物：生产线。

（2）租赁期开始日：2019 年 1 月 1 日。

（3）租赁期：3 年，2019 年 1 月 1 日至 2021 年 12 月 31 日。

（4）租金支付方式：每年年末支付租金 1 000 000 元。

（5）该生产线在租赁开始日的公允价值为 3 000 000 元。

（6）租赁内含利率为 6%（年利率）。

（7）该生产线为全新生产线，预计使用寿命为 5 年，采用年限平均法计提折旧，于每年年末一次性确认融资费用并计提折旧；该生产线的估计残值为 300 000 元，其中担保余值为 200 000 元，未担保余值为 100 000 元。

（8）2020 年和 2021 年，东方公司每年按该生产线所生产产品的年销售收入的 1% 向南方公司支付经营分享收入。

东方公司在租赁谈判和签订租赁合同过程中发生可归属于租赁项目的手续费、差旅费 10 000 元。2020 年和 2021 年，东方公司使用该生产线生产产品的销售收入分别为 6 000 000 和 8 000 000 元。2020 年 12 月 31 日，东方公司以银行存款支付该生产线的维护费 2 500 元。

2021年12月31日，租赁期届满东方公司将该生产线退还给南方公司。试分析东方公司以上业务相关账务处理过程。

【解析】

(1) 租赁开始日的会计处理：

第一步：判断租赁类型。

本例中，租赁期3年占租赁资产尚可使用年限5年的60%（小于75%），不满足融资租赁的第3条判断标准；最低租赁付款额的现值为2 840 920元（计算过程见下文），大于租赁资产公允价值的90%，即2 700 000元（3 000 000×90%），满足融资租赁的第4条判断标准。因此，东方公司应当将该项租赁认定为融资租赁。

第二步：计算租赁开始日最低租赁付款额的现值，确定租赁资产的入账价值。

本例中，租赁内含利率6%已经告知。因此，应选择该利率作为最低租赁付款的折现率。

最低租赁付款额＝各期租金之和＋承租人担保的资产余值

$$=1\,000\,000\times3+200\,000$$
$$=3\,200\,000\,（元）$$

最低租赁付款额的现值＝$1\,000\,000\times$（P/A，6%，3）＋$200\,000\times$（P/F，6%，3）

$$=1\,000\,000\times2.673\,0+200\,000\times0.839\,6$$
$$=2\,840\,920\,（元）$$

最低租赁付款额的现值2 840 920＜租赁资产的公允价值3 000 000

所以融资租赁资产的入账价值＝2 840 920＋10 000＝2 850 920

第三步：计算未确认融资费用。

未确认融资费用＝最低租赁付款额－最低租赁付款额的现值

$$=3\,200\,000-2\,840\,920=359\,080\,（元）$$

第四步：进行具体账务处理。

借：固定资产——融资租入固定资产——生产线　　　　　　　2 850 920

　　未确认融资费用　　　　　　　　　　　　　　　　　　　359 080

　　贷：长期应付款——南方公司　　　　　　　　　　　　　　　3 200 000

　　　　银行存款　　　　　　　　　　　　　　　　　　　　　　10 000

(2) 支付租金并分摊未确认融资费用时：

第一步：确定融资费用分摊率。由于租赁资产的入账价值为其最低租赁付款额的折现值，所以该折现率就是其融资费用分摊率，即6%。

第二步：在租赁期内采用实际利率法分摊未确认融资费用，见表4-1。

表 4-1　未确认融资费用分摊表

日期	租金（a）	确认的融资费用（b）＝期初（d）×6%	应付本金减少额（c）＝（a）－（b）	应付本金余额（d）＝期初（d）－（c）
2019年1月1日	—	—	—	2 840 920.00
2019年12月31日	1 000 000.00	170 455.20	829 544.80	2 011 375.20

日 期	租金 （a）	确认的融资费用 （b） = 期初 （d） ×6%	应付本金减少额 （c） = （a） — （b）	应付本金余额 （d） = 期初 （d） — （c）
2020 年 12 月 31 日	1 000 000.00	120 682.51	879 317.49	1 132 057.71
2021 年 12 月 31 日	1 000 000.00	67 942.29 *	932 057.71 *	200 000.00
合计	3 000 000.00	359 080.00	2 640 920.00	—

注：* 尾数调整 932 057.71＝1 132 057.71－200 000

67 942.29＝1 000 000－932 057.71

第三步：进行具体账务处理。

①2019 年 12 月 31 日，支付第 1 期租金时：

借：长期应付款——南方公司   1 000 000

贷：银行存款   1 000 000

分摊未确认融资费用时：

借：财务费用   170 455.2

贷：未确认融资费用   170 455.2

2019 年 12 月 31 日，计提折旧时（2019 年 2 月至 12 月共计 11 个月）：

应计提的折旧＝（2 850 920－200 000）÷（3×12－1）×11＝833 146.29（元）

借：制造费用   833 146.29

贷：累计折旧   833 146.29

②2020 年 12 月 31 日，支付第 2 期租金时：

借：长期应付款——南方公司   1 000 000

贷：银行存款   1 000 000

分摊未确认融资费用时：

借：财务费用   120 682.51

贷：未确认融资费用   120 682.51

2020 年 12 月 31 日，计提折旧时（2020 年 1 月至 12 月共计 12 个月）：

应计提的折旧＝（2 850 920－200 000）÷（3×12－1）×12＝908 886.86

借：制造费用   908 886.86

贷：累计折旧   908 886.86

③2021 年 12 月 31 日，支付第 3 期租金时：

借：长期应付款——南方公司   1 000 000

贷：银行存款   1 000 000

分摊未确认融资费用时：

借：财务费用   67 942.29

贷：未确认融资费用   67 942.29

2021 年 12 月 31 日，计提折旧时：

应计提的折旧额＝（2 850 920－200 000）－833 146.29－908 886.86

＝908 886.85

```
借：制造费用                                          908 886.85
    贷：累计折旧                                          908 886.85
```

（3）履约成本的会计处理：

2020 年 12 月 31 日，支付该生产线的维护费 2 500 元。

```
借：管理费用                                           2 500
    贷：银行存款                                           2 500
```

（4）或有租金的会计处理：

2020 年 12 月 31 日，根据合同规定，东方公司应向南方公司支付经营分享收入 60 000 元。

```
借：销售费用                                          60 000
    贷：其他应付款——南方公司                              60 000
```

2021 年 12 月 31 日，根据合同规定，东方公司应向南方公司支付经营分享收入 80 000 元。

```
借：销售费用                                          80 000
    贷：其他应付款——南方公司                              80 000
```

（5）租赁期届满时的会计处理：

2021 年 12 月 31 日，东方公司将该生产线退还给南方公司时

```
借：长期应付款——南方公司                             200 000
    累计折旧                                        2 650 920
    贷：固定资产——融资租入固定资产                      2 850 920
```

第二节　长期应收款

企业的长期应收款项，包括融资租赁产生的应收款项、采用递延方式分期收款且实质上具有融资性质的销售商品和提供劳务等经营活动产生的应收款项，以及经营租赁产生的应收款项等。实质上构成对被投资单位净投资的长期权益，也可通过长期应收款核算。

一、　具有融资性质的分期收款销售商品的处理

企业销售商品时，有时会采取分期收款的方式，如分期收款发出商品，即商品已经交付，货款分期收回。在这种销售方式下，企业将商品交付给客户，在客户取得相关商品控制权，即企业满足收入确认的条件时，应当根据应收款项的公允价值（或客户取得相关商品控制权时该商品的现行售价）一次确认收入。按照合同约定的收款日期分期收回货款时，强调的只是一个结算时点，企业不应当按照合同约定的收款日期确认收入。

如果延期收取的货款具有融资性质，其实质是企业向购货方提供信贷，在符合收入确认条件时，企业应当按照在客户取得对应商品控制权时，应收的合同或协议价款的公允价值确定收入金额。应收的合同或协议价款的公允价值，通常应当按照其未来现金流量现值或商品现销价格计算确定。应收的合同或协议价款与其公允价值之间的差额，应当在合同或协议期间内，按照应收款项的摊余成本和实际利率计算确定的金额进行摊销，计入当期损益。其中，实际利率是指具有类似信用等级的企业发行类似工具的现时利率，或者将应收的合同或

协议价款折现为商品现销价格时的折现率等。在实务中，基于重要性的要求，应收的合同或协议价款与其公允价值之间的差额，按照应收款项的摊余成本和实际利率进行摊销，而与采用直线法进行摊销结果相差不大的，也可以采用直线法进行摊销。

对于采用递延方式分期收款、具有融资性质的销售商品满足收入确认条件的，企业应按应收合同或协议价款，借记"长期应收款"科目，按应收合同或协议价款的公允价值（折现值），贷记"主营业务收入"科目，按其差额，贷记"未实现融资收益"科目；按从每期收到的协议价款中对应的利息部分（每期期初应收款项的摊余成本和实际利率计算确定的金额）冲减财务费用，借记"未实现融资收益"科目，贷记"财务费用——利息支出"科目。

【例 4-2】2020 年 1 月 1 日，东方公司与南方公司签订协议，向南方公司销售大型设备一套，并约定采用分期收款方式，从销售当年末开始（2020 年 12 月 31 日）分 5 次于每年 12 月 31 日等额收取，每年 1 000 000 元，合计 5 000 000 元。该大型设备的成本为 3 000 000 元。现销方式下，该设备的售价为 4 000 000 元。假定东方公司发出商品

扫一扫 学一学

时，其有关的增值税纳税义务尚未发生，在合同约定的收款日期，发生有关的纳税义务。采用实际利率法分摊，试分析东方公司以上业务的账务处理过程。

【解析】

（1）计算折现率：

根据公式：未来 5 年收款额的现值＝现销方式下应收款项的金额，可以得出 1 000 000 × (P/A，r，5) ＝4 000 000。

当 r＝7% 时，1 000 000×4.100 2 ＝4 100 200

当 r＝8% 时，1 000 000×3.992 7 ＝3 992 700

因此，7% ＜ r＜8%，用插值法计算如下：

现值	利率
4 100 200	7%
4 000 000	r
3 992 700	8%

(4 100 200－4 000 000) ÷ (4 100 200－3 992700) ＝ (7%－r) ÷ (7%－8%)

r＝7.93%（保留两位小数）

（2）计算各期利息收益：

东方公司分摊应收金额和其公允价值的差额 1 000 000 元，有关计算见表 4-2。

表 4-2 东方公司分期收款销售各期利息收益计算表

年份	各期收款（a）	确认的融资收益（冲减的财务费用）（b）＝期初（d）×7.93%	收回的本金（c）＝(a)－(b)	摊余成本（未收本金）（d）＝期初（d）－(c)
2020 年 1 月 1 日	—	—	—	4 000 000.00
2020 年 12 月 31 日	1 000 000.00	317 200.00	682 800.00	3 317 200.00
2021 年 12 月 31 日	1 000 000.00	263 053.96	736 946.04	2 580 253.96

续表

年份	各期收款（a）	确认的融资收益（冲减的财务费用） （b）＝期初（d）×7.93%	收回的本金 （c）＝（a）－（b）	摊余成本（未收本金） （d）＝期初（d）－（c）
2022 年 12 月 31 日	1 000 000.00	204 614.14	795 385.86	1 784 868.10
2023 年 12 月 31 日	1 000 000.00	141 540.04	858 459.96	926 408.14
2024 年 12 月 31 日	1 000 000.00	73 591.86 *	926 408.14 *	0
总额	5 000 000.00	1 000 000.00	4 000 000.00	—

注：＊尾数调整926 408.14＝926 408.14－0

　　　　73 591.86＝1 000 000－926 408.14

（3）各期账务处理：

①2020 年 1 月 1 日销售实现时：

借：长期应收款——南方公司　　　　　　　　　　　　　　　5 000 000

　　贷：主营业务收入　　　　　　　　　　　　　　　　　　　4 000 000

　　　　未实现融资收益　　　　　　　　　　　　　　　　　　1 000 000

借：主营业务成本　　　　　　　　　　　　　　　　　　　　3 000 000

　　贷：库存商品　　　　　　　　　　　　　　　　　　　　　3 000 000

②2020 年 12 月 31 日收取货款和增值税税额时：

借：银行存款　　　　　　　　　　　　　　　　　　　　　　1 130 000

　　贷：长期应收款——南方公司　　　　　　　　　　　　　　1 000 000

　　　　应交税费——应交增值税（销项税额）　　　　　　　　　130 000

借：未实现融资收益　　　　　　　　　　　　　　　　　　　　317 200

　　贷：财务费用——利息支出　　　　　　　　　　　　　　　　317 200

③2021 年 12 月 31 日收取货款和增值税税额时：

借：银行存款　　　　　　　　　　　　　　　　　　　　　　1 130 000

　　贷：长期应收款——南方公司　　　　　　　　　　　　　　1 000 000

　　　　应交税费——应交增值税（销项税额）　　　　　　　　　130 000

借：未实现融资收益　　　　　　　　　　　　　　　　　　　263 053.96

　　贷：财务费用——利息支出　　　　　　　　　　　　　　　263 053.96

④2022 年 12 月 31 日收取货款和增值税税额时：

借：银行存款　　　　　　　　　　　　　　　　　　　　　　1 130 000

　　贷：长期应收款——南方公司　　　　　　　　　　　　　　1 000 000

　　　　应交税费——应交增值税（销项税额）　　　　　　　　　130 000

借：未实现融资收益　　　　　　　　　　　　　　　　　　　204 614.14

　　贷：财务费用——利息支出　　　　　　　　　　　　　　　204 614.14

⑤2023 年 12 月 31 日收取货款和增值税税额时：

借：银行存款　　　　　　　　　　　　　　　　　　　　　　1 130 000

　　贷：长期应收款——南方公司　　　　　　　　　　　　　　1 000 000

应交税费——应交增值税（销项税额）		130 000
借：未实现融资收益		141 540.04
贷：财务费用——利息支出		141 540.04

⑥2024 年 12 月 31 日收取货款和增值税税额时：

借：银行存款		1 130 000
贷：长期应收款——南方公司		1 000 000
应交税费——应交增值税（销项税额）		130 000
借：未实现融资收益		73 591.86
贷：财务费用——利息支出		73 591.86

二、 融资租赁产生的应收款项的处理

（一）租赁债权的确认

由于在融资租赁下，出租人将与租赁资产所有权有关的风险和报酬实质上转移给承租人，将租赁资产的使用权长期转让给承租人，并以此获取租金。因此，出租人的租赁资产在租赁开始日实际上就变成了收取租金的债权。出租人应在租赁期开始日，将租赁开始日最低租赁收款额与初始直接费用之和作为应收融资租赁款的入账价值，并同时记录未担保余值，将最低融资收款额、未担保余值之和与其现值之和的差额确认为未实现融资收益。

其会计处理为：在租赁期开始日，出租人应按最低租赁收款额与初始直接费用之和，借记"长期应收款——应收融资租赁款"科目，按未担保余值，借记"未担保余值"科目，按租赁资产的公允价值（最低租赁收款额的现值和未担保余值的现值之和），贷记"融资租赁资产"科目，租赁资产公允价值与其账面价值的差额，借记或贷记"资产处置损益"科目，按发生的初始直接费用，贷记"银行存款"等科目，按借方与贷方的差额，贷记"未实现融资收益"科目。

在上述会计处理中，由于计算内含报酬率（租赁内含利率：在租赁开始日使最低租赁收款额的现值与未担保余值的现值之和等于租赁资产公允价值与出租人的初始直接费用之和的折现率）时已考虑了初始直接费用的因素，为了避免未实现融资收益高估，在初始确认时应对未实现融资收益进行调整。

其会计处理为：按发生的初始直接费用，借记"未实现融资收益"科目，贷记"长期应收款——应收融资租赁款"科目。

（二）未实现融资收益分配的会计处理

在融资租赁下，出租人收到承租人支付的租金时，一方面减少长期应收款，另一方面应确认融资收入。根据租赁准则的规定，未实现融资收益应当在租赁期内各个期间进行分配。在分配未实现融资收益时，出租人应当采用实际利率法计算当期应确认的融资收入。

其会计处理为：出租人每期收到租金时，按收到的租金，借记"银行存款"科目，贷记"长期应收款——应收融资租赁款"科目。每期采用合理方法分配未实现融资收益时，按当期应确认的融资收入金额，借记"未实现融资收益"科目，贷记"租赁收入"科目。

（三）或有租金的会计处理

出租人在融资租赁下收到的或有租金，应在实际发生时确认为当期收入。

其会计处理为：借记"银行存款"等科目，贷记"租赁收入"科目。

（四）租赁期届满时的会计处理

租赁期届满时，出租人应区别不同的情况分别对其进行不同的会计处理。

其他会计处理由于处理上的复杂性，在此不阐述。

三、实质上构成对被投资单位净投资的长期权益

如有实质上构成对被投资单位净投资的长期权益，被投资单位发生的净亏损应由本企业承担的部分在"长期股权投资"的账面价值减记至零以后，还需承担的投资损失，应以"长期应收款"科目中实质上构成对被投资单位净投资的长期权益部分账面价值减记至零为限，继续确认投资损失，借记"投资收益"科目，贷记"长期应收款"科目。除上述已确认投资损失外，投资合同或协议中约定仍应承担的损失，确认为预计负债。

🔒 综合练习题

一、单项选择题

1. 在融资租赁情况下，与租赁资产所有权有关的风险和报酬由（　　）承担。

    A. 出租人　　　　　　B. 承租人　　　　　　C. 担保人　　　　　　D. 借款人

2. 就承租人而言，担保余值是指（　　）。

    A. 租赁开始日估计的租赁期届满时租赁资产的公允价值

    B. 租赁资产的最终残值

    C. 由承租人或与其有关的第三方担保的资产余值

    D. 与承租人和出租人均无关，但在财务上有能力担保的第三方担保的资产余值

3. 下列各项中，不属于初始直接费用的是（　　）。

    A. 租赁合同的印花税　　　　　　　　B. 履约成本

    C. 租赁谈判人员的差旅费　　　　　　D. 佣金

4. A 企业以融资租赁方式租入一台设备，该设备的公允价值为 98 万元，最低租赁付款额的现值为 92 万元，A 企业在租赁谈判和签订租赁合同过程中发生的手续费、律师费等费用合计 3 万元。A 企业此项融资租赁固定资产的入账价值为（　　）万元。

    A. 93　　　　　　　　B. 95　　　　　　　　C. 98　　　　　　　　D. 101

5. 关于未确认融资费用的分摊率，下列表述不正确的是（　　）。

    A. 以出租人的租赁内含利率为折现率将最低租赁付款额折现，且以该现值作为租赁资产入账价值的，应当将租赁内含利率作为未确认融资费用的分摊率

    B. 以合同规定利率为折现率将最低租赁付款额折现，且以该现值作为租赁资产入账价值的，应当将合同规定利率作为未确认融资费用的分摊率

    C. 以银行同期贷款利率为折现率将最低租赁付款额折现，且以该现值作为租赁资产入账价值的，应当将银行同期贷款利率作为未确认融资费用的分摊率

    D. 以租赁资产公允价值为入账价值的，应当以银行同期贷款利率为折现率作为未确认融资费用的分摊率

6. 2019 年 1 月 1 日，甲公司采用分期收款方式向乙公司销售其自行生产的大型机器设

备一台，合同规定不含增值税的销售价格为 1 500 万元，价款分三次于每年 12 月 31 日等额收取，假定在现销方式下，该设备的销售价格为 1 209 万元。不考虑增值税等其他因素，甲公司 2019 年应确认的销售收入为（   ）万元。

    A. 1 500   B. 1 209   C. 500   D. 403

7. 2020 年 1 月 1 日，甲公司采用分期收款方式向乙公司销售一套其生产的大型设备，合同约定的销售价格为 1 000 万元，从 2020 年开始分 5 次于每年 12 月 31 日等额收取。该大型设备的成本为 800 万元。假定该销售商品符合收入确认条件，同期银行贷款年利率为 6%。已知（P/A, 6%, 5）＝ 4.212 4。假定不考虑增值税等其他因素，甲公司 2020 年 1 月 1 日应确认的销售商品收入为（   ）万元（四舍五入取整）。

    A. 480   B. 842   C. 180   D. 182

8. 关于收入确认，下列表述有误的是（   ）。

    A. 收入和费用需要配比，与同一项销售有关的收入和成本应在同一会计期间予以确认

    B. 成本不能可靠计量的，相关的收入也不能确认

    C. 采用递延方式分期收款、具有融资性质的销售商品或提供劳务满足收入确认条件的，应按合同约定收款时间分期确认收入

    D. 收入是指日常活动中形成的、会导致所有者权益增加的、与所有者投入资本无关的经济利益的总流入

9. 甲公司采用融资租赁方式租入一台大型设备，租赁期开始日为 2018 年 12 月 31 日，最低租赁付款额现值为 355 万元（与租赁资产公允价值相等），承租人另发生安装费 15 万元，设备于 2019 年 6 月 25 日达到预定可使用状态并交付使用，承租人担保余值为 40 万元，未担保余值为 15 万元，租赁期为 6 年，设备尚可使用年限为 8 年。承租人对租入的设备采用年限平均法计提折旧。该设备在 2019 年应计提的折旧额为（   ）万元。

    A. 30   B. 25   C. 35   D. 40

10. 关于东方公司融资租入大型生产设备会计处理，下列表述有误的是（   ）。

    A. 未确认融资费用按实际利率进行分摊

    B. 或有租金在实际发生时计入当期损益

    C. 初始直接费用计入当期损益

    D. 由东方公司担保的资产余值计入最低租赁付款额

二、多项选择题

1. 承租人在租赁业务中发生的下列各项费用中，属于履约成本的是（   ）。

    A. 技术咨询和服务费   B. 人员培训费

    C. 维修费   D. 保险费

2. 如果承租人有购买租赁资产的选择权，所订立的购价预计将远低于行使选择权时租赁资产的公允价值，则最低租赁付款额应包括（   ）。

    A. 承租人应支付或可能被要求支付的各种款项

    B. 未担保余值

    C. 或有租金

    D. 购买价款

3. 关于融资租入固定资产计提折旧，下列说法正确的是（　　　）。

A. 计提租赁资产折旧时，承租人应采取与自有应折旧资产相一致的折旧政策

B. 如果承租人或与其有关第三方对租赁资产余值提供担保，则应计的折旧总额为融资租入固定资产的入账价值扣除担保余值后的余额

C. 如果承租人或与其有关第三方未对租赁资产余值提供担保，则应计的折旧总额为融资租入固定资产的入账价值

D. 在无法合理确定租赁期届满，承租人能够取得租赁资产的所有权时，应以租赁期与租赁资产尚可使用年限两者中较长者作为折旧期间

4. 满足下列哪些标准之一的，应当认定为融资租赁（　　　）。

A. 在租赁期届满时，资产的所有权转移给承租人

B. 租赁期占租赁资产尚可使用寿命的 75% 及以上

C. 租赁开始日最低租赁付款额的现值几乎相当于租赁开始日租赁资产的公允价值

D. 租赁资产性质特殊，如果不做较大改造，只有承租人才能使用

5. 确定融资租入资产入账价值时应考虑的因素有（　　　）。

A. 租赁开始日租赁资产的公允价值

B. 最低租赁付款额现值

C. 初始直接费用

D. 折现率

6. 2020 年 1 月 1 日，甲公司采用分期收款方式向乙公司销售一批商品，合同约定的销售价格为 5 000 万元，分 5 年于每年 12 月 31 日等额收取。该批商品成本为 3 800 万元。如果采用现销方式，该批商品的销售价格为 4 500 万元。假定不考虑增值税等因素，甲公司该项销售业务对财务报表相关项目的影响中，下列表述正确的是（　　　）。

A. 增加长期应收款 4 500 万元　　　　　B. 增加营业成本 3 800 万元

C. 增加营业收入 5 000 万元　　　　　　D. 减少存货 3 800 万元

7. 关于分期收款销售商品，下列表述正确的是（　　　）。

A. 分期收款销售商品时，通常在发出商品时，即在客户取得相关商品控制权时确认收入

B. 采用分期收款销售方式销售商品具有融资性质的，应按合同约定的收款日期分期确认收入

C. 采用分期收款销售方式销售商品具有融资性质的，应在符合收入确认条件时一次性确认收入

D. 应收的合同或协议价款的公允价值，通常应当按照商品未来现金流量现值或商品现销价格计算确定

8. 下列关于经济业务的会计处理方法，表述正确的是（　　　）。

A. 合同或协议价款的收取采用递延方式，如分期收款销售商品，实质上具有融资性质的，应当按照应收的合同或协议价款确定销售商品收入金额

B. 销售商品涉及商业折扣的，应当按照扣除商业折扣后的金额确定销售商品收入金额

C. 企业生产车间发生的不满足固定资产确认条件的日常修理费用，应计入管理费用

D. 销售商品涉及现金折扣的，应按总价法确认收入

9. 2019 年 1 月 2 日，甲公司与丙公司签订分期收款销售合同，向丙公司销售产品 50 件，单位成本 0.072 万元（未计提存货跌价准备），单位售价 0.1 万元。根据合同规定：丙公司可享受 20% 的商业折扣；丙公司应在甲公司向其交付产品时，首期支付 20% 的款项，其余款项分两个月（包括购货当月）于每月月末等额支付。甲公司发出产品并按规定开具增值税专用发票一张，丙公司如约支付首期货款和以后各期货款，下列说法正确的是（   ）。

A. 甲公司向丙公司销售的商品采用分期收款方式，且该项收款具有融资性质

B. 甲公司向丙公司销售的商品采用分期收款方式，但该项收款不具有融资性质

C. 1 月 2 日，甲公司应确认的主营业务收入为 4 万元

D. 1 月 2 日，甲公司应按照合同价款的公允价值，即现值计算的金额确认主营业务收入

10. 甲公司 2019 年 1 月 1 日售出生产的大型设备一套，协议约定采用分期收款方式，从销售当年年末开始分 5 年分期等额收款，每年收取 1 000 万元，成本为 3 000 万元。假定销货方在销售成立日应收金额的公允价值为 4 000 万元，实际年利率为 7.93%。假定不考虑增值税及其他相关税费等因素，下列会计分录表述正确的是（   ）。

A. 2019 年 1 月 1 日确认收入

借：长期应收款   5 000

　　贷：主营业务收入   4 000

　　　　未实现融资收益   1 000

B. 2019 年 12 月 31 日确认收款

借：银行存款   1 000

　　贷：长期应收款   1 000

C. 2019 年 12 月 31 日分摊未实现融资收益

借：未实现融资收益   317.20

　　贷：财务费用   317.20

D. 2020 年 12 月 31 日分摊未实现融资收益

借：未实现融资收益   263.05

　　贷：财务费用   263.05

三、判断题

1. 当融资租赁业务的基本租期结束时，承租人唯一的选择是将租赁的标的物退还给出租人，以免再发生其他费用。   （   ）

2. 在租赁期开始日，承租人应当对租入资产、最低租赁付款额和未确认融资费用进行初始确认。   （   ）

3. 租赁的主要特征是转移资产的所有权，而不是转移资产的使用权。   （   ）

4. 分期收款销售商品时，应收的合同或协议价款与其公允价值之间的差额，应当在合同或协议期间内采用实际利率法进行摊销，冲减营业收入。   （   ）

5. 应收的合同或协议价款与其公允价值之间的差额，按照应收款项的摊余成本和实际利率进行摊销与采用直线法进行摊销结果相差不大的，也可以采用直线法摊销。   （   ）

四、业务题

1. 2018 年 12 月 28 日，A 公司从 B 公司租入一条程控生产线。租赁合同规定：租赁期开始日为 2019 年 1 月 1 日，租赁期 3 年（2019 年 1 月 1 日至 2021 年 12 月 31 日）。自租赁开始日起每年年末支付租金 1 500 000 元。2019 年 1 月 1 日，该生产线的公允价值为 3 900 000 元。租赁合同规定的年利率为 8%。该生产线为全新设备，预计使用寿命为 6 年，采用年限平均法计提折旧，于每年年末一次性确认融资费用并计提折旧。2021 年 12 月 31 日，租赁期届满 A 公司将该生产线退还给 B 公司。

要求（保留两位小数）：

(1) 编制 A 公司在租赁开始日 2019 年 1 月 1 日的会计分录。

(2) 计算未确认融资费用分摊表。

(3) 编制 A 公司 2019 年 12 月 31 日至 2021 年 12 月 31 日，即租赁期内各期支付租金、未确认融资费用及计提折旧的会计分录。

(4) 编制租赁期届满，即 2021 年 12 月 31 日 A 公司将生产线退还给 B 公司的会计分录。

2. A 公司于 2019 年 1 月 1 日向 B 公司售出生产的大型设备一套，协议约定采用分期收款方式，从销售当年年末开始分 5 年分期等额收款，每年收取 3 000 000 元，合计 15 000 000 元，成本为 9 000 000 元。A 公司在销售成立日应收金额的公允价值为 12 000 000 元。假定 A 公司发出该设备时，其有关的增值税纳税义务尚未发生，而在合同约定的收款日期中，发生有关的增值税纳税义务。

要求（保留两位小数）：

(1) 计算实际利率。

(2) 编制各期收益计算表。

(3) 编制 A 公司 2019 年 1 月 1 日销售实现时的会计分录。

(4) 编制 A 公司 2019 年 12 月 31 日至 2023 年 12 月 31 日收取货款时的会计分录。

第五章　非货币性资产交换

🎯 学习目标

知识目标

了解非货币性资产交换的概念与认定原则、理解非货币性资产交换计量原则。

能力目标

掌握非货币性资产交换的会计处理方法。

素质目标

1. 提高学生非货币性资产交换的职业判断能力。
2. 提高学生非货币性资产交换业务会计核算的职业技能。

🕐 重点难点

重点：非货币性资产交换的核算。

难点：非货币性资产交换业务不同会计主体的账务处理。

📖 案例导入

四川富临运业所属车站搬迁暨资产置换

2019 年 2 月 1 日，四川富临运业（证券代码 002357）发布公告，所属城北客运中心和五块石客运站（以下简称"两旧站"）将与交易对方成都市鑫地建设投资有限公司、成都市成华区危房改造办公室进行资产置换、差额互补。

（一）拟置出资产

（1）城北客运中心，土地使用面积 19 348.91 平方米，地面建筑物建筑面积共计 11 684.18 平方米，评估价值为 233 130 504 元。

（2）五块石客运站：土地使用面积 23 479.05 平方米，地面建筑物建筑面积共计 7 316.82 平方米，评估价值为 277 615 789 元。

（二）拟置入资产

公司拟置入的资产为成都火车站扩能改造配套枢纽工程项目（综合客运枢纽部分）长途客运站 1～2 楼（含夹层），建筑面积约 54 150.30 平方米，评估价值为 543 890 232.16 元，其中，对应置换城北客运中心的资产评估价值为 249 211 966.16 元，对应置换五块石客运站的资产评估价值为 294 678 266 元。另公司收到补价 4 619.44 元。

公司认定本次交易为无商业实质的非货币性资产交换。

（资料来源：巨潮资讯网）

请分析：非货币性资产交换怎么认定？非货币性资产交换具有商业实质的判断条件是什么？非货币性资产交换的计量原则是什么？

第一节　非货币性资产交换概述

一、非货币性资产交换的认定

非货币性资产交换是一种非经常性的特殊交易行为，是交易双方主要以存货、固定资产、无形资产和长期股权投资等非货币性资产进行的交换。这里的非货币性资产是相对于货币性资产而言的。货币性资产是指企业持有的货币资金和将以固定或可确定的金额收取的资产，包括现金、银行存款、应收账款和应收票据，以及准备持有至到期的债券投资等；非货币性资产是指货币性资产以外的资产，该类资产在将来为企业带来的经济利益不固定或不可确定，包括存货（如原材料、库存商品等）、长期股权投资、投资性房地产、固定资产、在建工程、无形资产等。

这里所说的非货币性资产交换仅包括企业之间主要以非货币性资产形式进行的互惠转让，即企业取得一项非货币性资产，必须以付出自己拥有的非货币性资产作为代价。

从非货币性资产交换的概念可以看出，非货币性资产交换的交易对象主要是非货币性资产，交易中一般不涉及货币性资产或只涉及少量货币性资产，即补价。一般认为，如果补价占整个资产交换金额的比例低于 25%，则认定所涉及的补价为"少量"，该交换为非货币性资产交换；如果该比例等于或高于 25%，则视为货币性资产交换。对于公允价值能够可靠确定的非货币性资产，非货币性资产交换的认定条件可以用下面的公式表示：

扫一扫 学一学

$$\frac{\text{支付的货币性资产}}{\text{换入资产公允价值（或换出资产公允价值＋支付的货币性资产）}} < 25\%$$

或者：

$$\frac{\text{收到的货币性资产}}{\text{换出资产公允价值（或换入资产公允价值＋支付的货币性资产）}} < 25\% \qquad (5-1)$$

二、非货币性资产交换的计量原则

非货币性资产交换核算主要涉及如何计量换入资产的入账成本。无论是一项资产换入另一项资产，一项资产换入多项资产，还是多项资产换入一项资产，多项资产换入多项资产，换入资产成本都有两种计量基础，即公允价值和账面价值。

（一）公允价值计量

同时满足以下两个条件的非货币性资产交换，取得的非货币性资产应当以公允价值和应支付的相关税费作为换入资产的成本，换出资产公允价值与账面金额的差额计入当期损益。

1. 该项交换具有商业实质

认定某项非货币性资产交换具有商业实质的判断，必须满足下列条件之一：

（1）换入资产的未来现金流量在风险、时间和金额方面与换出资产显著不同。

（2）换入资产与换出资产的预计未来现金流量现值不同，且其差额与换入资产和换出资产的公允价值相比是重大的。

企业如果难以判断某项非货币性资产交换是否满足第一项条件，则应当考虑第二项条件。

资产的预计未来现金流量现值，应当按照资产在持续使用过程和最终处置时，预计产生的税后未来现金流量（因为交易双方适用的所得税税率可能不同），且根据企业自身而不是市场参与者对资产特定风险进行评价，并选择恰当的折现率对预计未来现金流量折现后的金额加以确定。强调企业自身，是由于考虑到换入资产的性质和换入企业经营活动的特征，换入资产与换入企业其他现有资产相结合，可能比换出资产产生更大的作用，即换入资产与换出资产对换入企业的使用价值明显不同，因而使换入资产的预计未来现金流量现值与换出资产相比产生明显差异，表明该两项资产的交换具有商业实质。

例如，某企业以一项专利权换入另一企业拥有的长期股权投资，假定从市场参与者角度来看，该项专利权与该项长期股权投资的公允价值相同，同时假定两项资产未来现金流量的风险、时间和金额也相同。但是对于换入企业来讲，换入该项长期股权投资不仅能够使该企业与被投资方的投资关系由重大影响变为控制，另一企业换入的专利权还能够解决生产中的技术难题，两企业换入资产的预计未来现金流量现值与换出资产相比均有明显差异，可以判断两项资产的交换具有商业实质。

在确定非货币性交换是否具有商业实质时，还当关注交易各方之间是否存在关联方关系。关联方关系的存在可能导致发生的非货币性资产交换不具有商业实质。

2. 换入资产或换出资产的公允价值能够可靠计量

符合下列情形之一的，表明换入资产或换出资产的公允价值能够可靠计量：

（1）换入资产或换出资产存在活跃市场，以市场价格为基础确定公允价值。

（2）换入资产或换出资产不存在活跃市场，但同类或类似资产存在活跃市场，以同类或类似资产市场价格为基础确定公允价值。

（3）换入资产或换出资产不存在同类或类似资产可比市场交易，而采用估值技术确定公允价值。采用估值技术确定公允价值时，要求采用该估值技术确定的公允价值估计数的变动区间很小，或者在公允价值估计数变动区间内，各种用于确定公允价值估计数的概率能够合理确定。

（二）账面价值计量

不具有商业实质或交换涉及资产的公允价值均不能可靠计量的非货币性资产交换，应当按照换出资产的账面价值和应支付的相关税费作为换入资产的成本，无论是否支付补价，均不确认换出资产的当期损益。

— 83 —

第二节　非货币性资产交换的会计处理

一、 以公允价值计量的非货币性资产交换的会计处理

非货币性资产交换在具有商业实质且公允价值能够可靠地计量的，应当以换出资产的公允价值和应支付的相关税费作为换入资产的成本，换出资产公允价值与账面价值的差额记入当期损益。

非货币性资产交换的会计处理，视换出资产的类别不同而有所区别：

（1）换出资产为存货的，应当视同存货销售处理，按照公允价值确认销售收入，同时结转销售成本。销售收入与销售成本之间的差额，即换出资产公允价值与换出资产账面价值的差额，在利润表中作为营业利润的构成部分予以列示。

扫一扫 学一学

（2）换出资产为固定资产、无形资产的，应当视同固定资产、无形资产处置处理，换出资产公允价值与换出资产账面价值的差额计入资产处置损益。

（3）换出资产为长期股权投资的，应当视同长期股权投资处置处理，换出资产公允价值与换出资产账面价值的差额计入投资收益。

非货币性资产交换涉及相关税费的，如换出存货视同销售计算的增值税销项税额，换入资产作为存货、固定资产等应当确认的增值税进项税额，以及换出固定资产、无形资产视同转让应缴纳的增值税等，按照相关税收规定计算确定。

（一）不涉及补价情况下的会计处理

【例5-1】湖南恒通公司和长沙诚明公司均为增值税一般纳税人，适用的增值税率均为13％。2019年5月3日，湖南恒通公司以库存商品与长沙诚明公司的原材料进行交换，湖南恒通公司库存商品账面余额为1 050 000元（未计提存货跌价准备），公允价值和计税价格均为1 200 000元。长沙诚明公司原材料的账面价值为1 100 000元（未计提存货跌价准备），原购进的增值税进项税额为176 000元，公允价值与计税价格均为1 200 000元。双方均开具增值税专用发票。假设该两项资产交换具有商业实质。试分别分析湖南恒通公司和长沙诚明公司资产交换业务的账务处理过程。

【解析】

1. 湖南恒通公司的账务处理

换出库存商品的销项税额＝1 200 000×13％＝156 000（元）

换入原材料的进项税额＝1 200 000×13％＝156 000（元）

（1）换出库存商品视同销售时：

借：原材料　　　　　　　　　　　　　　　　　　　　　　　　　　1 200 000

　　应交税费——应交增值税（进项税额）　　　　　　　　　　　　　156 000

贷：主营业务收入　　　　　　　　　　　　　　　　　　　　　　　1 200 000

　　　应交税费——应交增值税（销项税额）　　　　　　　　　　　 156 000

（2）结转换出库存商品成本时：

借：主营业务成本　　　　　　　　　　　　　　　　　　　　　　1 050 000

　　贷：库存商品　　　　　　　　　　　　　　　　　　　　　　　 1 050 000

2. 长沙诚明公司的账务处理

换出原材料的销项税额＝1 200 000×13％＝156 000（元）

换入库存商品的进项税额＝1 200 000×13％＝156 000（元）

（1）换出原材料视同销售时：

借：库存商品　　　　　　　　　　　　　　　　　　　　　　　　1 200 000

　　应交税费——应交增值税（进项税额）　　　　　　　　　　　 156 000

　　贷：其他业务收入　　　　　　　　　　　　　　　　　　　　　 1 200 000

　　　　应交税费——应交增值税（销项税额）　　　　　　　　　　 156 000

（2）结转换出原材料成本时：

借：其他业务成本　　　　　　　　　　　　　　　　　　　　　　1 100 000

　　贷：原材料　　　　　　　　　　　　　　　　　　　　　　　　 1 100 000

【例5-2】湖南恒通公司和长诚明公司均为增值税一般纳税人，适用的增值税税率均为13％。2019年5月5日，湖南恒通公司以2017年购入的生产经营用设备交换长沙诚明公司生产的一批钢材，湖南恒通公司换入的钢材作为原材料用于生产，长沙诚明公司换入的设备继续用于生产钢材。湖南恒通公司设备的账面原价为3 000 000元，在交换日的累计折旧为1 050 000元，公允价值为2 808 000元（未计提跌价准备）。此外，湖南恒通公司以银行存款支付清理费3 000元。长沙诚明公司钢材的账面价值为2 400 000元（未计提存货跌价准备），在交换日的市场价格为2 808 000元，计税价格等于市场价格。假设在整个交易过程中没有发生除增值税外的其他税费且均开具了增值税专用发票。试分别分析湖南恒通公司和长沙诚明公司资产交换业务的账务处理过程。

【解析】

1. 湖南恒通公司的账务处理

换出设备的增值税销项税额＝2 808 000×13％＝365 040（元）

换入原材料的进项税额＝2 808 000×13％＝365 040（元）

（1）换出固定资产视同固定资产处置：

借：固定资产清理　　　　　　　　　　　　　　　　　　　　　　1 950 000

　　累计折旧　　　　　　　　　　　　　　　　　　　　　　　　1 050 000

　　贷：固定资产——××设备　　　　　　　　　　　　　　　　　 3 000 000

（2）支付清理税费：

借：固定资产清理　　　　　　　　　　　　　　　　　　　　　　 368 040

　　贷：应交税费——应交增值税（销项税额）　　　　　　　　　　 365 040

　　　　银行存款　　　　　　　　　　　　　　　　　　　　　　　　 3 000

（3）换入原材料：

借：原材料——钢材 　　　　　　　　　　　　　　　　　　　2 808 000

　　应交税费——应交增值税（进项税额）　　　　　　　　　365 040

　　贷：固定资产清理 　　　　　　　　　　　　　　　　　　3 173 040

（4）换出设备的公允价值 2 808 000 元，与其账面价值 1 950 000 元并扣除清理费用 3 000 元后的余额转入资产处置损益

借：固定资产清理 　　　　　　　　　　　　　　　　　　　　855 000

　　贷：资产处置损益 　　　　　　　　　　　　　　　　　　855 000

2. 长沙诚明公司的账务处理

换出钢材的增值税销项税额＝2 808 000×13％＝365 040（元）

换入设备的增值税进项税额＝2 808 000×16％＝365 040（元）

（1）换出存货视同销售：

借：固定资产——××设备 　　　　　　　　　　　　　　　2 808 000

　　应交税费——应交增值税（进项税额）　　　　　　　　　365 040

　　贷：主营业务收入——钢材 　　　　　　　　　　　　　　2 808 000

　　　　应交税费——应交增值税（销项税额）　　　　　　　365 040

（2）结转换出存货成本：

借：主营业务成本——钢材 　　　　　　　　　　　　　　　2 400 000

　　贷：库存商品——钢材 　　　　　　　　　　　　　　　　2 400 000

（二）涉及补价情况下的会计处理

在以公允价值确定换入资产成本的情况下，发生补价的，支付补价方和收到补价方应当分别处理。

1. 支付补价方

支付补价方计算公式如下：

$$换入资产成本＝换出资产公允价值＋支付的补价＋应支付的相关税费 \qquad (5-2)$$
$$计入当期损益的金额＝换出资产公允价值－换出资产账面价值 \qquad (5-3)$$

2. 收到补价方

收到补价方计算公式如下：

$$换入资产成本＝换出资产公允价值－收取的补价＋应支付的相关税费 \qquad (5-4)$$
$$计入当期损益的金额＝换出资产公允价值－换出资产账面价值 \qquad (5-5)$$

【例 5-3】2019 年 5 月 10 日，湖南恒通公司与长沙诚明公司经协商，湖南恒通公司以其拥有的一幢自用写字楼与长沙诚明公司持有的对联营企业海利公司长期股权投资交换。在交换日，该幢写字楼的账面原价为 3 000 000 元，已提折旧 600 000 元（未计提减值准备），在交换日的不含税公允价值为 3 040 541 元；长沙诚明公司持有的对海利公司长期股权投资账面价值为 2 250 000 元（未计提减值准备），在交换日的公允价值为 3 000 000 元，长沙诚明公司支付 314 189.69 元给湖南恒通公司。长沙诚明公司换入写字楼后用于生产经营。湖南

恒通公司换入对海利公司投资仍然作为长期股权投资并采用权益法核算。湖南恒通公司因转让写字楼向长沙诚明公司开具的增值税专用发票上注明的销售额为 3 040 541 元，销项税额为 273 648.69 元。假定该项交易过程中除增值税外不涉及其他相关税费。试分别分析湖南恒通公司和长沙诚明公司资产交换业务的账务处理过程。

【解析】

1. 判断

湖南恒通公司以固定资产交换长期股权投资收到补价：

$$\frac{40\,541}{3\,040\,541}=1.33\%<25\%\qquad 属于非货币性资产交换$$

长沙诚明公司以长期股权投资交换固定资产支付补价：

$$\frac{40\,541}{300\,000+40\,541}=1.33\%<25\%\qquad 属于非货币性资产交换$$

湖南恒通公司长沙诚明公司均应当以公允价值为基础确定换入资产的成本，并确认产生的损益。

2. 湖南恒通公司的账务处理

（1）换出固定资产视同固定资产处置：

借：固定资产清理　　　　　　　　　　　　　　　　　　　　2 400 000
　　累计折旧　　　　　　　　　　　　　　　　　　　　　　600 000
　　贷：固定资产——办公楼　　　　　　　　　　　　　　　　3 000 000

（2）应交增值税：

借：固定资产清理　　　　　　　　　　　　　　　　　　　　273 648.69
　　贷：应交税费——应交增值税（销项税额）　　　　　　　273 648.69

（3）换入长期股权投资：

借：长期股权投资——海利公司　　　　　　　　　　　　　3 000 000（注）
　　银行存款　　　　　　　　　　　　　　　　　　　　　314 189.69
　　贷：固定资产清理　　　　　　　　　　　　　　　　　3 314 189.69

（4）将净损益转入资产处置损益：

借：固定资产清理　　　　　　　　　　　　　　　　　　　　640 541
　　贷：资产处置损益　　　　　　　　　　　　　　　　　　640 541

注：此处的账务处理只反映长期股权投资的初始计量，不考虑权益法核算调整（下同）。

3. 长沙诚明公司的账务处理

将长期股权投资换入固定资产并确认投资收益：

借：固定资产　　　　　　　　　　　　　　　　　　　　　3 040 541
　　应交税费——应交增值税（进项税额）　　　　　　　　273 648.69
　　贷：长期股权投资——海利公司　　　　　　　　　　　2 250 000
　　　　银行存款　　　　　　　　　　　　　　　　　　　314 189.69
　　　　投资收益　　　　　　　　　　　　　　　　　　　750 000

二、以账面价值计量的非货币性资产交换的会计处理

非货币性资产交换不具有商业实质，或者虽然具有商业实质但换入资产和换出资产的公允价值均不能可靠计量的，应当以换出资产的账面价值和应支付的相关税费作为换入资产的成本，无论是否支付补价，均不确认损益。

（一）不涉及补价情况下的会计处理

【例5-4】2019年5月12日，湖南恒通公司以持有的对联营企业华亚公司的长期股权投资交换长沙诚明公司拥有的商标权。在交换日，湖南恒通公司持有的长期股权投资账面余额为2 500 000元，已计提长期股权投资减值准备700 000元，该长期股权投资在市场上没有公开报价，公允价值也不能可靠计量；长沙诚明公司商标权的账面原价为2 100 000元，累计已摊销金额为300 000元，其公允价值也不能可靠计量，长沙诚明公司没有为该项商标权计提减值准备。长沙诚明公司将换入的对华亚公司的投资仍作为长期股权投资，并采用权益法核算。长沙诚明公司因转让商标权向湖南恒通公司开具的增值税专用发票上注明的销售额为1 800 000元，销项税额为108 000元。假设整个交易过程中除增值税以外没有发生其他相关税费。试分别分析湖南恒通公司和长沙诚明公司资产交换业务的账务处理过程。

【解析】

1. 判断

由于换出资产和换入资产的公允价值都无法可靠计量。因此，湖南恒通公司、长沙诚明公司换入资产的成本均应当按照换出资产的账面价值确定，且不确认损益。

2. 湖南恒通公司的账务处理

借：无形资产——商标权　　　　　　　　　　　　　　　　　1 692 000
　　应交税费——应交增值税（进项税额）　　　　　　　　　　108 000
　　长期股权投资减值准备——华亚公司股权投资　　　　　　　700 000
　　贷：长期股权投资——华亚公司　　　　　　　　　　　　　2 500 000

3. 长沙诚明公司的账务处理

借：长期股权投资——华亚公司　　　　　　　　　　　　　　1 908 000
　　累计摊销　　　　　　　　　　　　　　　　　　　　　　300 000
　　贷：无形资产——专利权　　　　　　　　　　　　　　　　2 100 000
　　　　应交税费——应交增值税（销项税额）　　　　　　　　108 000

（二）涉及补价情况下的会计处理

发生补价的，支付补价方和收到补价方应当分别处理。

（1）支付补价方：换入资产成本＝换出资产账面价值＋支付的补价＋应支付的相关税费

(5-6)

（2）收到补价方：换入资产成本＝换出资产账面价值－收到的补价＋应支付的相关税费

(5-7)

换入方与换出方均不确认损益。

【例5-5】2019年5月15日，湖南恒通公司与长沙诚明公司经协商决定，将其拥有的一

个仓库交换长沙诚明公司拥有的一项联营企业长期股权投资，该仓库账面原价 1 750 000 元，已计提折旧 1 175 000 元，长期股权投资账面价值 525 000 元，两项资产均未计提减值准备。由于仓库离市区较远，公允价值不能可靠计量；长沙诚明公司拥有的长期股权投资在活跃市场中没有报价，其公允价值也不能可靠计量。双方商定，长沙诚明公司以两项资产账面价值的差额为基础，支付湖南恒通公司 50 000 元补价，以长期股权投资换取湖南恒通公司拥有的仓库。湖南恒通公司因转让仓库向长沙诚明公司开具的增值税专用发票上注明的销售额为 575 000 元，销项税额为 51 750 元，假定除增值税外没有涉及其他相关税费。试分别分析湖南恒通公司和长沙诚明公司资产交换业务的账务处理过程。

【解析】

1. 判断

湖南恒通公司收到补价：$\dfrac{50\ 000}{575\ 000}=8.7\%<25\%$，换属于非货币性资产交换。

长沙诚明公司支付补价：$\dfrac{50\ 000}{525\ 000+50\ 000}=8.7\%<25\%$，换属于非货币性资产交换。

湖南恒通公司、长沙诚明公司换入资产的成本均应以换出资产的账面价值为基础确定，且不确认损益。

2. 湖南恒通公司的账务处理

（1）将固定资产转入固定资产处置：

借：固定资产清理　　　　　　　　　　　　　　　　　　　　　575 000
　　累计折旧　　　　　　　　　　　　　　　　　　　　　　1 175 000
　　　贷：固定资产——仓库　　　　　　　　　　　　　　　　　1 750 000

（2）应交增值税

借：固定资产清理　　　　　　　　　　　　　　　　　　　　　51 750
　　　贷：应交税费——应交增值税（销项税额）　　　　　　　　　51750

（3）换入长期股权投资

借：长期股权投资——××公司　　　　　　　　　　　　　　　576 750
　　银行存款　　　　　　　　　　　　　　　　　　　　　　50 000
　　　贷：固定资产清理　　　　　　　　　　　　　　　　　　　626 750

3. 长沙诚明公司的账务处理

借：固定资产——仓库　　　　　　　　　　　　　　　　　　　523 250
　　应交税费——应交增值税（进项税额）　　　　　　　　　　　51 750
　　　贷：长期股权投资——××公司　　　　　　　　　　　　　525 000
　　　　　银行存款　　　　　　　　　　　　　　　　　　　　50 000

三、涉及多项非货币性资产交换的会计处理

非货币性资产交换有时涉及多项资产，如企业以一项非货币性资产同时换入另一企业的多项非货币性资产，或同时以多项非货币性资产换入另一企业的一项非货币性资产，或以多

项非货币性资产同时换入多项非货币性资产。在此过程中，还可能涉及补价。与单项非货币性资产交换一样，涉及多项非货币性资产交换的计量，也应当首先确定换入资产成本的计量基础和损益确认原则，再计算换入资产的成本总额。在确定各项换入资产的成本时，则应当分别处理。

（一）具有商业实质且换入资产公允价值能够可靠计量的会计处理

非货币性资产交换具有商业实质，且换入资产的公允价值能够可靠计量的，应当按照换入各项资产的公允价值占换入资产公允价值总额的比例，对换入资产的成本总额进行分配，以确定各项换入资产的成本。

【例5-6】湖南恒通公司与长沙诚明公司均为增值税一般纳税人，增值税率均为13％。2019年5月20日，湖南恒通公司经与长沙诚明公司经协商，决定以生产经营过程中使用的办公楼和库存商品换入长沙诚明公司生产经营过程中使用的厂房、专用设备和客运汽车。湖南恒通公司办公楼账面原价为2 025 000元，在交换日的累计折旧为675 000元，不含税公允价值为1 400 000元（增值税率为90％）；库存商品的账面余额为2 250 000元，不含税公允价值为2 625 000元。长沙诚明公司厂房账面原价为1 125 000元，在交换日的累计折旧为375 000元，不含税公允价值为1 125 000元（增值税率为9％）；专用设备的账面原价为1 500 000元，在交换日的累计折旧为175 000元，不含税公允价值为1 250 000元；客运汽车的账面原价为2 250 000元，在交换日的累计折旧为600 000元，不含税公允价值为1 800 000元。长沙诚明公司另外收取湖南恒通公司以银行存款支付的180 500元，其中包括由于换出和换入资产公允价值不同而支付补价150 000元，以及换出资产销项税额与换入资产进项税额的差额30 500元。交换日双方公司均收到对方增值税专用发票，长沙诚明公司以换入的库存商品作为原材料进行核算与管理。假定两公司非货币性资产交换具有商业实质。试分别分析湖南恒通公司和长沙诚明公司资产交换业务的账务处理过程。

【解析】

1. 判断

湖南恒通公司支付货币性资产：$\dfrac{150\ 000}{1\ 400\ 000+2\ 625\ 000+150\ 000}=3.59\%<25\%$

长沙诚明公司收到货币性资产：$\dfrac{150\ 000}{1\ 125\ 000+1\ 250\ 000+1\ 800\ 000}=3.59\%<25\%$

可以认定这一涉及多项资产的交换行为属于非货币性资产交换。两公司均应当以公允价值为基础确定换入资产的总成本，且确认产生的相关损益。同时，按照各单项换入资产的公允价值占换入资产公允价值总额的比例，确定各单项换入资产的成本。

2. 湖南恒通公司的账务处理

（1）换出办公楼、库存商品的增值税销项税额＝1 400 000×9％＋2 625 000×13％＝467 250（元）

换入厂房、专用设备和客运汽车的增值税进项税额＝1 125 000×9％＋（1 250 000＋1 800 000）×13％＝497 750（元）

（2）计算换入资产、换出资产公允价值总额：

换出资产公允价值总额＝1 400 000＋2 625 000＝4 025 000（元）

换入资产公允价值总额＝1 125 000＋1 250 000＋1 800 000＝4 175 000（元）

（3）计算换入资产总成本：

换入资产总成本＝换出资产公允价值＋支付的补价＋应支付的相关税费＝4 025 000＋150 000＋0＝4 175 000（元）

（4）计算确定换入各项资产的成本：

厂房的成本＝4 175 000×（1 125 000÷4 175 000×100％）＝1 125 000（元）

专用设备的成本＝4 175 000×（1 250 000÷4 175 000×100％）＝1 250 000（元）

客运汽车的成本＝4 175 000×（1 800 000÷4 175 000×100％）＝1 800 000（元）

（5）会计分录如下：

①办公楼转入清理：

借：固定资产清理		1 350 000
累计折旧		675 000
贷：固定资产——办公楼		2 025 000

②换出库存商品、支付补价、应交增值税等：

借：固定资产清理		3 272 750
贷：主营业务收入		2 625 000
应交税费——应交增值税（销项税额）		467 250
银行存款		180 500

③结转库存商品成本：

借：主营业务成本		2 250 000
贷：库存商品		2 250 000

④换入厂房、专用设备、客运汽车等：

借：固定资产——厂房		1 125 000
——专用设备		1 250 000
——客运汽车		1 800 000
应交税费——应交增值税（进项税额）		497 750
贷：固定资产清理		4 672 750

⑤结转损益：

借：固定资产清理		50 000
贷：资产处置损益		50 000

3. 长沙诚明公司的账务处理

（1）换入办公楼的增值税进项税额＝1 400 000×9％＝126 000（元）

换入原材料的增值税进项税额＝2 625 000×13％＝341 250（元）

换出厂房、专用设备和客运汽车的增值税销项税额＝1 125 000×9％＋（1 250 000＋1 800 000）×13％＝497 750（元）

（2）计算换入资产、换出资产公允价值总额：

换出资产公允价值总额＝1 125 000＋1 250 000＋1 800 000＝4 175 000（元）

换入资产公允价值总额＝1 400 000＋2 625 000＝4 025 000（元）

（3）确定换入资产总成本：

换入资产总成本＝换出资产公允价值－收取的补价＋应支付的相关税费＝4 175 000－150 000＋0＝4 025 000（元）

（4）计算确定换入各项资产的成本：

办公楼的成本＝4 025 000×（1 400 000÷4 025 000×100％）＝1 400 000（元）

原材料的成本＝4 025 000×（2 625 000÷4 025 000×100％）＝2 625 000（元）

（5）会计分录：

①固定资产转入清理：

借：固定资产清理	3 725 000	
累计折旧	1 150 000	
贷：固定资产——厂房		1 125 000
——专用设备		1 500 000
——客运汽车		2 250 000

②应交增值税

借：固定资产清理	497 750	
贷：应交税费——应交增值税（销项税额）		497 750

③换入资产

借：固定资产——办公楼	1 400 000	
原材料	2 625 000	
应交税费——应交增值税（进项税额）	467 250	
银行存款	180 500	
贷：固定资产清理		4 672 750

④结转损益

借：固定资产清理	450 000	
贷：资产处置损益		450 000

（二）不具有商业实质或虽具有商业实质但换入资产和换出资产的公允价值不能可靠计量的会计处理

非货币性资产交换不具有商业实质，或者虽具有商业实质但换入资产的公允价值不能可靠计量的，应当按照换入各项资产的原账面价值占换入资产原账面价值总额的比例，对换入资产的成本总额进行分配，以确定各项换入资产的成本。

🏃 综合练习题

一、单项选择题

1. 确定一项资产是货币性资产还是非货币性资产的主要依据是（   ）。

A. 变现速度的快慢与否

    B. 是否可以给企业带来经济利益

    C. 是否具有流动性

    D. 将为企业带来的经济利益是否是固定或可确定的

  2. 甲股份有限公司发生的下列非关联交易中，属于非货币性资产交换的是（　　　）。

    A. 以公允价值为 260 万元的固定资产换入乙公司账面价值为 320 万元的无形资产，并支付补价 80 万元

    B. 以账面价值为 280 万元的固定资产换入丙公司公允价值为 200 万元的一项专利权，并收到补价 80 万元

    C. 以公允价值为 320 万元的长期股权投资换入丁公司账面价值为 460 万元的短期股票投资，并支付补价 140 万元

    D. 以账面价值为 420 万元、准备持有至到期的债券投资换入戊公司公允价值为 390 万元的一台设备，并收到补价 30 万元

  3. 在确定涉及补价的交易是否为非货币性资产交换时，支付补价的企业，应当按照支付的补价占（　　　）的比例低于 25% 确定。

    A. 换出资产的公允价值

    B. 换出资产公允价值加上支付的补价

    C. 换入资产公允价值加补价

    D. 换出资产公允价值减补价

  4. 以下交易具有商业实质的是（　　　）。

    A. 以一批存货换入一项设备

    B. 以一项固定资产换入一项固定资产

    C. 以一项长期投资换入一项长期投资

    D. 以一项库存商品换入一项库存商品

  5. 甲企业以其持有的一项长期股权投资换取乙企业的一项无形资产，该项交易中不涉及补价。假定该项交易具有商业实质，甲企业该项长期股权投资的账面价值为 120 万元，公允价值为 150 万元。乙企业该项无形资产的账面价值为 100 万元，公允价值为 150 万元，甲企业在此项交易中发生了 10 万元税费，甲企业换入的该项无形资产入账价值为（　　　）万元。

    A. 150　　　　　　　B. 160　　　　　　　C. 120　　　　　　　D. 130

  6. 企业发生的具有商业实质且公允价值能够可靠计量的非货币性资产交换，在没有补价的情况下，如果同时换入多项资产，应当按照（　　　）的比例，对换入资产的成本总额进行分配，以确定各项换入资产的入账价值。

    A. 换入各项资产的公允价值占换入资产公允价值总额

    B. 换出各项资产的公允价值占换出资产公允价值总额

    C. 换入各项资产的账面价值占换入资产账面价值总额

    D. 换出各项资产的账面价值占换出资产账面价值总额

  7. 某企业 2018 年 10 月 10 日用一批库存商品换入一台设备，并收到对方支付的银行存

款 15.65 万元（其中包含收取的补价 15 万元）。该批库存商品的账面价值为 120 万元，不含增值税的公允价值为 150 万元，计税价格为 140 万元，适用的增值税率为 13%，换入设备的账面价值为 160 万元，公允价值为 135 万元，双方交易具有商业实质。该企业因该项非货币性资产交换影响损益的金额为（   ）万元。

  A. 140   B. 150   C. 120   D. 30

  8. 下列各项交易或事项中，甲公司可按非货币性资产交换进行会计处理的是（   ）。

    A. 以持有的应收账款交换乙公司的产品

    B. 以持有的应收票据交换乙公司的电子设备

    C. 以持有的商品换取乙公司的产品作为固定资产使用

    D. 以持有的准备持有到到期的债券投资换取乙公司 25% 的股权投资

  9. 甲公司以其生产的成本为 120 万元的大型设备与乙公司持有的账面价值为 150 万元的土地使用权进行交换。假定不考虑其他因素，下列条件中甲公司可以判断该交换属于非货币性资产交换的是（   ）。

    A. 设备的公允价值为 100 万元，且甲公司收到补价 20 万元

    B. 土地使用权的公允价值为 150 万元，且乙公司支付补价 50 万元

    C. 设备的公允价值为 200 万元，且乙公司收到补价 100 万元

    D. 设备的公允价值与土地使用权的公允价值不能可靠计量，甲公司支付补价 50 万元

  10. 关于非货币性资产交换，下列说法中正确的是（   ）。

    A. 在具有商业实质且其公允价值能够可靠计量的非货币性资产交换中，换出资产的公允价值和账面价值之间的差额计入当期损益

    B. 企业持有的应收账款、应收票据及预付账款，均属于企业的货币性资产

    C. 在同时换入多项资产，具有商业实质且换入资产的公允价值能够可靠计量的情况下，应当按照换入各项资产的公允价值占换入资产账面价值总额的比例，对换入资产的成本总额进行分配，以确认各项换入资产的成本

    D. 在不具有商业实质的情况下，交换双方也应该确认处置资产损益

二、多项选择题

  1. 根据《企业会计准则第 7 号——非货币性资产交换》，下列项目中属于货币性资产的是（   ）。

    A. 债券投资   B. 带息应收票据

    C. 库存商品   D. 有公允价值的原材料

  2. 下列项目中属于非货币性资产的有（   ）。

    A. 存货   B. 长期股权投资   C. 应收账款   D. 无形资产

  3. 企业发生的交易中，如果涉及支付补价的，判断该项交易属于非货币性资产交换的标准是（   ）。

    A. 支付的补价占换入资产公允价值的比例小于 25%

    B. 支付的补价占换出资产公允价值的比例小于 25%

C. 支付的补价占换出资产公允价值与支付的补价之和的比例小于 25%

D. 支付的补价占换入资产公允价值与支付的补价之和的比例小于 25%

4. 下列各项交易中，属于非货币性资产交换的是（　　）。

A. 以固定资产换入长期股权投资　　　B. 以库存商品换入无形资产

C. 用银行汇票购入原材料　　　D. 用商业汇票抵应付账款

5. 关于货币性资产，下列说法正确的有（　　）。

A. 给企业带来的经济利益是不确定的　　　B. 将为企业带来的经济利益是固定的

C. 为出售而持有　　　D. 具有流动性

E. 为企业带来的经济利益是可确定的

6. 甲公司与乙公司进行非货币性资产交换，具有商业实质且其换入或换出资产的公允价值能够可靠地计量，以下影响甲公司换入资产入账价值的项目是（　　）。

A. 甲公司计提的换出资产减值准备

B. 公司为换入固定资产支付的运费

C. 甲公司为换出存货缴纳的增值税销项税额

D. 甲公司支付的补价

7. 下列项目中，属于非货币性资产交换的有（　　）。

A. 以公允价值 100 万元的设备换取一项长期股权投资

B. 以公允价值 100 万元的存货和 10 万元存款换取两辆重载汽车

C. 以公允价值 300 万元的厂房和 150 万元存货，换取一项土地使用权

D. 以公允价值 100 万元设备换取一处库房同时收到 28 万元的补价

8. 在不具有商业实质且不涉及补价的非货币性资产交换中，确定换入资产入账价值应考虑的因素是（　　）。

A. 换出资产计提的减值准备　　　B. 换出资产的账面价值

C. 换出资产交纳相关税费　　　D. 换出资产公允价值与账面价值的差额

三、判断题

1. 非货币性资产交换是指交易双方以非货币性资产进行的交换，不涉及货币性资产。（　　）

2. 在非货币性资产交换中如果公允价值小于账面价值，按谨慎性原则的要求应按公允价值作为换入资产的入账基础。（　　）

3. 在具有商业实质且公允价值能够可靠计量的非货币性资产的交换中，收到补价的企业按换出资产的公允价值减去收到的补价（或换入资产的公允价值）加上应支付的相关税费，作为换入资产的成本。（　　）

4. 在发生非货币性资产交换中，若涉及多项资产，在没有补价的情况下，应按换入各项资产的公允价值占换入资产公允价值总额的比例，对换入资产的成本总额进行分配，以确定各项换入资产的入账价值。（　　）

5. 某企业以其库存商品换入一幢房屋以备出租，该项交易具有商业实质。（　　）

四、综合业务题

1. 甲、乙公司均为增值税一般纳税人，适用的增值税率均为 16%。2019 年 6 月两公司经协商，将甲公司用以生产的设备交换乙公司的库存商品作为原材料使用。交换日，生产设备的账面余额为 2 100 万元，已计提折旧 400 万元，公允价值 1 600 万元；库存商品账面余额 1 550 万元，公允价值为 1 600 万元，计税价格等于公允价值。假设在整个交易过程中，未涉及除增值税以外的其他税费，该项交易具有商业实质。

要求：请分别对甲、乙公司业务进行相关账务处理。

2. 甲乙双方均为增值税一般纳税人。2019 年 6 月，甲公司用自用办公楼交换乙公司的一项技术专利权。甲公司办公楼的账面原价为 2 600 000 元，在交换日的累计折旧为 500 000元，公允价值为 2 000 000 元。乙公司专利权的账面原价 3 000 000 元，已摊销 850 000 元，公允价值为 1 950 000 元，计税价格等于公允价值，另用银行存款支付甲公司 113 000 元（包括公允价值不同而支付的补价 50 000 元，以及换出资产销项税额与换入资产进项税额的差额 63 000 元），换入的办公楼自用。假设在整个交易过程中没有发生除增值税外的其他税费，该项交易具有商业实质。

要求：请分别对甲、乙公司业务进行相关账务处理。

3. 2019 年 6 月，甲公司将其拥有的一项专利技术交换乙公司拥有的一项联营企业长期股权投资，甲公司专利技术账面原价为 3 000 000 元，已累计摊销 500 000 元，未计提减值准备。乙公司长期股权投资账面价值 2 000 000 元，也未计提减值准备。甲公司的专利技术与乙公司拥有的长期股权投资在活跃市场中均没有报价，其公允价值都不能可靠计量。经双方商定，乙公司以两项资产账面价值的差额为基础，支付甲公司 50 000 元补价。甲公司因转让专利技术向乙公司开具的增值税专用发票上注明的销售额为 2 500 000 元，销项税额为150 000 元，假定除增值税外没有涉及其他相关税费。

要求：请分别对甲、乙公司业务进行相关账务处理。

第六章 负 债

学习目标

知识目标

理解或有负债与预计负债、长期借款、应付债券的定义及计量原则，掌握或有负债与预计负债、长期借款、应付债券的会计核算。

能力目标

能对或有负债与预计负债、长期借款、应付债券进行正确的会计处理。

素质目标

1. 提高学生或有负债的职业判断能力。
2. 提高学生长期借款与应付债券业务会计核算职业技能。

重点难点

重点：或有负债与预计负债、长期借款、应付债券的核算。
难点：长期借款的借款费用、应付债券的溢折价的会计处理。

案例导入

预计负债发生了吗

A公司系增值税一般纳税人，适用的增值税税率为13%。2019年8月1日，从甲公司购入一台不需安装的生产设备并投入使用，取得增值税专用发票，价款为2 000万元，增值税税额为260万元，款项尚未支付，付款期为3个月。2019年11月1日，应付甲公司款项到期，A公司虽有付款能力，但因该设备在使用过程中出现过故障，与甲公司协商未果，所以未按时支付。2019年12月1日，甲公司向人民法院提起诉讼，至当年12月31日，人民法院尚未判决。A公司法律顾问认为败诉的可能性为65%，预计支付诉讼费10万元，逾期利息在25万～35万元，且这个区间内每个金额发生的可能性相同。

（资料来源：作者根据相关资料改写）

　　请分析：请判断 A 公司 2019 年年年末就该未决诉讼案件是否应当确认预计负债？理由是什么？如果应当确认为预计负债，应如何进行会计处理？

　　按照《企业会计准则第 30 号财务报表列报》的要求，负债分为流动负债和非流动负债（也称长期负债）。本章中的预计负债、长期借款、应付债券均属于非流动负债。根据《企业会计准则第 22 号——金融工具确认和计量》的规定，非流动负债应当按照公允价值进行初始计量，采用摊余成本进行后续计量。实际利率与合同利率差别较小的，也可按合同利率计算利息费用。

第一节　或有负债与预计负债

一、或有负债

　　或有负债是指过去的交易或事项形成的潜在义务，其存在须通过未来不确定事项的发生或不发生予以证实；过去的交易或事项形成的现时义务，履行该义务不太可能导致经济利益流出企业或该义务的金额不能可靠计量。

　　需要注意的是，或有负债无论是潜在义务还是现时义务，均不符合负债确认条件，因而不能在财务报表中予以确认，但应按相关规定在财务报表附注中披露相关信息。

（一）预计负债的确认

　　根据《企业会计准则第 13 号或有事项》的规定，与或有事项有关的义务在同时符合以下 3 个条件时，应当确认为预计负债：①该义务是企业承担的现时义务；②履行该义务很可能导致经济利益流出企业；③该义务的金额能够可靠地计量。

扫一扫 学一学

　　需要注意的是，履行或有事项相关义务导致经济利益流出企业的可能性，通常按照一定的概率区间加以判断。一般情况下，发生的概率分为基本确定、很可能、可能、极小可能四个层次。企业通常可以结合表 6-1 情况判断经济利益流出的可能性。

表 6-1　经济利益流出的可能性的判断表

结果的可能性	发生的概率区间
基本确定	95％＜发生的可能性＜100％
很可能	50％＜发生的可能性≤95％
可能	5％＜发生的可能性≤50％
极小可能	0＜发生的可能性≤5％

（二）预计负债的计量

　　当与或有事项有关的义务符合负债的确认条件时应当将其确认为预计负债。预计负债应当按照履行相关现时义务所需支出的最佳估计数进行初始计量。此外，企业清偿预计负债所需支出还可能从第三方或其他地方获得补偿。因此，预计负债的计量主要涉及两方面：一是最佳估计数的确定；二是预期可获得补偿的处理。

1. 最佳估计数的确定

最佳估计数的确定应分两种情况：

（1）当清偿因或有事项而确认的负债所需支出存在一个连续范围，且该范围内各种结果发生的可能性相同时，则最佳估计数应按此范围的上下限金额的平均数确认。

【例 6-1】2018 年 12 月 1 日，A 公司因合同违约而被 B 公司起诉。2018 年 12 月 31 日，A 公司尚未接到人民法院的判决。A 公司预计，最终的法律判决很可能对公司不利。假定预计将要支付的赔偿金额为 120 万～160 万元，而且这个区间内每个金额的可能性都大致相同。试分析 A 公司 2018 年 12 月 31 日预计负债的金额。

【解析】

在这种情况下，A 公司应在 2018 年 12 月 31 日的资产负债表中确认一项预计负债，金额为：（1 200 000＋1 600 000）/2＝1 400 000（元）

（2）如果不存在一个连续范围或虽存在一个连续范围但范围内各种结果发生的可能性不同时，则最佳估计数按以下标准认定：

①如果涉及单个项目，则最佳估计数为最可能发生数。

【例 6-2】2018 年 11 月 3 日，A 公司涉及一起诉讼案。2018 年 12 月 31 日，A 公司尚未接到人民法院的判决。在咨询了公司的法律顾问后，A 公司认为，胜诉的可能性为 40％，败诉的可能性为 60％；如果败诉，需要赔偿 1 500 000 元。试分析 A 公司 2018 年 12 月 31 日预计负债的金额。

【解析】

在这种情况下，A 公司在 2018 年 12 月 31 日资产负债表中应确认的预计负债金额应为最可能发生的金额，即 1 500 000 元。

②如果涉及多个项目，则最佳估计数按各种可能发生额及发生概率计算确认，即"加权平均数"。

【例 6-3】A 公司是生产并销售甲产品的企业，2018 年第二季度共销售甲产品 20 000 件，销售收入为 160 000 000 元。根据公司的产品质量保证条款，该产品售出后一年内，如发生正常质量问题，公司将负责免费维修。根据以前年度的维修记录，如果发生较小的质量问题，发生的维修费用为销售收入的 1％；如果发生较大的质量问题，发生的维修费用为销售收入的 2％。根据公司质量部门的预测，本季度销售的产品中，70％不会发生质量问题；25％可能发生较小质量问题；5％可能发生较大质量问题。试分析 A 公司 2018 年第二季度末预计负债的金额。

【解析】根据上述资料，2018 年第二季度末 A 公司应确认的预计负债金额为：
160 000 000×（0×70％＋1％×25％＋2％×5％）＝560 000（元）

2. 预期可获得补偿的处理

企业预期从第三方获得的补偿是一种潜在资产，其最终是否会转化为企业真正的资产（企业是否能够收到这项补偿）具有较大的不确定性，企业只有在基本确定能够收到补偿时才能对其进行确认。根据资产和负债不能随意抵销的原则，预期可获得的补偿在基本确定能够收到时应当确认为一项资产，而不能作为预计负债金额的扣减。

预期可能获得补偿的情况通常有：发生交通事故等情况时，企业通常可从保险公司获得合理的赔偿；在某些索赔诉讼中，企业可对索赔人或第三方另行提出赔偿要求；在债务担保业务中，企业在履行担保义务的同时，通常可向被担保企业提出追偿要求。

补偿金额的确认涉及两个方面问题：一是确认时间，补偿只有在**基本确定**能够收到时才予以确认；二是确认金额，确认的金额是基本确定能够收到的金额，而且**不能超过**相关预计负债的账面价值。

【例 6-4】2018 年 12 月 31 日，A 公司涉及一项未决诉讼，预计很可能败诉，A 公司若败诉，需承担诉讼费 20 万元并支付赔款 400 万元，但基本确定可从保险公司获得 60 万元的补偿。试分析 A 公司 2018 年 12 月 31 日应如何进行相关处理。

【解析】根据上述资料，2018 年 12 月 31 日 A 公司因该诉讼应确认预计负债的金额为 20＋400＝420（万元）。基本确定可从保险公司获得的 60 万元补偿，应确认为一项资产，通过其他应收款核算，不能冲减预计负债的账面价值。

另外，预计负债的计量除了涉及最佳估计数的确定和预期可获得补偿的处理两方面外，还需要综合考虑与或有事项有关的风险、不确定性、货币时间价值和未来事项等因素。

（三）资产负债表日对预计负债账面价值的复核

企业应当在资产负债表日对预计负债的账面价值进行复核，有确凿证据表明该账面价值不能真实反映当前最佳估计数的，应当按照当前最佳估计数对该账面价值进行调整。例如，某化工企业对环境造成了污染，按照当时的法律规定，只需要对污染进行清理。然而，随着国家对环境保护越来越重视，按照现在的法律规定，该企业不仅需要对污染进行清理，还很可能要对居民进行赔偿。这种法律要求的变化，会对企业预计负债的计量产生影响。企业应当在资产负债表日对为此确认的预计负债金额进行复核，并在相关因素发生变化表明预计负债金额不再能反映真实情况时，按照当前情况下企业清理和赔偿支出的最佳估计数对预计负债的账面价值进行相应的调整。又如，企业对固定资产弃置费用形成的预计负债进行确认后，由于技术进步、法律要求或市场环境变化等原因，履行弃置义务可能发生支出金额、预计弃置时点、折现率等变动的，需要对预计负债的账面价值进行调整。

企业对已经确认的预计负债在实际支出发生时，应当仅限于最初为之确定该预计负债的支出。也就是说，只有与该预计负债有关的支出才能冲减预计负债，否则将会棍淆不同预计负债确认事项的影响。

（四）预计负债的会计处理

一般在确认负债时，借记销售费用，如常见的产品质量保证费用；或借记管理费用，如一般的诉讼费或各项杂费；或借记营业外支出，如罚款或赔偿额，贷记预计负债；当该预计负债转化为事实时，借记预计负债，贷记其他应付款，同时借记其他应付款，贷记银行存款；对于预期可获得补偿的认定，应借记其他应收款，贷记营业外支出。

需要注意的是，如果属于产品质量保证情况的，则不必转"其他应付款"，而是直接对冲"预计负债"；质量担保费用如果出现实际发生数与预估数相差较大的现象，应及时调整预计比例；针对特定批次产品确认的预计负债，在保修期满时应将其对应的"预计负债"冲销为零，同时冲减"销售费用"；不再生产的产品所提取的"预计负债"在保证期满时冲销为零，同时冲减"销售费用"。

1. 未决诉讼或未决仲裁

诉讼是指当事人不能通过协商解决争议，因而在人民法院起诉、应诉，请求人民法院通过审判程序解决纠纷的活动。诉讼尚未裁决之前，对于被告来说，可能形成一项或有负债或预计负债；对于原告来说，则可能形成一项或有资产。

仲裁是指经济法的各方当事人依照事先约定或事后达成的书面仲裁协议，共同选定仲裁机构并由其对争议依法作出具有约束力裁决的一种活动。作为当事人一方，仲裁的结果在仲裁决定公布以前是不确定的，会构成一项潜在义务或现时义务，或者潜在资产。

【例6-5】A公司2018年发生的有关交易或事项如下：

（1）2018年9月1日有一笔已到期的银行贷款本金1 000 000元，利息120 000元，A公司具有还款能力，但因与甲银行存在其他经济纠纷，而未按时归还甲银行的贷款，2018年12月1日，甲银行向人民法院提起诉讼。截至2018年12月31日人民法院尚未对案件进行审理。A公司法律顾问认为败诉的可能性为60%，预计将要支付的罚息、诉讼费用在80 000元～100 000元，其中诉讼费为40 000元。

（2）2016年10月6日，A公司委托银行贷款给乙公司50 000 000元，由于经营困难，2018年10月6日贷款到期时乙公司无力偿还贷款，A公司依法起诉乙公司，2018年12月6日，人民法院一审判决A公司胜诉，责成乙公司向A公司偿付贷款本息60 000 000元，并支付罚息及其他费用5 000 000元，两项合计65 000 000元，但由于种种原因，乙公司未履行判决，直到2018年12月31日，A公司尚未采取进一步的行动。

试分析A公司的账务处理过程及在财务报表中应如何披露。

【解析】

（1）A公司败诉的可能性为60%，即很可能败诉，则A公司应在2018年12月31日确认一项预计负债：（80 000＋100 000）÷2＝90 000（元）。

A公司的有关账务处理如下：

借：管理费用——诉讼费　　　　　　　　　　　　　　　　　　　　40 000
　　营业外支出——罚息支出　　　　　　　　　　　　　　　　　　50 000
　　　贷：预计负债——未决诉讼——甲银行　　　　　　　　　　　　　　90 000

同时，A公司应在2018年12月31日的财务报表附注中作如下披露：

本公司欠甲银行贷款于2018年9月1日到期，到期本金和利息合计1 120 000元，由于与甲银行存在其他经济纠纷，故本公司尚未偿还上述借款本金和利息，为此，甲银行起诉本公司，除要求本公司偿还本金和利息外，还要求支付罚息等费用。由于以上情况，本公司在2018年12月31日确认了一项预计负债90 000元。目前，此案正在审理中。

（2）虽然一审判决A公司胜诉，将很可能从乙公司收回委托贷款本金、利息及罚息，但是由于乙公司本身经营困难，该款项是否能全额收回存在较大的不确定性。因此A公司2018年12月31日不应确认资产，但应考虑该项委托贷款的减值问题。

同时，A公司应在2018年12月31日的财务报表附注中作如下披露：

本公司2016年10月6日委托银行向乙公司贷款50 000 000元，乙公司逾期未还，为此本公司依法向人民法院起诉乙公司。2018年12月6日，一审判决本公司胜诉，并可从丙公司索偿款项65 000 000元，其中贷款本金50 000 000元、利息10 000 000元及罚息等其他费用5 000 000元。截至2018年12月31日，乙公司未履行判决，本公司也未采取进一步的措施。

2. 债务担保

债务担保在企业中是较为普遍的现象。作为提供担保的一方，在被担保方无法履行合同的情况下，常常承担连带责任。从保护投资者、债权人的利益出发，客观、充分地反映企业因担保义务而承担的潜在风险是十分必要的。

企业对外提供债务担保常常会涉及未决诉讼，这时可以分别以下情况进行处理：

（1）企业已被判决败诉且不再上诉，则应当按照人民法院判决的应承担的损失金额，确认为负债，并计入当期营业外支出。

（2）已判决败诉但企业正在上诉，或者经上一级人民法院裁定暂缓执行，或者由上一级人民法院发回重审等，企业应当在资产负债表日，根据已有判决结果合理估计可能发生的损失金额，确认为预计负债，并计入当期营业外支出。

（3）人民法院尚未判决的，企业应向其律师或法律顾问等咨询，估计败诉的可能性，以及败诉后可能发生的损失金额，并取得有关书面意见。如果败诉的可能性大于胜诉的可能性，并且损失金额能够合理估计的，应当在资产负债表日预计担保损失金额，确认为预计负债，并计入当期营业外支出。

【例 6-6】2016 年 10 月，A 公司为甲公司人民币 30 000 000 元，期限两年的银行贷款提供全额担保；2018 年 5 月，A 公司为乙公司 2 000 000 美元，期限 1 年的银行贷款提供 50% 的担保。截至 2018 年 12 月 31 日，各贷款单位的情况如下：甲公司贷款逾期未还，银行已起诉甲公司和 A 公司，A 公司因连带责任需赔偿多少金额尚无法确定；乙公司由于受政策影响和内部管理不善等原因，经营效益不如以往，可能不能偿还到期美元债务。

【解析】本例中，对甲公司而言，A 公司很可能需履行连带责任，但损失金额是多少，目前还难以预计；就乙公司而言，A 公司可能需履行连带责任。这两项债务担保形成 A 公司的或有负债，但不符合预计负债的确认条件，A 公司应在 2018 年 12 月 31 日的财务报表附注中披露相关债务担保的被担保单位、担保金额及财务影响等。

3. 产品质量保证

产品质量保证通常是指销售商或制造商在销售产品或提供劳务后，对客户提供服务的一种承诺。在约定期内（或终身保修），若产品或劳务在正常使用过程中出现质量或与之相关的其他属于正常范围的问题，企业负有更换产品、免费或只收成本价进行修理等责任。按照权责发生制的要求，上述相关支出符合确认条件就应在收入实现时确认相关预计负债。基本账务处理如下：

借：销售费用

　　贷：预计负债

需要注意的是，在对产品质量保证确认预计负债时：

（1）如果发现保证费用的实际发生额与预计数相差较大，应及时对预计比例进行调整。

（2）如果企业针对特定批次产品确认预计负债，则在保修期结束时，应将"预计负债——产品质量保证"余额冲销，同时冲销销售费用。

（3）已对其确认预计负债的产品，如企业不再生产，应在相应产品的质量保证期满后，将"预计负债——产品质量保证"余额冲销，同时冲销销售费用。

【例 6-7】A 公司对购买其产品的消费者做出承诺：产品售出后 3 年内如出现非意外事件造成的故障和质量问题，A 公司免费负责保修（含零部件更换）。A 公司 2018 年第 1 季度、第 2 季度、第 3 季度、第 4 季度分别销售产品 500 台、600 台、900 台和 800 台，每台售价为 4 万元。根据以往的经验，产品发生的保修费一般为销售额的 1%～1.6%。A 公司 2018

年 4 个季度实际发生的维修费用分别为 30 000 元、100 000 元、460 000 元和 800 000 元（假定用银行存款支付 50%，另 50% 为耗用的原材料）。假定 2017 年 12 月 31 日，"预计负债——产品质量保证"科目年末余额为 200 000 元，试分析 A 公司相关的账务处理。

【解析】A 公司因销售产品而承担了现实义务，该现实义务的履行很可能导致经济利益流出 A 公司，且该义务的金额能够可靠计量。A 公司应在每季度末确认一项预计负债。

（1）第 1 季度发生的产品质量保证费用（维修费）时：

借：预计负债——产品质量保证   30 000
　　贷：银行存款   15 000
　　　　原材料   15 000
　　　　应确认的产品质量保证负债金额＝500×40 000×（1%＋1.6%）÷2
　　　　　　　　　　　　　　　　　　＝260 000（元）

借：销售费用——产品质量保证   260 000
　　贷：预计负债——产品质量保证   260 000

第 1 季度末，"预计负债——产品质量保证"科目余额＝200 000＋260 000－30 000
　　　　　　　　　　　　　　　　　　　　　　　　＝430 000（元）。

（2）第 2 季度发生的产品质量保证费用（维修费）：

借：预计负债——产品质量保证   100 000
　　贷：银行存款   50 000
　　　　原材料   50 000

应确认的产品质量保证负债金额＝600×40 000×（1%＋1.6%）÷2＝312 000（元）

借：销售费用——产品质量保证   312 000
　　贷：预计负债——产品质量保证   312 000

第 2 季度末，"预计负债——产品质量保证"科目余额＝430 000＋312 000－100 000
　　　　　　　　　　　　　　　　　　　　　　　　＝642 000（元）。

（3）第 3 季度发生的产品质量保证费用（维修费）：

借：预计负债——产品质量保证   460 000
　　贷：银行存款   230 000
　　　　原材料   230 000

应确认的产品质量保证负债金额＝900×40 000×（1%＋1.6%）÷2＝468 000（元）

借：销售费用——产品质量保证   468 000
　　贷：预计负债——产品质量保证   468 000

第 3 季度末，"预计负债——产品质量保证"科目余额＝642 000＋468 000－460 000
　　　　　　　　　　　　　　　　　　　　　　　　＝650 000（元）。

（4）第 4 季度发生的产品质量保证费用（维修费）：

借：预计负债——产品质量保证   800 000
　　贷：银行存款   400 000
　　　　原材料   400 000

应确认的产品质量保证负债金额＝800×40 000×（1%＋1.6%）÷2＝416 000（元）

借：销售费用——产品质量保证   416 000
　　贷：预计负债——产品质量保证   416 000

第 4 季度末,"预计负债——产品质量保证"科目余额＝650 000＋416 000－800 000
＝266 000（元）。

4. 亏损合同

亏损合同是指履行合同义务不可避免会发生的成本超过预期经济利益的合同。亏损合同产生的义务满足预计负债确认条件的,应当确认为预计负债。预计负债的计量应当反映退出该合同的最低净成本（履行该合同的成本与未能履行该合同而发生的补偿或处罚两者之中的较低者）。

企业对亏损合同的会计处理,应当遵循以下原则:

(1) 如果与亏损合同相关的义务不需支付任何补偿即可撤销,企业通常就不存在现时义务,不应确认预计负债;如果与亏损合同相关的义务不可撤销,企业就存在现时义务,同时满足该义务很可能导致经济利益流出企业且金额能够可靠地计量的,应当确认预计负债。

(2) 亏损合同存在标的资产的,应当对标的资产进行减值测试并按规定确认减值损失,在这种情况下,企业通常不需确认预计负债,如果预计亏损超过该减值损失,应将超过部分确认为预计负债;亏损合同不存在标的资产的,亏损合同相关义务满足预计负债确认条件时,应当确认预计负债。

【例 6-8】2018 年 12 月,A 公司与甲公司签订一份不可撤销合同,约定在 2019 年 3 月以每件 0.4 万元的价格向甲公司销售 1 000 件产品;甲公司应预付定金 100 万元,若 A 公司违约,双倍返还定金。A 公司于 2018 年将收到的定金 100 万元存入银行。2018 年 12 月 31 日,A 公司的库存中没有产品及生产该产品所需原材料。因原材料价格大幅上涨,A 公司预计每件产品的生产成本为 0.6 万元。试分析 A 公司是否执行合同并做相应账务处理。

【解析】A 公司每件预计成本 0.6 万元,每件售价 0.4 万元,待执行合同变为亏损合同。合同因其不存在标的资产,故应确认预计负债。

执行合同损失＝（0.6－0.4）×1 000＝200（万元）

不执行合同违约金损失＝100（万元）

因此选择不执行合同。

退出合同最低净成本为 100 万元,确认预计负债:

借:营业外支出　　　　　　　　　　　　　　　　　　　　　　　　1 000 000

　　贷:预计负债　　　　　　　　　　　　　　　　　　　　　　　　　1 000 000

【例 6-9】2018 年 12 月,A 公司与乙公司签订一份 B 产品销售合同,约定在 2019 年 1 月底以每件 1.3 万元的价格向乙公司销售 1 000 件 B 产品,违约金为合同总价款的 20%。2018 年 12 月 31 日,A 公司已生产 B 产品 1 000 件并验收入库,每件实际成本 1.5 万元。假定 A 公司销售 B 产品不发生销售费用。试分析 A 公司是否执行合同并做相应账务处理。

【解析】

假定一:假定目前市场每件价格为 2 万元。

A 公司每件成本 1.5 万元,每件合同售价 1.3 万元,待执行合同变为亏损合同。

(1) 判断是否执行合同:

执行合同时的可变现净值＝1 000×1.3－0＝1 300（万元）

成本＝1 000×1.5＝1 500（万元）

执行合同损失＝1 500－1 300＝200（万元）

不执行合同损失＝违约金损失 1 000×1.3×20％＋按市价销售损失（1.5－2）×1 000
＝－240（万元），即产生收益，没有损失。

综合考虑，应选择不执行合同。

（2）会计分录：

借：营业外支出　　　　　　　　　　　　　2 600 000（1 000×13 000×20％）
　　贷：预计负债　　　　　　　　　　　　　　　　　　　　　2 600 000

假定二：假定市场每件价格改为 1.4 万元。

（1）判断是否执行合同：

执行合同时的可变现净值＝1 000×1.3－0＝1 300（万元）

成本＝1 000×1.5＝1 500（万元）

执行合同损失＝1 500－1 300＝200（万元）

不执行合同损失＝违约金损失 1 000×1.3×20％＋按市价销售损失（1.5－1.4）×
1 000＝360（万元）

综合考虑，应选择不执行合同。

（2）会计分录：

借：资产减值损失　　　　　　　　　　　　　1 000 000
　　贷：存货跌价准备　　　　　　　　　　　　　　1 000 000
借：营业外支出　　　　　　　　　　　　　　2 600 000
　　贷：预计负债　　　　　　　　　　　　　　　　2 600 000

假定三：假定市场每件价格改为 1.3 万元。

（1）判断是否执行合同：

执行合同时的可变现净值＝1 000×1.3－0＝1 300（万元）

成本＝1 000×1.5＝1 500（万元）

执行合同损失＝1 500－1 300＝200（万元）

不执行合同损失＝违约金损失 1 000×1.3×20％＋按市价销售损失（1.5－1.3）×
1 000＝460（万元）

综合考虑，应选择执行合同。

（2）会计分录：

借：资产减值损失　　　　　　　　　　　　　2 000 000
　　贷：存货跌价准备　　　　　　　　　　　　　　2 000 000

5. 重组义务

重组是指企业制订和控制的，将显著改变企业组织形式、经营范围或经营方式的计划实施行为。属于重组的事项主要包括：出售或终止企业的部分业务；对企业的组织结构进行较大调整；关闭企业的部分营业场所，或者将营业活动由一个国家或地区迁移到其他国家或地区。

企业承担的重组义务满足或有事项确认预计负债条件的，应当确认为预计负债。下列情况同时存在时，表明企业承担了重组义务：

（1）有详细、正式的重组计划，包括重组涉及的业务、主要地点、需要补偿的职工人数、预计重组支出、计划实施时间等。

（2）该重组计划已对外公告。重组计划已经开始实施，或者已向受其影响的各方通告了该计划的主要内容，从而使各方形成了对该企业将实施重组的合理预期。

【例6-10】A公司董事会决定关闭一个事业部。2018年12月2日决定关闭一条产品生产线，将一次性给予被辞退员工补偿，预计支出共计500万元，至年末未与工会组织达成一致意见；上述业务重组计划未经A公司董事会批准。

【解析】如果有关决定尚未传达到受影响的各方，也未采取任何措施实施该项决定，该公司就没有开始承担重组义务，不应确认预计负债。

【例6-11】A公司董事会决定关闭一个事业部。2018年11月2日决定自2019年1月1日关闭一条产品生产线，将一次性给予被辞退员工补偿，预计支出共计400万元，已与工会组织达成一致意见；上述业务重组计划已于2018年12月2日经甲公司董事会批准，并于12月3日对外公告。

【解析】如果有关决定已经传达到受影响的各方，并使各方对企业将关闭事业部形成合理预期，通常表明企业开始承担重组义务，同时满足该义务很可能导致经济利益流出企业和金额能够可靠地计量的，应当确认预计负债。

企业应当按照与重组有关的直接支出确定该预计负债金额。直接支出不包括留用职工岗前培训、市场推广、新系统和营销网络投入等支出。

企业可以参照表6-2判断某项支出是否属于与重组有关的直接支出。

表6-2 与重组有关支出的判断表

支出项目	包括	不包括	不包括的原因
自愿遣散	√		
强制遣散（如果自愿遣散目标未满足）	√		
将不再使用的厂房的租赁撤销费	√		
将职工和设备从拟关闭的工厂转移到继续使用的工厂		√	支出与继续进行的活动相关
剩余职工的再培训		√	支出与继续进行的活动相关
新经理的招聘成本		√	支出与继续进行的活动相关
推广公司新形象的营销成本		√	支出与继续进行的活动相关
对新营销网络的投资		√	支出与继续进行的活动相关
重组的未来可辨认经营损失（最新预计值）		√	支出与继续进行的活动相关
特定的固定资产的减值损失		√	资产减值准备应当按照《企业会计准则第8号——资产减值》进行计提

第二节　长期借款

长期借款是指企业从银行或其他金融机构借入的期限在一年以上（不含一年）的各项借款。长期借款有关的账务处理如下：

（1）企业借入各项长期借款，按实际收到的款项，借记"银行存款"科目，按借款本金，贷记"长期借款——本金"科目，按其差额，借记"长期借款——利息调整"科目。

（2）在资产负债表日，企业应按长期借款的摊余成本和实际利率计算确定的长期借款的利息费用，借记"在建工程""财务费用""制造费用"等科目，按借款本金和合同利率计算确定的应付未付利息，贷记"应付利息"科目（对于一次还本付息的长期借款，贷记"长期借款——应计利息"科目），按其差额，贷记"长期借款——利息调整"科目。

（3）企业归还长期借款，按归还的长期借款本金，借记"长期借款——本金"科目，按转销的利息调整金额，贷记"长期借款——利息调整"科目，按实际归还的款项，贷记"银行存款"科目，按其差额，借记"在建工程""财务费用""制造费用"等科目。

【例 6-12】某企业为建造一幢厂房，于 2019 年 1 月 1 日借入期限为 2 年的长期专门借款 1 600 000 元，款项已存入银行。借款利率按市场利率确定为 8%，每年付息一次，期满后一次还清本金。2019 年年年初，该企业以银行存款支付工程价款共计 1 000 000 元；2020 年年年初，又以银行存款支付工程费用 600 000 元。该厂房于 2020 年 6 月 30 日完工，达到预定可使用状态。假定不考虑闲置的专门借款资金存款的利息收入或投资收益。试分析该企业借款业务的相关账务处理过程。

【解析】

（1）2019 年 1 月 1 日，取得借款时：

借：银行存款　　　　　　　　　　　　　　　　　　　　　　1 600 000
　　贷：长期借款——本金　　　　　　　　　　　　　　　　　　　　1 600 000

（2）2019 年年年初，支付工程款时：

借：在建工程——厂房　　　　　　　　　　　　　　　　　　1 000 000
　　贷：银行存款　　　　　　　　　　　　　　　　　　　　　　1 000 000

（3）2019 年 12 月 31 日，计算 2019 年应计入工程成本的利息费用时：

借款利息 = 1 600 000 × 8% = 128 000（元）

借：在建工程——厂房　　　　　　　　　　　　　　　　　　　128 000
　　贷：应付利息　　　　　　　　　　　　　　　　　　　　　　　128 000

（4）2019 年 12 月 31 日，支付借款利息时：

借：应付利息　　　　　　　　　　　　　　　　　　　　　　　128 000
　　贷：银行存款　　　　　　　　　　　　　　　　　　　　　　　128 000

（5）2020 年年年初，支付工程款时：

借：在建工程——厂房　　　　　　　　　　　　　　　　　　　600 000
　　贷：银行存款　　　　　　　　　　　　　　　　　　　　　　　600 000

（6）2020 年 6 月 30 日，工程达到预定可使用状态时：

该期应计入工程成本的利息 = （1 600 000 × 8% ÷ 12）× 6 = 64 000（元）

借：在建工程——厂房   64 000

  贷：应付利息   64 000

同时，

借：固定资产——厂房   1 792 000

  贷：在建工程——厂房   1 792 000

（7）2020 年 12 月 31 日，计算 2020 年 7—12 月的利息费用时应计入财务费用的利息：

借：财务费用——借款   64 000

  贷：应付利息   64 000

（8）2020 年 12 月 31 日，支付利息时：

借：应付利息——××银行   128 000

  贷：银行存款   128 000

（9）2×21 年 1 月 1 日，到期还本时：

借：长期借款——本金 1   600 000

  贷：银行存款   1 600 000

第三节　应付债券

企业根据国家有关规定，在符合条件的前提下，经批准可以发行一般公司债券、可转换公司债券、认股权和债券分离交易的可转换公司债券等金融工具。应付债券属于金融负债，它是企业向其他方交付现金或其他金融资产的合同义务的一项负债，属于以摊余成本计量的金融负债。本节以一般公司债券为例说明应付债券的会计处理。

一、公司债券的发行

企业发行的一年期以上的债券，构成了企业的长期负债。公司债券的发行方式有三种，即面值发行、溢价发行、折价发行。假设不考虑其他条件，债券的票面利率高于市场利率时，可按超过债券票面价值的价格发行，称为溢价发行，溢价是企业以后各期多付利息而事先得到的补偿；如果债券的票面利率低于市场利率，可按低于债券票面价值的价格发行，称为折价发行，折价是企业以后各期少付利息而预先给投资者的补偿；如果债券的票面利率与市场利率相同，可按票面价值的价格发行，称为面值发行。溢价或折价实质上是发行债券企业在债券存续期内对利息费用的一种调整。

二、应付债券的核算

无论是按面值发行还是溢价发行或折价发行，有关的账务处理如下：

企业发行债券时，按实际收到的金额，借记"银行存款"栏目，按债券票面金额，贷记"应付债券——面值"科目，差额计入"应付债券——利息调整"（可能在借方也有可能在贷方）。需要注意的是，发行债券发生的相关费用计入应付债券的初始确认金额中，具体反映在利息调整明细科目中，发行债券的溢价或折价也在利息调整明细科目中反映。

资产负债表日，企业需计提利息并采用**实际利率法**将利息调整在债券存续期间内进行摊销。对于**分期付息一次还本的债券**，应按应付债券期初摊余成本和实际利率计算确定债券利息费用，借记"在建工程""制造费用""研发支出""财务费用"等科目，按面值和票面利率计算的应付而未付的利息，贷记"**应付利息**"科目，倒挤差额计入"应付债券——利息调整"科目。而对于**一次还本付息的债券**，按票面利率计算确定的应付而未付的利息，应通过"**应付债券——应计利息**"科目核算。

债券到期，支付债券本息时，企业应借记"应付债券——面值、应计利息""应付利息"等科目，贷记"银行存款"等科目。同时，存在利息调整余额的，借记或贷记"应付债券——利息调整"科目，按其差额，借记"在建工程""制造费用""财务费用""研发支出"等科目。

【例 6-13】A 公司发行公司债券为建造专用生产线筹集资金，2015 年 12 月 31 日，委托证券公司以 7 795 万元的价格发行 3 年期分期付息公司债券，该债券面值为 8 000 万元，票面年利率为 4.5%，实际年利率为 5.64%，每年计息一次，到期一次偿还本息，另支付券商发行费用 40 万元。生产线建造工程采用出包方式，于 2016 年 1 月 1 日开始动工，发行债券所得款项当日全部支付给建造承包商，2017 年 12 月 31 日所建造生产线达到预定可使用状态。假定所有款项均以银行存款收付。试分析 A 公司发行债券的相关账务处理过程。

【解析】

(1) 2015 年 12 月 31 日发行债券时：

借：银行存款　　　　　　　　　　　　　　　　　　　　　　　77 550 000

　　应付债券——利息调整　　　　　　　　　　　　　　　　　　2 450 000

　　　贷：应付债券——面值　　　　　　　　　　　　　　　　　　　　80 000 000

(2) 2016 年 12 月 31 日计提利息时：

借：在建工程　　　　　　　　　　　　　　　　　　　　　　　4 373 820

　　　贷：应付债券——应计利息　　　　　　　　　　　　　　　　　3 600 000

　　　　　　　　——利息调整　　　　　　　　　　　　　　　　　　773 820

(3) 2017 年 12 月 31 日计提利息时：

借：在建工程　　　　　　　　　　　　　　　　　　　　　　　4 620 503

　　　贷：应付债券——应计利息　　　　　　　　　　　　　　　　　3 600 000

　　　　　　　　——利息调整　　　　　　　　　　　　　　　　　1 020 503

(4) 2018 年 12 月 31 日计提利息时：

借：财务费用　　　　　　　　　　　　　　　　　　　　　　　4 255 677

　　　贷：应付债券——应计利息　　　　　　　　　　　　　　　　　3 600 000

　　　　　　　　——利息调整　　　　　　　　　　　　　　　　　　655 677

(5) 2018 年 12 月 31 日还本付息时：

借：应付债券——面值　　　　　　　　　　　　　　　　　　　80 000 000

　　　　　　　——应计利息　　　　　　　　　　　　　　　　　10 800 000

　　　贷：银行存款　　　　　　　　　　　　　　　　　　　　　　90 800 000

综合练习题

一、单项选择题

1. 甲公司因违约被起诉，至 2018 年 12 月 31 日，人民法院尚未作出判决，经向公司法律顾问咨询，人民法院的最终判决很可能对本公司不利，预计赔偿额为 30 万～60 万元，而该区间内每个金额发生的可能性大致相同。甲公司于 2018 年 12 月 31 日由此应确认预计负债的金额为（　　）万元。

　　A. 30　　　　　　B. 40　　　　　　C. 45　　　　　　D. 60

2. 2018 年 10 月，甲公司因污水排放对环境造成污染，被周围居民提起诉讼。2018 年 12 月 31 日，该案件尚未一审判决。根据以往类似案例及公司法律顾问的判断，甲公司很可能败诉。如败诉，预计赔偿 2 000 万元的可能性为 70%，预计赔偿 1 800 万元的可能性为 30%。假定不考虑其他因素，该事项对甲公司 2018 年利润总额的影响金额为（　　）万元。

　　A. －2 000　　　B. －1 800　　　C. －1 900　　　D. －1 940

3. 2018 年 12 月 31 日，甲公司根据类似案件的经验判断，一起未决诉讼的最终判决很可能对公司不利，预计将要支付的赔偿金额在 500 万～900 万元，且在此区间内每个金额发生的可能性大致相同；基本确定可从第三方获得补偿款 40 万元。甲公司应对该项未决诉讼确认预计负债的金额为（　　）万元。

　　A. 800　　　　　B. 700　　　　　C. 660　　　　　D. 460

4. 下列关于或有负债的说法，表述正确的是（　　）。

　　A. 或有负债无论是潜在义务还是现时义务均不符合负债的确认条件，因而不能在会计报表内予以确认，也不能在附注中披露

　　B. 或有负债作为一项潜在义务，其结果只能由未来事项的发生来证实

　　C. 或有负债作为现时义务，其特征仅在于该义务履行不是很可能导致经济利益流出企业

　　D. 或有负债有可能是潜在义务，也有可能是现时义务

5. 甲公司于 2018 年 1 月 1 日向 A 银行借款 500 000 元，为期 3 年，每年年末偿还利息，到期日偿还本金。借款合同利率为 3%，实际利率为 4%，为取得借款发生手续费 15 000 元，2018 年末甲公司"长期借款"项目的金额为（　　）元。

　　A. 500 000　　　B. 504 400　　　C. 489 400　　　D. 485 000

6. 就溢价发行债券的企业而言，所获债券溢价收入实质是（　　）。

　　A. 为以后少付利息而付出的代价　　　　B. 为以后多付利息而得到的补偿

　　C. 本期利息收入　　　　　　　　　　　D. 以后期间的利息收入

7. 发行一般公司债券时发生的发行费用应记入（　　）科目。

　　A. 管理费用　　　B. 销售费用　　　C. 应付债券　　　D. 财务费用

8. 2018 年 1 月 1 日，甲公司发行分期付息、到期一次还本的 5 年期公司债券，实际收到的款项为 18 800 万元，该债券面值总额为 18 000 万元，票面年利率为 5%。利息于每年年末支付；实际年利率为 4%，2018 年 12 月 31 日，甲公司该项应付债券的摊余成本为（　　）万元。

　　A. 18 652　　　B. 18 000　　　C. 18 800　　　D. 18 948

二、多项选择题

1. 企业清偿预计负债所需支出全部或部分预期由第三方补偿的，下列处理方法正确的是（　　）。

A. 补偿金额只有在基本确定能够收到时才能作为资产单独确认

B. 补偿金额只有在很可能收到时才能作为资产单独确认

C. 确认的补偿金额不应当超过预计负债的账面价值

D. 补偿金额只有在收到时才能记入当期损益

2. 以下"可能性"划分的标准中正确的是（　　）。

A. "基本确定"是指发生概率大于或等于95％，但小于100％

B. "很可能"是指发生的概率大于50％，但小于或等于95％

C. "很可能"是指发生的概率大于或等于50％，但小于95％

D. "可能"是指发生的概率大于5％，但小于或等于50％

3. 甲公司为A公司、B公司、C公司和D公司提供了银行借款担保，下列各项中，甲公司不应确认预计负债的有（　　）。

A. A公司运营良好，甲公司极小可能承担连带还款责任

B. B公司发生暂时财务困难，甲公司可能承担连带还款责任

C. C公司发生财务困难，甲公司很可能承担连带还款责任

D. D公司发生严重财务困难，甲公司基本确定承担还款责任

4. 对于一次还本付息的长期借款，应于资产负债表日按长期借款的摊余成本和实际利率计算确定利息费用，可能借记的会计科目是（　　）。

A. 在建工程　　　B. 销售费用　　　C. 财务费用　　　D. 制造费用

5. 下列关于长期借款的表述中正确的是（　　）。

A. 长期借款应采用摊余成本进行后续计量

B. 资产负债表日，企业按照长期借款的摊余成本和实际利率计算确定的长期借款的利息费用，记入"在建工程""财务费用""制造费用"等科目

C. 长期借款期末按照公允价值计量

D. 实际利率与票面利率相等时，不存在利息调整项目

6. 对于企业发行的分期付息、到期一次还本的债券，以下说法正确的是（　　）。

A. 随着各期债券溢价的摊销，债券的摊余成本、利息费用应逐期减少

B. 随着各期债券溢价的摊销，债券的摊余成本减少、利息费用会逐期增加

C. 随着各期债券折价的摊销，债券的摊余成本、利息费用应逐期增加

D. 随着各期债券溢价的摊销，债券的溢价摊销额应逐期减少

7. 下列各项中，关于应付债券的表述正确的是（　　）。

A. 应付债券应按实际利率计算利息费用

B. 到期一次还本付息的债券每期确认的利息费用会增加债券的摊余成本

C. 满足资本化条件的利息费用应记入在建工程

D. 不满足资本化条件的利息费用应记入财务费用

8. 下列关于公司债券的论断表述正确的是（　　）。

A. 折价前提下，分次付息到期还本的债券摊余成本会越来越高

B. 溢价前提下，分次付息到期还本的债券摊余成本会越来越低

C. 到期一次还本付息的债券无论折价还是溢价其摊余成本都会越来越高

D. 发行债券时的溢价或折价应在"应付债券——利息调整"明细科目中反映

三、判断题

1. 或有负债无论涉及潜在义务还是现时义务，均不应在财务报表中确认，但应按相关规定在附注中披露。（　　）

2. 资产负债表日，有确凿证据表明预计负债账面价值不能真实反映当前最佳估计数的，企业应对其账面价值进行调整。（　　）

3. 折价发行的公司债券每期摊销利息调整会减少应付债券的摊余成本。（　　）

4. 无论是否按面值发行一般公司债券，均应该按照实际收到的金额记入"应付债券"科目的"面值"明细科目。（　　）

5. 在资产负债表日，企业应按长期借款的摊余成本和实际利率计算确定的长期借款的利息费用，借记"在建工程"等科目，贷方均应记入"长期借款—应计利息"科目。（　　）

6. 应付债券属于金融负债，它是企业向其他方交付现金或其他金融资产的合同义务的一项负债，属于以摊余成本计量的金融负债。（　　）

7. 长期借款是指企业从银行或其他金融机构借入的期限在一年及一年以上的借款。（　　）

8. 对于到期一次还本付息的债券，其应付未付的利息应单独核算，不影响债券账面价值。（　　）

四、综合业务题

1. 甲公司主要生产 A、B、C 三种家电产品，2018 年发生如下事项：

（1）2018 年 12 月 1 日，甲公司接到法院的通知，其联营企业在 3 年前的一笔借款到期，本息合计为 1 200 万元，因联营企业无力偿还，债权单位（贷款单位）已将本笔贷款的担保企业甲公司告上法庭，要求甲公司履行担保责任，代为清偿。甲公司经研究认为，目前联营企业的财务状况较差，甲公司有 85% 的可能性承担全部本息的偿还责任。

（2）2018 年 7 月 1 日，甲公司与乙公司签订一份不可撤销合同，合同约定：甲公司在 2018 年 12 月 1 日以每件 3 万元的价格向乙公司销售 10 件 A 产品，乙公司应预付定金 5 万元，若甲公司违约，双倍返还定金。2018 年 12 月 1 日，甲公司库存 A 产品 10 件，成本总额为 40 万元，按目前市场价格计算的市价总额为 38 万元，假定不考虑相关税费。

（3）2018 年 12 月 25 日，甲公司司机驾驶大货车在高速公路上追尾，致使被追尾车辆连同产品遭受重大损失，受害单位要求赔偿 20 万元。交警已明确责任，这次事故应由甲公司负全部责任，甲公司认为情况属实，是因为当时急需材料，强令司机日夜兼程，疲劳驾驶，引致重大交通事故。甲公司已同意将赔偿损失 20 万元，款项已于 12 月 31 日支付。

要求：

（1）判断资料（1）（2）（3）是否属于或有负债事项。

（2）根据上述资料，针对判断出来的或有负债事项业务，编制相应的会计分录。

2. 甲公司为建造一幢厂房于 2017 年 1 月 1 日专门借入长期借款本金 2 000 万元，期限为 2 年，实际收到借款 2 000 万元，款项已存入银行。借款利率按市场利率确定为 10%，到

期一次还本付息。2017 年年初，甲公司支付工程价款共计 1 200 万元；2018 年年初，又支付工程费用 800 万元。该厂房于 2018 年 6 月 30 日完工，达到预定可使用状态。假定不考虑闲置专门借款资金存款的利息收入或投资收益。

要求：

（1）编制甲公司 2017 年相关的账务处理。

（2）计算该幢厂房的入账价值。

3. 甲公司为筹集扩大生产经营规模所需资金，经批准于 2014 年 1 月 1 日以 108.905 万元的价格发行 5 年期、面值 100 万元、票面利率 6%、分期付息到期还本的公司债券，另发生债券发行费用 6 000 元。债券利息每年 1 月 1 日支付。假定债券发行时的市场利率为 4%，有关建设项目在收到债券发行资金开始建设，2014 年末达到预定可使用状态。

要求：编制甲公司 2014—2019 年相关的账务处理。

第七章 债务重组

学习目标

知识目标

熟悉债务重组的概念、界定及方式，掌握债务重组的会计处理。

能力目标

能对债务重组业务进行正确的会计处理。

素质目标

提高学生的会计职业素养及法律意识。

重点难点

重点：债务重组的会计处理。

难点：债务重组的会计处理。

案例导入

认识债务重组

甲、乙企业为一般纳税企业，增值税率为13%、消费税率为3%。2019年4月1日，甲企业因购买商品而欠乙企业购货款及税款合计200万元。由于甲企业财务发生困难，不能按照合同规定支付货款。2019年10月1日，双方经协商，甲企业以其生产的产品偿还债务，该产品的公允价格为110万元，成本为120万元，已计提存货跌价准备18万元。乙企业接受甲企业以产品偿还债务，并将该产品作为库存商品入库；乙企业对该项应收账款计提了11万元的坏账准备。

（资料来源：作者根据相关资料改写）

请分析：试判断该业务是否属于债务重组？为什么？其采用的债务重组方式是哪种？甲企业债务重组实现了多少收益？乙企业债务重组发生了多少损失？

债务重组是指在债务人发生财务困难的情况下，债权人按照其与债务人达成的协议或法院的裁定作出让步的事项。本章主要讲述持续经营条件下债权人作出让步的债务重组的会计处理。

第一节　债务重组的方式

债务人发生财务困难、债权人作出让步是会计准则中债务重组的基本特征。债务人发生财务困难是指因债务人出现资金周转困难、经营陷入困境或其他方面的原因，导致其无法或没有能力按原定条件偿还债务。债权人作出让步是指债权人同意发生财务困难的债务人现在或将来以低于重组债务账面价值的金额或价值偿还债务。债权人作出让步的情形主要包括债权人减免债务人部分债务本金或利息、降低债务人应付债务的利率等。债务重组的方式主要有以下几种：

（1）以资产清偿债务。以资产清偿债务是指债务人转让其资产给债权人以清偿债务的债务重组方式。债务人用于清偿债务的资产主要有现金、存货、金融资产、固定资产、无形资产等。此处的现金包括库存现金、银行存款和其他货币资金。

（2）将债务转为资本。将债务转为资本是指债务人将债务转为资本，同时债权人将债权转为股权的债务重组方式。其结果是，债务人因此而增加股本（或实收资本），如果债权人因此而增加长期股权投资等。但是，如果债务人根据转换协议，将应付可转换公司债券转为资本的，属于正常情况下的债务转为资本，则不能作为本章所指的债务重组。

（3）修改其他债务条件。修改其他债务条件是指修改不包括上述两种方式在内的其他债务条件进行债务重组的方式，如减少债务本金、降低利率、减少或免去债务利息、延长偿还期限等。

以上三种方式的组合，是指采用以上三种方式共同清偿债务的债务重组方式。例如，以转让资产清偿某项债务的一部分，另一部分债务则通过修改其他债务条例进行债务重组。

第二节　债务重组的会计处理

一、以资产清偿债务

（一）以现金清偿债务

以现金清偿债务的，债务人应当在满足金融负债终止确认条件时，

扫一扫 学一学

终止确认重组债务，并将重组债务的账面价值与实际支付现金之间的差额确认为债务重组利得，记入营业外收入。重组债务的账面价值，一般为债务的面值或本金，如应付账款；有利息的，还应加上应计未付利息，如长期借款等。

债权人应当在满足金融资产终止确认条件时，终止确认重组债权，并将重组债权的账面余额与收到的现金之间的差额确认为债务重组损失，记入营业外支出。如果债权人已对债权计提减值准备的，则应当先将该差额冲减减值准备，冲减后尚有余额的，记入营业外支出；

冲减后减值准备仍有余额的，应予转回并抵减当期信用减值损失。

【例 7-1】甲公司于 2019 年 4 月 15 日销售一批材料给乙公司，开具的增值税专用发票上的价款为 300 000 元，增值税税额为 39 000 元。按合同规定，乙公司应于 2019 年 7 月 15 日前偿付价款。由于乙公司发生财务困难，无法按合同规定的期限偿还债务，经双方协商，于 2019 年 10 月 1 日进行债务重组。债务重组协议规定，甲公司同意减免乙公司 50 000 元债务，余额用现金立即清偿。甲公司于 2019 年 10 月 8 日收到乙公司通过银行转账偿还的剩余款项。甲公司已为该项应收账款计提了 30 000 元坏账准备。试分别分析甲乙公司的账务处理。

【解析】

（1）甲公司的账务处理：

借：银行存款	289 000
坏账准备	30 000
营业外支出——债务重组损失	20 000
贷：应收账款——乙公司	339 000

（2）乙公司的账务处理：

借：应付账款——甲公司	339 000
贷：银行存款	289 000
营业外收入——债务重组利得	50 000

（二）以非现金资产清偿债务

1. 债务人的会计处理

以非现金资产清偿债务的，如以库存材料、商品产品、固定资产、无形资产、股票、债券等金融资产抵偿债务，债务人应当在满足金融负债终止确认条件时，终止确认重组债务，并将重组债务的账面价值与转让的非现金资产的公允价值之间的差额确认为债务重组利得，记入营业外收入。转让的非现金资产的公允价值与其账面价值的差额为资产转让损益，记入当期损益。非现金资产的账面价值，一般是指非现金资产的账面原价扣除累计折旧或累计摊销，以及资产减值准备后的金额。

债务人在转让非现金资产过程中发生的一些税费，如资产评估费、运杂费等，直接记入资产转让损益。

2. 债权人的会计处理

以非现金资产清偿债务的，债权人应当在满足金融资产终止确认条件时，终止确认重组债权，并将重组债权的账面余额与受让的非现金资产的公允价值之间的差额，记入当期损益。如果债权人已对债权计提减值准备的，则应当先将该差额冲减减值准备，冲减后尚有余额的记入营业外支出，冲减后减值准备仍有余额的，应予转回并抵减当期资产减值损失。

【例 7-2】甲公司向乙公司购买了一批货物，价款为 450 000 元（包括应收取的增值税税额），按照购销合同约定，甲公司应于 2019 年 6 月 5 日前支付该价款，但至 2019 年 6 月 30 日甲公司尚未支付。由于甲公司财务发生困难，短期内不能偿还债务，经双方协商，乙公司同意甲公司以其生产的产品偿还债务。该产品的公允价值为 360 000 元，实际成本为 315 000 元，适用的增值税率为 13%，乙公司于 2019 年 7 月 18 日收到甲公司抵债的产品，并作为商品入库；乙公司对该项应收账款计提了 10 000 元坏账准备。试分析甲乙公司的账务处理过程。

【解析】

（1）甲公司的账务处理：

借：应付账款——乙公司   450 000

　　贷：主营业务收入   360 000

　　　　应交税费——应交增值税（销项税额）   46 800

　　　　营业外收入——债务重组利得   43 200

同时，

借：主营业务成本   315 000

　　贷：库存商品   315 000

（2）乙公司的账务处理：

借：库存商品   360 000

　　应交税费——应交增值税（进项税额）   46 800

　　坏账准备   10 000

　　营业外支出——债务重组损失   33 200

　　贷：应收账款——甲公司   450 000

【例 7-3】2019 年 4 月 5 日，乙公司销售一批材料给甲公司，价款为 1 100 000 元（包括应收取的增值税税额），按购销合同约定，甲公司应于 2019 年 7 月 5 日前支付价款，但至 2019 年 7 月 30 日甲公司仍未支付。由于甲公司发生财务困难，短期内无法偿还债务。经过协商，乙公司同意甲公司用其一台机器设备抵偿债务。该项设备的账面原价为 1 200 000 元，累计折旧为 330 000 元，公允价值为 850 000 元。抵债设备已于 2019 年 8 月 10 日运抵乙公司，乙公司将其用于本企业产品的生产。试分析甲乙公司的账务处理过程。

【解析】

（1）甲公司的账务处理：

①将固定资产净值转入固定资产清理：

借：固定资产清理   870 000

　　累计折旧   330 000

　　贷：固定资产   1 200 000

②结转债务重组利得：

借：应付账款——乙公司   1 100 000

　　贷：固定资产清理   850 000

　　　　应交税费—应交增值税（销项税额）   110 500

　　　　营业外收入——债务重组利得   139 500

③结转转让固定资产损失：

借：资产处置损益   20 000

　　贷：固定资产清理   20 000

（2）乙公司的账务处理：

借：固定资产   850 000

　　应交税费——应交增值税（进项税额）   110 500

　　营业外支出——债务重组损失   139 500

　　贷：应收账款——甲公司   1 100 000

【例7-4】乙公司于2019年7月1日销售给甲公司一批产品，价款为500 000元（包括应收取的增值税销项税额），按购销合同约定，甲公司应于2019年9月1日前支付价款。至2019年9月20日，甲公司尚未支付。由于甲公司发生财务困难，短期内无法偿还债务。经过协商，乙公司同意甲公司以其所持有作为可供出售金融资产核算的某公司股票抵偿债务。该股票账面价值为440 000元，公允价值变动记入其他综合收益的金额为0，债务重组日的公允价值为450 000元。乙公司为该项应收账款提取了25 000元坏账准备。用于抵债的股票已于2019年9月25日办理了相关转让手续；乙公司将取得的股票作为可供出售金融资产核算。假定不考虑相关税费和其他因素。试分析甲乙公司的账务处理。

【解析】

（1）甲公司的账务处理：

借：应付账款——乙公司　　　　　　　　　　　　　　500 000

　　贷：可供出售金融资产——成本　　　　　　　　　　440 000

　　　　营业外收入——债务重组利得　　　　　　　　　50 000

　　　　投资收益　　　　　　　　　　　　　　　　　　10 000

（2）乙公司的账务处理：

借：可供出售金融资产——成本　　　　　　　　　　　450 000

　　坏账准备　　　　　　　　　　　　　　　　　　　25 000

　　营业外支出——债务重组损失　　　　　　　　　　25 000

　　贷：应收账款——甲公司　　　　　　　　　　　　　500 000

二、将债务转为资本

（1）债务人为股份有限公司时，应当在满足金融负债终止确认条件时，终止确认重组债务，并将债权人放弃债权而享有股份的面值总额确认为股本；股份的公允价值总额与股本之间的差额确认为股本溢价，记入资本公积。重组债务账面价值超过股份的公允价值总额的差额，作为债务重组利得，记入当期营业外收入。

（2）债务人为其他企业时，应当在满足金融负债终止确认条件时，终止确认重组债务，并将债权人放弃债权而享有的股权份额确认为实收资本；股权的公允价值与实收资本之间的差额确认为资本溢价记入资本公积。重组债务账面价值超过股权的公允价值的差额，作为债务重组利得记入当期营业外收入。

（3）债权人应当在满足金融资产终止确认条件时，终止确认重组债权，并将因放弃债权而享有股份的公允价值确认为对债务人的投资，重组债权的账面余额与股份的公允价值之间的差额确认为债务重组损失，记入当期营业外支出。如果债权人已对债权计提减值准备的，则应当先将该差额冲减减值准备，减值准备不足以冲减的部分，作为债务重组损失记入当期营业外支出。发生的相关税费，分别按照长期股权投资或金融工具确认计量的规定进行处理。

【例7-5】2018年4月3日，甲股份有限公司因购买材料而欠乙企业购货款及税款合计为500万元，由于甲公司发生财务困难，无法偿付应付账款，2018年7月2日经双方协商同意，甲公司以普通股偿还债务，假设普通股每股面值为1元，股票市价为每股2.5元，甲公司以120万股偿还该项债务，假定无相关税费。2018年12月31日办理完毕增资手续，乙企业对应收账款提取坏账准备10万元。假定乙企业将债权转为股权后，长期股权投资按照成本法核算。试分析甲乙公司的账务处理。

【解析】

（1）甲公司 2018 年 12 月 31 日账务处理：

借：应付账款——乙企业　　　　　　　　　　　　　　　　　5 000 000

　　贷：股本　　　　　　　　　　　　　　　　　　　　　　1 200 000

　　　　资本公积——股本溢价　　　　　　　　　　　　　　1 800 000

　　　　营业外收入——债务重组利得　　　　　　　　　　　2 000 000

（2）乙企业的账务处理：

借：长期股权投资　　　　　　　　　　　　　　　　　　　　3 000 000

　　坏账准备　　　　　　　　　　　　　　　　　　　　　　　100 000

　　营业外支出——债务重组损失　　　　　　　　　　　　　1 900 000

　　贷：应收账款——甲公司　　　　　　　　　　　　　　　5 000 000

三、 修改其他债务条件

（一）不涉及或有应付（或应收）金额的债务重组

或有应付（或应收）金额是指需要根据未来某种事项出现而发生的应付（或应收）金额，而且该未来事项的出现具有不确定性。

不涉及或有应付（或应收）金额的债务重组，债务人应将重组债务的账面价值减记至重组后债务的入账价值（公允价值），减记的金额作为债务重组利得，记入当期损益（营业外收入）。

债权人在重组日，应当将修改其他债务条件后的债权公允价值作为重组后债权的账面价值，重组债权的账面余额与重组后债权账面价值之间的差额确认为债务重组损失，记入当期损益。如果债权人已对该项债权计提了坏账准备，则应当首先冲减已计提的坏账准备，冲减坏账准备后，如果差额在借方，则记入营业外支出；如果差额在贷方，则贷记"资产减值损失"科目。

【例 7-6】2017 年 12 月 31 日，甲公司应付乙公司货款 106 万元到期，因发生财务困难，短期内无法支付。当日，甲公司与乙公司签订债务重组协议，约定减免甲公司债务 6 万元，即应付账款的公允价值为 100 万元，并延期两年支付，年利率为 5%（相当于实际利率），利息每年年末支付。乙公司已经计提坏账准备 1 万元。试分析甲乙公司的账务处理。

【解析】

（1）甲公司的账务处理：

①2017 年 12 月 31 日：

借：应付账款——乙公司　　　　　　　　　　　　　　　　1 060 000

　　贷：应付账款——债务重组——乙公司　　　　　　　　1 000 000

　　　　营业外收入——债务重组利得　　　　　　　　　　　 60 000

②2018 年 12 月 31 日：

借：财务费用　　　　　　　　　　　　　　　　　　　　　　 50 000

　　贷：银行存款　　　　　　　　　　　　　　　　　　　　 50 000

③2019 年 12 月 31 日：

借：应付账款——债务重组——乙公司　　　　　　　　　　　　　1 000 000

　　财务费用　　　　　　　　　　　　　　　　　　　　　　　　　50 000

　　贷：银行存款　　　　　　　　　　　　　　　　　　　　　　　　　　1 050 000

（2）乙公司的账务处理：

①2017 年 12 月 31 日：

借：应收账款——债务重组——甲公司　　　　　　　　　　　　　1 000 000

　　坏账准备　　　　　　　　　　　　　　　　　　　　　　　　　10 000

　　营业外支出——债务重组损失　　　　　　　　　　　　　　　　50 000

　　贷：应收账款——甲公司　　　　　　　　　　　　　　　　　　　　　1 060 000

②2018 年 12 月 31 日：

借：银行存款　　　　　　　　　　　　　　　　　　　　　　　　50 000

　　贷：财务费用　　　　　　　　　　　　　　　　　　　　　　　　　　50 000

③2019 年 12 月 31 日：

借：银行存款　　　　　　　　　　　　　　　　　　　　　　　　1 050 000

　　贷：应收账款——债务重组——甲公司　　　　　　　　　　　　　　　1 000 000

　　　　财务费用　　　　　　　　　　　　　　　　　　　　　　　　　　50 000

（二）涉及或有应付（或应收）金额的债务重组

涉及或有条件的债务重组，对于债务人而言，修改后的债务条款如涉及或有应付金额，且该或有应付金额符合或有事项中有关预计负债确认条件的，债务人应当将该或有应付金额确认为预计负债。重组债务的账面价值与重组后债务的入账价值和预计负债金额之和的差额，作为债务重组利得，记入营业外收入。如果或有应付金额在以后会计期间没有发生的，企业则应当冲销已确认的预计负债，同时确认营业外收入。

对于债权人而言，修改后的债务条款中涉及或有应收金额的，不应当确认或有应收金额，不得将其记入重组后债权的账面价值。根据谨慎性要求，或有应收金额属于或有资产，或有资产不予确认。只有在或有应收金额实际发生时，才记入当期损益。

四、 以上三种方式的组合方式

以上三种方式的组合方式，即通常所讲的混合（债务）重组，主要有以下几种组合形式：以现金、非现金资产方式进行组合；以现金、非现金资产、债务转为资本方式进行组合；以现金、非现金资产、债务转为资本、修改债务条件方式进行组合等。

债务重组是以现金清偿债务、非现金资产清偿债务、债务转为资本、修改其他债务条件等方式的组合进行的，债务人应当依次以支付的现金、转让的非现金资产公允价值、债权人享有股份的公允价值冲减重组债务的账面价值，再按照修改其他债务条件的债务重组会计处理规定进行处理。

债务重组采用以现金清偿债务、非现金资产清偿债务、债务转为资本、修改其他债务条件等方式的组合进行的，债权人应当依次以收到的现金、接受的非现金资产公允价值、债权人享有股份的公允价值冲减重组债权的账面余额，再按照修改其他债务条件的债务重组会计处理规定进行处理。

【例7-7】甲公司和乙公司均系增值税一般纳税人。2018年6月10日，甲公司按合同向乙公司赊销一批产品，价税合计3 480万元，信用期为6个月，2018年12月10日，乙公司因发生严重财务困难无法按约付款。2018年12月31日，甲公司对该笔应收账款计提了351万元的坏账准备。2019年4月1日，甲公司经与乙公司协商，通过以下方式进行债务重组，并办妥相关手续。

（1）乙公司以一栋办公楼作为固定资产核算的抵偿部分债务。2019年1月31日，该办公楼的公允价值为1 000万元，原价为2 000万元，已计提折旧1 200万元；甲公司将该办公楼作为固定资产核算。

（2）乙公司以一批产品抵偿部分债务。该批产品的公允价值为400万元，生产成本为300万元。乙公司向甲公司开具的增值税专用发票上注明的价款为400万元，增值税税额为52万元。甲公司将收到的该批产品作为库存商品核算。

（3）乙公司向甲公司定向发行每股面值为1元、公允价值为3元的200万股普通股股票抵偿部分债务。甲公司将收到乙公司股票作为可供出售金融资产核算。

（4）甲公司免去乙公司债务400万元，其余债务延期至2020年12月31日。

假定不考虑货币时间价值和其他因素。试分析甲乙公司的账务处理。

【解析】

（1）甲公司2019年4月1日债务重组的账务处理：

借：固定资产　　　　　　　　　　　　　　　　　　　　　　　　　10 000 000
　　库存商品　　　　　　　　　　　　　　　　　　　　　　　　　 4 000 000
　　应交税费——应交增值税（进项税额）　　　　　　　　　　　　　 520 000
　　可供出售金融资产　　　　　　　　　　　　　　　　　　　　　 6 000 000
　　坏账准备　　　　　　　　　　　　　　　　　　　　　　　　　 3 510 000
　　应收账款——债务重组——乙公司　　　　　　　　　　　　　　10 280 000
　　营业外支出——债务重组损失　　　　　　　　　　　　　　　　　 490 000
　　贷：应收账款——乙公司　　　　　　　　　　　　　　　　　　34 800 000

（2）乙公司2019年4月1日债务重组的账务处理：

借：固定资产清理　　　　　　　　　　　　　　　　　　　　　　　 8 000 000
　　累计折旧　　　　　　　　　　　　　　　　　　　　　　　　　12 000 000
　　贷：固定资产　　　　　　　　　　　　　　　　　　　　　　　20 000 000
借：应付账款——甲公司　　　　　　　　　　　　　　　　　　　　34 800 000
　　贷：固定资产清理　　　　　　　　　　　　　　　　　　　　　 8 000 000
　　　　资产处置损益　　　　　　　　　　　　　　　　　　　　　 2 000 000
　　　　主营业务收入　　　　　　　　　　　　　　　　　　　　　 4 000 000
　　　　应交税费——应交增值税（销项税额）　　　　　　　　　　　 520 000
　　　　股本　　　　　　　　　　　　　　　　　　　　　　　　　 2 000 000
　　　　资本公积——股本溢价　　　　　　　　　　　　　　　　　　 4 000 000
　　　　应付账款——债务重组—甲公司　　　　　　　　　　　　　　10 280 000
　　　　营业外收入——债务重组利得　　　　　　　　　　　　　　　 4 000 000
借：主营业务成本　　　　　　　　　　　　　　　　　　　　　　　 3 000 000
　　贷：库存商品　　　　　　　　　　　　　　　　　　　　　　　 3 000 000

综合练习题

一、单项选择题

1. 在债务人发生财务困难的情况下，下列属于债务重组的是（　　）。

    A. 债务人破产清算时发生的债务重组

    B. 修改债务条件，如减少债务本金和债务利息

    C. 债务人借新债偿旧债

    D. 债务人改组，债权人将债权转为对债务人的股权投资

2. 在债务人发生财务困难的前提下，下列选项中不属于债务重组的是（　　）。

    A. 债权人减免部分债务，并将剩余债务的还款期推迟两年

    B. 债务人以公允价值 80 万元的交易性金融资产偿还账面余额为 100 万元的债务

    C. 债务人以公允价值 120 万元的厂房偿还账面余额为 120 万元的债务

    D. 债权人要求债务人用其一项公允价值为 105 万元的无形资产（符合免征增值税的条件）偿还账面余额为 130 万元的债务

3. 甲公司和乙公司均为增值税一般纳税人，销售商品适用的增值税税率均为 13%。因甲公司发生财务困难，甲公司就其所欠乙公司的 500 万元的货款（含增值税）与乙公司进行债务重组。根据债务重组协议，甲公司以银行存款 400 万元清偿。在进行债务重组之前，乙公司已经就该项债权计提了 80 万元的坏账准备。假定不考虑其他因素，甲公司在债务重组日应确认债务重组利得（　　）万元。

    A. 0　　　　　　　B. 80　　　　　　　C. 20　　　　　　　D. 100

4. 关于以资产清偿债务，下列说法中错误的是（　　）。

    A. 债务人用固定资产抵债时，债权人应将债务人发生的固定资产清理费用记入抵债资产的入账价值

    B. 债权人收到的抵债资产，应按照资产的公允价值入账

    C. 债权人收到抵债资产时，发生的与该资产相关的直接费用按照取得相关资产的原则处理

    D. 债务人以现金清偿债务的，债权人应将重组债务的账面余额与实际收到现金之间的差额确认为债务重组损失；如果债权人已对该项债权计提减值准备，应先将该差额冲减减值准备后，冲减后尚有余额的记入营业外支出，冲减后减值准备仍有余额的，应予转回并抵减当期信用减值损失

5. 甲公司和乙公司均为增值税一般纳税人，销售商品适用的增值税税率为 13%。甲公司销售给乙公司一批库存商品，形成应收账款 1 200 万元，款项尚未收到。到期时乙公司无法按合同规定偿还债务，经双方协商，甲公司同意乙公司用存货抵偿该项债务，该批存货公允价值为 1 000 万元（不含增值税），增值税税额为 130 万元，成本为 600 万元（未计提存货跌价准备），假设重组日甲公司该应收账款已计提了 200 万元的坏账准备。不考虑其他因素的影响，则该项债务重组对乙公司的利润总额的影响为（　　）万元。

    A. 400　　　　　　　B. 600　　　　　　　C. 200　　　　　　　D. 470

6. 关于债务重组，下列会计处理中不正确的是（　　）。

A. 债务人应确认债务重组利得

B. 债权人未对债权计提减值的情况下，应确认债务重组损失

C. 用非现金资产清偿债务时，债务人应将应付债务账面价值大于非现金资产账面价值的差额记入营业外收入

D. 将债务转为资本时，债务人应将应付债务账面价值大于股权公允价值的差额记入营业外收入

7. 在债务重组中，债权人收到债务人用以抵债的非现金资产，不考虑其他因素，则该抵债资产的入账价值是（　　）。

A. 该抵债资产在债务人账上的账面价值

B. 该抵债资产在债务人账上的成本

C. 该抵债资产的公允价值

D. 该抵债资产在债务人账上的账面余额

8. 以修改其他债务条件进行债务重组的，如债务重组协议中附有或有收益的，债权人应将其或有收益（　　）。

A. 在债务重组时记入当期损益

B. 在债务重组时记入重组后债权的入账价值

C. 在债务重组时不记入重组后债权的入账价值，实际收到时冲减营业外支出

D. 在债务重组时不记入重组后债权的入账价值，实际收到时记入资本公积

二、多项选择题

1. 2018年12月31日，甲公司应付乙公司的款项520万元到期，因经营陷于困境，预计短期内无法偿还。当日，甲公司就该债务与乙公司达成的下列偿债协议中属于债务重组有（　　）。

A. 甲公司以公允价值为510万元的固定资产清偿

B. 甲公司以公允价值为520万元的长期股权投资清偿

C. 减免甲公司120万元债务，剩余部分甲公司延期两年偿还

D. 减免甲公司120万元债务，剩余部分甲公司现金偿还

2. 2019年4月15日，甲公司就乙公司所欠货款550万元与其签订债务重组协议，同意减免其债务200万元，剩余债务立即用现金清偿。当日，甲公司收到乙公司偿还的350万元存入银行。此前，甲公司已为该项应收账款计提了230万元坏账准备，下列关于甲公司债务重组业务的会计处理表述中正确的是（　　）。

A. 减少信用减值损失30万元

B. 增加营业外收入30万元

C. 冲减坏账准备230万元

D. 减少应收账款账面余额550万元

3. 2018年12月1日，甲公司因财务困难与乙公司签订债务重组协议。双方约定，甲公司以其拥有的一项无形资产抵偿所欠乙公司163.8万元货款，该项无形资产的公允价值为90万元，取得成本为120万元，已累计摊销10万元，相关手续已于当日办妥。不考虑增值税等相关税费及其他因素，下列关于甲公司会计处理的表述中，正确的有（　　）。

A. 确认债务重组利得53.8万元

B. 减少应付账款163.8万元

C. 确认无形资产处置损失20万元

D. 减少无形资产账面余额120万元

4. 在混合重组方式下，下列会计处理正确的是（　　　）。
  A. 债权人依次以收到的现金、接受的非现金资产原账面价值、债权人享有股份的面值冲减重组债权的账面余额
  B. 债权人依次以收到的现金、接受的非现金资产公允价值、债权人享有股份的公允价值冲减重组债权的账面价值
  C. 债务人依次以支付的现金、转让的非现金资产原账面价值、债权人享有股份的面值冲减重组债务的账面价值
  D. 债务人依次以支付的现金、转让的非现金资产公允价值、债权人享有股份的公允价值冲减重组债务的账面价值

5. 关于以非现金资产清偿债务下列说法中错误的是（　　　）。
  A. 债务人以非现金资产清偿债务的，债务人应当将重组债务的账面价值与转让的非现金资产公允价值之间的差额确认为资本公积，记入所有者权益
  B. 债务人以非现金资产清偿债务的，债务人应当将重组债务的账面价值与转让的非现金资产公允价值之间的差额确认为营业外支出，记入当期损益
  C. 债务人以非现金资产清偿债务的，债务人应当将重组债务的账面价值与转让的非现金资产公允价值之间的差额记入当期损益
  D. 债务人应将转让的非现金资产公允价值与其账面价值之间的差额记入当期损益

6. 关于债务重组中以非现金资产方式清偿债务，下列会计处理中不正确的是（　　　）。
  A. 以非现金资产清偿债务的，债务人在进行会计处理时，视同处置非现金资产
  B. 以固定资产清偿债务的，债务人应将固定资产公允价值与账面价值之间的差额记入债务重组利得
  C. 以存货清偿债务的，债务人应将存货公允价值与账面价值之间的差额确认为处置资产利得
  D. 以交易性金融资产清偿债务的，债务人应将交易性金融资产公允价值与账面价值之间的差额，记入营业外收入或营业外支出

7. 2019 年 3 月 8 日，甲公司因无力偿还乙公司的 2 000 万元货款，经双方协定进行债务重组。按债务重组协议规定，甲公司用自身普通股股票 800 万股偿还债务，乙公司将取得的股票作为可供出售金融资产进行核算。股票每股面值 1 元，该股份的公允价值为 1 800 万元（不考虑相关税费）。乙公司对该应收账款计提了 100 万元的坏账准备。甲公司于 2019 年 4 月 1 日办妥了增资批准手续。关于该项债务重组，下列表述中正确的是（　　　）。
  A. 债务重组日为 2019 年 4 月 1 日
  B. 乙公司因放弃债权而享有股权的入账价值为 1 800 万元
  C. 甲公司应确认债务重组利得为 200 万元
  D. 乙公司应确认债务重组损失为 200 万元

8. 关于以债务转增资本方式进行的债务重组，下列说法中不正确的是（　　　）。
  A. 债务人为股份有限公司时，应当在满足金融负债终止确认条件时，终止确认重组债务，并将债权人放弃债权而享有股份的面值总额确认为股本
  B. 债务人为股份有限公司时，应当在满足金融负债终止确认条件时，终止确认重组债务，并将债权人放弃债权而享有股份的公允价值确认为股本

C. 债务人为股份有限公司时，应将所转换股份的公允价值与股本之间的差额记入资本公积——其他资本公积

D. 债权人已对债权计提减值准备的，应当先将重组债务账面余额低于股份或资本公允价值的差额冲减减值准备，冲减后尚有余额的，记入营业外支出（债务重组损失）；冲减后减值准备仍有余额的，应予转回并抵减当期资产减值损失

三、判断题

1. 企业根据转换协议将其发行的可转换公司债券转为资本的，应作为债务重组进行会计处理。（　）

2. 债务重组是指在债务人发生财务困难的情况下，债权人按照其与债务人达成的协议或法院的裁定作出让步的事项。在债务重组中，债权人一定会确认"营业外支出——债务重组损失"。（　）

3. 企业以低于应付债务账面价值的现金清偿债务的，支付的现金低于应付债务账面价值的差额，应当记入营业外收入。（　）

4. 对债权人来说，如果债务重组涉及或有应收金额的，那么在基本确定可以收到该或有应收金额时将其确认为其他应收款。（　）

5. 对于增值税一般纳税人，如果债务人以库存商品作为抵债资产的，应付债务的账面价值与该库存商品的公允价值之间的差额记入债务重组利得。（　）

6. 减少债务本金、降低利率、免去应付未付的利息、延长偿还期限并减少债务的账面价值等重组方式属于修改其他债务条件的债务重组方式。（　）

7. 债务重组中以现金清偿债务的，债权人应当将重组债权的账面余额与收到的现金之间的差额记入营业外支出。（　）

8. 对于附或有应付条件的债务重组，债务重组利得为重组债务的账面价值与重组后债务的入账价值之间的差额，这部分利得应记入当期损益（营业外收入）。（　）

四、综合业务题

1. 甲公司和乙公司均为增值税一般纳税人，销售商品适用的增值税税率均为13%，销售固定资产（不动产）适用的增值税税率均为9%。2019年4月甲公司销售一批货物给乙公司（与甲公司属非关联方），价税合计500万元。至2019年5月乙公司因发生财务困难而无法偿还货款。2019年6月1日经双方商定进行债务重组，同意乙公司以一项公允价值为300万元的固定资产（不动产）及公允价值为100万元的自产产品偿还全部债务。至债务重组日甲公司已对该项债权计提了65万元的坏账准备，乙公司换出固定资产的账面余额为350万元，累计折旧80万元，未计提减值准备；自产产品成本为70万元（未计提存货跌价准备）。甲公司取得的固定资产作为管理用固定资产核算，取得的商品作为库存商品核算。假设不考虑其他相关税费。

要求：分别编制甲公司和乙公司的会计分录。

2.2019年2月10日，乙公司销售一批材料给甲公司，价款为200 000元（包括应收取的增值税税额），合同约定6个月后结清款项。6个月后，由于甲公司发生财务困难，无法支付该价款，双方经协商进行债务重组。后经双方协议，乙公司同意甲公司将该债务转为甲

公司的股份。乙公司对该项应收账款计提了 10 000 元坏账准备。转股后甲公司注册资本为 5 000 000 元，抵债股权占甲公司注册资本的 2%。债务重组日，抵债股权的公允价值为 152 000 元。2019 年 11 月 1 日，相关手续办理完毕。假定不考虑其他相关税费。

要求：分别编制甲公司和乙公司的会计分录。

3.2018 年 11 月 10 日，乙公司销售一批产品给甲公司，价款为 1 300 000 元（包括应收取的增值税税额）。至 2018 年 12 月 31 日，乙公司对该应收账款计提了 18 000 元坏账准备。由于甲公司发生财务困难，无法偿还债务，经双方协商进行债务重组。2019 年 4 月 1 日，甲公司与乙公司达成债务重组协议如下：

（1）甲公司以材料一批偿还部分债务。该批材料的账面价值为 280 000 元（未提取跌价准备），公允价值为 300 000 元，适用的增值税税率为 13%。假定材料同日送抵乙公司，甲公司开出增值税专用发票，乙公司将该批材料作为原材料验收入库。

（2）将 250 000 元的债务转为甲公司的股份，其中股份面值 50 000 元。假定股份转让手续同日办理完毕，乙公司将其作为长期股权投资核算。

（3）乙公司同意减免甲公司所负全部债务并扣除实物抵债和股权抵债后剩余债务的 40%，其余债务的偿还期延长至 2019 年 6 月 30 日。

要求：编制甲公司和乙公司上述业务的会计分录。

第八章 政府补助

学习目标

知识目标

了解政府补助的定义和分类，理解不同政府补助的内容及特征。

能力目标

掌握与资产相关的政府补助、与收益相关的政府补助、综合性项目政府补助、政府补助退回的会计处理方法。

素质目标

1. 提高学生诚实守信的法律意识。
2. 提高学生政府补助业务的会计核算职业技能。

重点难点

重点：与资产相关的政府补助、与收益相关的政府补助的核算。

难点：政府补助总额法和净额法的具体核算应用。

案例导入

企业从政府无偿取得的资金是否为政府补助

甲企业是一家生产和销售高效照明产品的企业。国家为了支持高效照明产品的推广使用，通过统一招标的形式确定中标企业、高效照明产品及中标协议供货价格。甲企业作为中标企业，需以中标协议供货价格减去财政补贴资金后的价格将高效照明产品销售给终端用户，并按照高效照明产品的实际安装数量、中标供货协议价格、补贴标准，申请财政补贴资金。2018 年，甲企业因销售高效照明产品获得财政补贴资金 4 000 000 元。

乙企业是一家生产和销售重型机械的企业。为推动科技创新，乙企业所在地政府于 2018 年 7 月向乙企业拨付了 4 000 000 元资金，要求乙企业将这笔资金用于技术改造项目研究，研究成果归乙企业所有。

（资料来源：作者根据相关资料改写）

　　请分析：甲企业和乙企业分别从政府无偿取得的 4 000 000 元资金是否属于政府补助的核算范畴？请说明原因。

第一节　政府补助概述

一、政府补助的定义及特征

　　政府向企业提供经济支持，以鼓励或扶持特定行业、地区或领域的发展，既是政府进行宏观调控的重要手段，也是国际上通行的做法。政府补助是指企业从政府无偿取得的货币性资产或非货币性资产，但并不是所有来源于政府的经济资源都属于《企业会计准则第 16 号——政府补助》（以下简称政府补助准则）规范的政府补助，除政府补助外，还可能是政府对企业的资本性投入或政府购买服务所支付的对价。所以，要根据交易或事项的实质对来源于政府的经济资源所归属的类型作出判断，再进行相应的会计处理。

　　政府补助的主要形式包括政府对企业的无偿拨款、税收返还、财政贴息，以及无偿给予非货币性资产等。

　　政府补助具有下列特征。

　　（1）政府补助是来源于政府的经济资源。政府主要是指行政事业单位及类似机构。对于企业收到的来源其他方的补助，有确凿证据表明政府是补助的实际拨付者，其他方只起到代收代付作用的，该项补助也属于来源于政府的经济资源。

　　（2）政府补助是无偿的。企业取得来源于政府的经济资源，不需要向政府交付商品或服务等对价。无偿性是政府补助的基本特征，这一特征将政府补助与政府作为企业所有者投入的资本、政府购买服务等政府与企业之间的互惠性交易区别开来。政府以投资者身份向企业投入资本，享有相应的所有权权益，政府与企业之间是投资者与被投资者的关系，属于互惠性交易，不适用政府补助准则。企业从政府取得的经济资源，如果与企业销售商品或提供劳务等活动密切相关，且是企业商品或服务的对价或是对价的组成部分，应当适用《企业会计准则第 14 号——收入》等相关会计准则。

二、政府补助的分类

　　根据政府补助准则规定，政府补助划分为与资产相关的政府补助和与收益相关的政府补助。这两类政府补助给企业带来经济利益或弥补相关成本或费用的形式不同，从而在具体会计处理上存在差别。

　　（1）与资产相关的政府补助。与资产相关的政府补助是指企业取得的、用于购建或以其他方式形成长期资产的政府补助。通常情况下，相关补助文件会要求企业将补助资金用于取得长期资产。长期资产将在较长的期间内给企业带来经济利益。因此相应的政府补助的受益期也较长。

（2）与收益相关的政府补助。与收益相关的政府补助是指除与资产相关的政府补助之外的政府补助。此类补助主要是用于补偿企业已发生或即将发生的相关成本费用或损失，受益期相对较短，通常在满足补助所附条件时记入当期损益或冲减相关成本。

第二节　政府补助的会计处理

一、会计处理方法

政府补助有两种会计处理方法，即总额法和净额法。总额法是在确认政府补助时将其全额确认为收益，而不是作为相关资产账面价值或费用的扣减。净额法是将政府补助确认为对相关资产账面价值或所补偿费用的扣减。根据《企业会计准则——基本准则》的要求，同一企业不同时期发生的相同或相似的交易或事项，应当采用一致的会计政策，不得随意变更。确需变更的，应当在附注中说明。企业应根据经济业务的实质，判断某一类政府补助业务应当采用总额法还是净额法。通常情况下，对同类或类似政府补助业务只能选用一种方法，同时，企业对该业务应当一贯地运用该方法，不得随意变更。

与企业日常活动相关的政府补助，应当按照经济业务实质，记入其他收益或冲减相关成本费用。与企业日常活动无关的政府补助，记入营业外收支。通常情况下，若政府补助补偿的成本费用是营业利润之中的项目，或者该补助与日常销售等经营行为密切相关，如增值税即征即退等，则认为该政府补助与日常活动相关。企业选择总额法对与日常活动相关的政府补助进行会计处理的，应增设"其他收益"科目进行核算。"其他收益"科目是用来核算总额法下与日常活动相关的政府补助，以及其他与日常活动相关且应直接记入本科目的项目。对于总额法下与日常活动相关的政府补助，企业在实际收到或应收时，或者将先确认为"递延收益"的政府补助分摊记入损益时，借记"银行存款""其他应收款""递延收益"等科目，贷记"其他收益"科目。

二、与资产相关的政府补助

实务中，企业通常先收到补助资金，再按照政府要求将补助资金用于购建固定资产或无形资产等长期资产。企业在取得与资产相关的政府补助时，应当选择下列方法之一进行会计处理：一是总额法，即按照补助资金的金额借记"银行存款"等科目，贷记"递延收益"科目，然后在相关资产使用寿命内按合理、系统的方法分期记入损益。如果企业先收到补助资金，再购建长期资产，则应当在开始对相关资产计提折旧或摊销时开始将递延收益分期记入损益，如果企业先开始购建长期资产，再取得补助，则应当在相关资产的剩余使用寿命内按照合理、系统的方法将递延收益分期记入损益。企业对与资产相关的政府补助选择总额法后，为避免出现前后方法不一致的情况，结转递延收益时不得冲减相关成本费用，而是将递延收益分期转入其他收益或营业外收入，借记"递延收益"科目，贷记"其他收益"或"营业外收入"科目。相关资产在使用寿命结束时或结束前被处置（出售、报废等）且尚未分摊的递延收益余额，应当一次性转入资产处置，当期的损益，不再予以递延。二是净额法，按照补助资金的金额冲减相关资产的账面价值，企业按照扣减了政府补助后的资产价值对相关资产计提折旧或进行摊销。

实务中，存在政府无偿给予企业长期非货币性资产的情况，如无偿给予土地使用权、天然起源的天然林等。企业取得的政府补助为非货币性资产的，应当按照公允价值计量；公允价值不能可靠取得的，按照名义金额（1 元）计量。企业在收到非货币性资产的政府补助时，应当借记有关资产科目，贷记"递延收益"科目，并在相关资产使用寿命内按合理、系统的方法分期记入损益，借记"递延收益"科目，贷记"其他收益"或"营业外收入"科目。但是，对以名义金额计量的政府补助，在取得时记入当期损益。

【例 8-1】按照国家有关政策，企业购置环保设备可以申请补贴以补偿其环保支出。A 企业于 2019 年 1 月向政府有关部门提交了 2 100 000 元的补助申请，作为对其购置环保设备的补贴。2019 年 3 月 15 日，A 企业收到了政府补贴款 2 100 000 元。2019 年 4 月 20 日，A 企业购入不需安装的环保设备一台，实际成本为 4 800 000 元，使用寿命 10 年，采用直线法计提折旧（不考虑净残值）。2021 年 4 月，A 企业的这台设备发生毁损。假定不考虑相关税费等其他因素。试分析 A 公司的账务处理。

【解析】A 企业的账务处理如下：

方法一：A 企业选择总额法进行的会计处理：

（1）2019 年 3 月 15 日实际收到财政拨款，确认递延收益：

借：银行存款　　　　　　　　　　　　　　　　　　　　　　　　　2 100 000
　　贷：递延收益　　　　　　　　　　　　　　　　　　　　　　　　2 100 000

（2）2019 年 4 月 20 日购入设备：

借：固定资产　　　　　　　　　　　　　　　　　　　　　　　　　4 800 000
　　贷：银行存款　　　　　　　　　　　　　　　　　　　　　　　　4 800 000

（3）自 2019 年 5 月起每个资产负债表日（月末）计提折旧，同时分摊递延收益：

①计提折旧（假设该设备用于污染物排放测试，折旧费用记入制造费用）：

借：制造费用　　　　　　　　　　　　　　　　　　　　　　　　　　40 000
　　贷：累计折旧　　　　　　　　　　　　　　　　　　　　　　　　　40 000

②分摊递延收益（月末）：

借：递延收益　　　　　　　　　　　　　　　　　　　　　　　　　　17 500
　　贷：其他收益　　　　　　　　　　　　　　　　　　　　　　　　　17 500

（4）2021 年 4 月设备毁损，同时转销递延收益余额：

①设备毁损：

借：固定资产清理　　　　　　　　　　　　　　　　　　　　　　　　960 000
　　累计折旧　　　　　　　　　　　　　　　　　　　　　　　　　3 840 000
　　贷：固定资产　　　　　　　　　　　　　　　　　　　　　　　　4 800 000

借：营业外支出　　　　　　　　　　　　　　　　　　　　　　　　　960 000
　　贷：固定资产清理　　　　　　　　　　　　　　　　　　　　　　　960 000

②转销递延收益余额：

借：递延收益　　　　　　　　　　　　　　　　　420 000

　　贷：营业外收入　　　　　　　　　　　　　　　　　　　　420 000

方法二：A 企业选择净额法进行的会计的处理：

（1）2019 年 3 月 15 日实际收到财政拨款：

借：银行存款　　　　　　　　　　　　　　　　2 100 000

　　贷：递延收益　　　　　　　　　　　　　　　　　　　2 100 000

（2）2019 年 4 月 20 日购入设备：

借：固定资产　　　　　　　　　　　　　　　　4 800 000

　　贷：银行存款　　　　　　　　　　　　　　　　　　　4 800 000

借：递延收益　　　　　　　　　　　　　　　　2 100 000

　　贷：固定资产　　　　　　　　　　　　　　　　　　　2 100 000

（3）自 2019 年 5 月起每个资产负债表日（月末）计提折旧：

借：制造费用　　　　　　　　　　　　　　　　　 22 500

　　贷：累计折旧　　　　　　　　　　　　　　　　　　　　 22 500

（4）2021 年 4 月设备毁损：

借：固定资产清理　　　　　　　　　　　　　　　540 000

　　累计折旧　　　　　　　　　　　　　　　　 2 160 000

　　贷：固定资产　　　　　　　　　　　　　　　　　　　2 700 000

借：营业外支出　　　　　　　　　　　　　　　　540 000

　　贷：固定资产清理　　　　　　　　　　　　　　　　　　540 000

三、与收益相关的政府补助

对于与收益相关的政府补助，企业应当选择采用总额法或净额法进行会计处理。选择总额法的，应当记入其他收益或营业外收入。选择净额法的，应当冲减相关成本费用或营业外支出。

（1）与收益相关的政府补助如果用于补偿企业以后期间的相关成本费用或损失，企业应当将其确认为递延收益，并在确认相关费用或损失的期间，记入当期损益或冲减相关成本。

【例 8-2】B 企业于 2018 年 3 月 15 日与其所在地地方政府签订合作协议，根据协议约定，当地政府将向 B 企业提供 10 000 000 元的奖励资金，用于企业的人才激励和人才引进奖励，B 企业必须按年向当地政府报送详细的资金使用计划并按规定用途使用资金。B 企业于 2018 年 4 月 10 日收到 10 000 000 元补助资金，分别在 2018 年 12 月、2019 年 12 月、2020 年 12 月使用了 4 000 000 元、3 000 000 元和 3 000 000 元用于发放给总裁级高管年度奖金。假定不考虑相关税费等其他因素。试分析 B 公司的账务处理。

【解析】假定 B 企业采用净额法对此类补助进行会计处理，其账务处理如下：

（1）B 企业于 2018 年 4 月 10 日收到 10 000 000 元补助资金：

借：银行存款　　　　　　　　　　　　　　　 10 000 000

　　贷：递延收益　　　　　　　　　　　　　　　　　　10 000 000

（2）2018 年 12 月、2019 年 12 月、2020 年 12 月 B 企业将补助资金发放高管奖金，相应结转递延收益：

①2018 年 12 月：

借：递延收益   4 000 000

     贷：管理费用   4 000 000

②2019 年 12 月：

借：递延收益   3 000 000

     贷：管理费用   3 000 000

③2020 年 12 月：

借：递延收益   3 000 000

     贷：管理费用   3 000 000

如果本例中 B 企业选择按总额法对此类政府补助进行会计处理，则应当在确认相关管理费用的期间，借记"递延收益"科目，贷记"其他收益"科目。

（2）与收益相关的政府补助如果用于补偿企业已发生的相关成本费用或损失，企业应当将其直接计入当期损益或冲减相关成本费用。这类补助通常与企业已经发生的行为有关，是对企业已发生的成本费用或损失的补偿，或是对企业过去行为的奖励。

【例 8-3】C 企业销售其自主开发的动漫软件。按照国家有关规定，该企业的产品适用增值税即征即退政策，按 16％的税率征收增值税后，对其增值税实际税负超过 3％的部分，实行即征即退。C 企业于 2018 年 11 月进行纳税申报时，对归属于 10 月的增值税即征即退提交退税申请，经主管税务机关审核后的退税额为 100 000 元。试分析 C 公司的账务处理。

【解析】本例中，软件企业即征即退增值税与企业日常销售密切相关，属于与企业的日常活动相关的政府补助。C 企业于 2018 年 11 月申请退税并确定了增值税退税额，账务处理如下：

借：其他应收款   100 000

     贷：其他收益   100 000

【例 8-4】D 企业在 2018 年 11 月受重大自然灾害，并于 2018 年 12 月 20 日收到政府补助资金 1 500 000 元用于弥补其受自然灾害的损失。试分析 D 公司的账务处理。

【解析】2018 年 12 月 20 日，D 企业实际收到补助资金并选择总额法进行会计处理，其账务处理如下：

借：银行存款   1 500 000

     贷：营业外收入   1 500 000

四、 综合性项目政府补助的会计处理

对于同时包含与资产相关部分和与收益相关部分的政府补助，企业应当将其进行分解，区分不同部分并分别进行会计处理；难以区分的，企业应当将其整体归类为与收益相关的政府补助进行会计处理。

【例 8-5】2018 年 6 月 15 日，某市科技创新委员会与 E 企业签订了科技计划项目合同书，拟对 E 企业的新药临床研究项目提供研究补助资金。该项目总预算为 6 000 000 元，其中，市科技创新委员会资助 2 000 000 元，E 企业自筹 4 000 000 元。市科技创新委员会资助的 2 000 000 元用于补助设备费 600 000 元，材料费 150 000 元，测试化验加工费 950 000 元，

会议费 300 000 元，假定除设备税外的其他各项费用都属于研究支出。市科技创新委员会应当在合同签订之日起 30 日内将资金拨付给 E 企业。E 企业于 2018 年 7 月 10 日收到补助资金，在项目期内按照合同约定的用途使用了补助资金。E 企业于 2018 年 7 月 25 日按项目合同书的约定购置了相关设备，设备成本为 1 500 000 元，其中使用补助资金 600 000 元，使用年限为 10 年，采用直线法计提折旧（不考虑净残值）。假设不考虑相关税费等其他因素。试分析 E 公司的账务处理。

【解析】本例中，E 企业收到的政府补助是综合性项目政府补助，需要区分与资产相关的政府补助和与收益相关的政府补助并分别进行处理。假设 E 企业对收到的与资产相关的政府补助选择净额法进行会计处理。E 企业的账务处理如下：

（1）2018 年 7 月 10 日实际收到补贴资金：

借：银行存款		2 000 000
贷：递延收益		2 000 000

（2）2018 年 7 月 25 日购入设备：

借：固定资产		1 500 000
贷：银行存款		1 500 000
借：递延收益	600 000	
贷：固定资产		600 000

（3）自 2018 年 8 月起每个资产负债表日（月末）计提折旧，折旧费用记入研发支出：

借：研发支出		7 500
贷：累计折旧		7 500

（4）对其他与收益相关的政府补助，E 企业应当按照相关经济业务的实质确定是记入其他收益还是冲减相关成本费用，在企业按规定用途实际使用补助资金时记入损益，或者在实际使用的当期期末根据当期累计使用的金额记入损益，借记"递延收益"科目，贷记有关损益科目。

五、 政府补助退回的会计处理

已确认的政府补助需要退回的，应当在需要退回的当期分情况按照以下规定进行会计处理：①初始确认时冲减相关资产账面价值的，调整资产账面价值；②存在相关递延收益的，冲减相关递延收益账面余额，超出部分记入当期损益；③属于其他情况的，直接计入当期损益。此外，对于属于前期差错的政府补助退回，应当按照前期差错更正进行追溯调整。

【例 8-6】F 企业于 2018 年 11 月与某开发区政府签订合作协议，在开发区内投资设立生产基地。协议约定，开发区政府自协议签订之日起 6 个月内向 F 企业提供 3 000 000 元产业补贴资金用于奖励该企业在开发区内投资并开展的经营活动，F 企业自获得补贴起 5 年内注册地址不得迁离本区。如果 F 企业在此期限内提前迁离开发区，开发区政府允许 F 企业按照实际留在本区的时间保留部分补贴，并按剩余时间追回补贴资金。F 企业于 2019 年 1 月 3 日收到补贴资金。试分析 F 公司的账务处理。

【解析】假设 F 企业在实际收到补助资金时，客观情况表明 F 企业在未来 5 年内迁离开发区的可能性很小，F 企业在收到补助资金时应当计入"递延收益"科目。由于协议约定，如果 F 企业提前迁离开发区，开发区政府有权追回部分补助，说明企业每留在开发区内一年，就有权取得与这一年相关的补助，与这一年补助有关的不确定性基本消除，补贴收益得以实现。所以，F 企业应当将该补助在 5 年内平均摊销结转记入损益。本例中，开发区政府对 F 企业的补助是对该企业在开发区内投资并开展的经营活动的奖励，并不指定用于补偿特定的成本费用。F 企业的账务处理如下：

（1）2019 年 1 月 3 日，F 企业实际收到补助资金：

借：银行存款 3 000 000

贷：递延收益 3 000 000

（2）2019 年 12 月 31 日及以后年度，F 企业分期将递延收益结转入当期损益：

借：递延收益 600 000

贷：其他收益 600 000

假设 2021 年 1 月，F 企业因重大战略调整迁离开发区，开发区政府根据协议要求 F 企业退回补助 180 万元：

借：递延收益 1 800 000

贷：其他应付款 1 800 000

综合练习题

一、单项选择题

1. 下列各项关于政府补助的表述中，不正确的是（　　）。

A. 政府补助包括企业从政府无偿取得的货币性资产

B. 政府补助包括企业从政府无偿取得的非货币性资产

C. 政府采购属于政府补助

D. 政府为企业提供担保不属于政府补助

2. 下列各项中，不属于政府补助的是（　　）。

A. 财政拨款 　　　　　　　　　B. 即征即退方式返还的税款

C. 行政无偿划拨的土地使用权 　　D. 政府与企业间的债务豁免

3. 甲公司为境内上市公司，2018 年发生的有关交易或事项包括：①母公司免除甲公司债务 20 000 000 元。②持股比例 30% 的联营企业持有的可供出售金融资产当年公允价值增加 2 000 000 元。③收到税务部门返还的所得税税款 15 000 000 元。④收到政府对公司以前年度亏损补贴 8 000 000 元。甲公司采用总额法核算政府补助，2018 年对上述交易或事项会计处理正确的是（　　）。

A. 母公司免除 20 000 000 元债务确认为当期营业外收入

B. 收到政府亏损补贴 8 000 000 元确认为当期其他收益

C. 收到税务部门返还的所得税税款 15 000 000 元确认为资本公积

D. 应按持有联营企业比例确认当期投资收益 600 000 元

4. 2018 年 4 月，甲公司需购置一台环保设备，预计价款为 7 500 000 元，因资金不足，按相关规定向有关部门提出补助 3 150 000 元的申请。2018 年 5 月 1 日，政府批准了甲公司的申请并拨付甲公司 3 150 000 元财政拨款（同日到账）。2018 年 6 月 30 日，甲公司购入不需要的安装环保设备，实际成本为 7 200 000 元，使用寿命为 10 年，采用年限平均法计提折旧，预计净残值为 0。甲公司采用总额法核算政府补助，假定不考虑其他因素，上述业务对甲公司 2018 年利润总额的影响金额为（　　）元。

A. 157 500　　　　　B. −202 500　　　　　C. −360 000　　　　　D. 517 500

5. 甲公司于 2017 年 1 月 1 日收到政府拨付的 6 000 000 元款项，用于正在建造的新型设备，至 2017 年 12 月 31 日，新型设备建造完成，建造成本为 30 000 000 元，预计使用年限为 20 年，预计净残值为 0，采用双倍余额递减法计提折旧。甲公司采用净额法核算政府补助，则 2018 年 12 月 31 日固定资产账面价值为（　　）元。

A. 22 800 000　　　B. 28 500 000　　　C. 22 500 000　　　D. 30 000 000

6. 甲公司为境内上市公司，2018 年发生的有关交易或事项包括：①收到增值税出口退税 2 000 000 元。②收到控股股东现金捐赠 5 000 000 元。③收到税务部门先征后返的增值税税款 12 000 000 元。④收到财政部门发放的补偿前期研究阶段项目财政补助资金 16 000 000 元。假定甲公司政府补助采用总额法核算。甲公司 2018 年对上述交易或事项会计处理正确的是（　　）。

A. 收到的增值税出口退税 2 000 000 元确认为当期其他收益

B. 收到的研究项目财政补助资金 16 000 000 元冲减管理费用

C. 收到的先征后返的增值税 12 000 000 元确认为当期其他收益

D. 收到的控股股东现金捐赠 5 000 000 元确认为当期营业外收入

7. 企业采用总额法核算其政府补助。甲公司于 2018 年取得一项与资产相关的政府补助（货币性资产）。甲公司取得该政府补助时进行的下列处理正确的是（　　）。

A. 确认为其他收益　　　　　　　　　B. 冲减资产成本

C. 确认为递延收益　　　　　　　　　D. 确认为其他业务收入

8. 对于综合性项目的政府补助，下列说法正确的是（　　）。

A. 取得时全部确认为递延收益

B. 取得时全部记入其他收益

C. 需要将其区分为与收益相关的政府补助和与资产相关的政府补助

D. 难以区分为与收益相关的政府补助和与资产相关政府补助的，将政府补助归类为与资产相关的政府补助

二、多项选择题

1. 下列各项表述中，正确的（　　）。

A. 收到先征后返的增值税，属于政府补助

B. 收到先征后返的所得税，属于政府补助

C. 收到增值税出口退税，不属于政府补助

D. 收到行政无偿划拨的土地使用权，属于政府补助

2. 下列各项中，不属于与资产相关的政府补助的是（　　　）。

　　A. 企业收到的先征后返的增值税

　　B. 企业获得的债务豁免

　　C. 政府对企业用于建造固定资产的相关贷款给予的财政补贴

　　D. 政府拨付用于企业购买无形资产的财政拨款

3. 甲企业 2016 年 12 月申请某国家级研发补贴。申报书中的有关内容如下：本企业于 2016 年 1 月启动数字印刷技术开发项目，预计总投资 50 000 000 元，为期 3 年，已投入资金 26 000 000 元。项目还需新增投资 24 000 000 元（其中，购置固定资产 12 000 000 元、场地租赁费 2 000 000 元、人员费 8 000 000 元、市场营销费 2 000 000 元），计划自筹资金 8 000 000 元、申请财政拨款 16 000 000 元。2017 年 1 月 1 日，主管部门批准了甲企业的申报，签订的补贴协议规定：批准甲企业补贴申请，共补贴款项 16 000 000 元，分两次拨付。合同签订日拨付 7 000 000 元，结项验收时支付 9 000 000 元。甲企业 2019 年 1 月 1 日项目完工，通过验收，于当日实际收到拨付款 9 000 000 元。假定不考虑其他因素，下列说法中正确的是（　　　）。

　　A. 甲企业的该项政府补助作为与收益相关的政府补助

　　B. 甲企业应于 2017 年 1 月 1 日实际收到拨款时确认其他收益 7 000 000 元

　　C. 甲企业应于 2017 年 1 月 1 日实际收到拨款时确认递延收益 7 000 000 元

　　D. 甲企业应于 2019 年 1 月 1 日实际收到拨款时确认其他收益 9 000 000 元

4. 关于企业取得的政府补助总额法核算，下列表述不正确的是（　　　）。

　　A. 企业取得与资产相关的政府补助，应当确认为递延收益

　　B. 企业取得与资产相关的政府补助，应当冲减管理费用

　　C. 企业取得与收益相关的政府补助，应当确认为递延收益

　　D. 企业取得与收益相关的政府补助，应当记入当期损益

5. 2018 年 12 月，甲公司收到财政部门拨款 20 000 000 元，系对甲公司 2018 年执行国家计划内政策价差的补偿。甲公司 A 商品单位售价为 50 000 元/台，成本为 25 000 万元/台，但在纳入国家计划内政策体系后，甲公司对国家规定范围内的用户销售 A 商品的售价为 30 000 元/台，国家财政给予 20 000 元/台的补贴。2018 年甲公司共销售政策范围内 A 商品 1 000 台。假设不考虑相关税费的影响，下列关于甲公司上述业务会计处理的说法正确的是（　　　）。

　　A. 甲公司自财政部门取得的款项属于政府补助

　　B. 甲公司自财政部门取得的款项属于企业正常销售价款的一部分

　　C. 甲公司对该事项应确认的主营业务收入 50 000 000 元

　　D. 甲公司对该事项应确认的其他收益 20 000 000 元

6. 关于政府补助的确认与计量，下列说法中正确的是（　　　）。

　　A. 在总额法核算下，与资产相关的政府补助，从资产达到预定可使用状态时起，在资产使用寿命内分期平均记入各期损益

　　B. 递延收益只能用来核算与资产相关的政府补助

　　C. 与收益相关的政府补助用于补偿企业已发生的相关费用或损失的，满足政府补助所附条件的，取得时直接记入留存收益或冲减相关成本

D. 与收益相关的政府补助用于补偿企业后期的相关费用或损失的，满足政府补助所附条件的，取得时确认为递延收益，在确认相关费用的期间记入当期损益或冲减相关成本

7. 2018 年 1 月 1 日，甲企业需建造一条专用生产线，预计价款为 3 600 000 元，因资金不足，按相关规定向有关部门申请补助 2 000 000 元。2018 年 5 月 1 日，政府批准了甲企业的申请并拨付相关补助款项 2 000 000 元（同日到账）。2018 年 12 月 31 日，该生产线达到预定可使用状态（并于当日投入使用），甲企业建造该生产线共发生支出 3 500 000 元，预计使用寿命为 10 年，采用年限平均法计提折旧（无残值）。假定甲企业采用净额法核算政府补助，下列关于甲企业的会计处理中，表述不正确的是（   ）。

A. 甲企业应将取得的政府补助确认为资本公积

B. 甲企业应将取得的政府补助记入其他应付款，等到工程完工后冲减固定资产的成本

C. 甲企业应将取得的政府补助确认为递延收益，并在 2018 年工程完工形成固定资产时，冲减固定资产账面价值

D. 甲企业应将取得的政府补助先确认为递延收益，并在该生产线达到预定可使用状态时起，在其使用寿命内平均摊销记入其他收益

8. 某食品厂因研发获取政府补助支持的新产品，在 2018 年发生亏损 400 000 元，并于 2018 年 12 月 31 日收到政府拨付的补助款 1 000 000 元，其中 600 000 元是用于补贴下一年度的亏损。假定不考虑其他因素，下列各项关于该食品厂的相关会计处理正确的是（   ）。

A. 2018 年 12 月 31 日确认递延收益 600 000 元

B. 2018 年 12 月 31 日确认其他收益 400 000 元

C. 2018 年 12 月 31 日确认递延收益 1 000 000 元

D. 2018 年 12 月 31 日确认其他收益 1 000 000 元

三、判断题

1. 与收益相关的政府补助，用于补偿前期的费用或损失的，总额法核算下取得时确认为递延收益。（   ）

2. 企业取得以名义金额（1 元）计量的政府补助，在取得时记入递延收益。（   ）

3. 企业取得针对综合性项目的政府补助，需要将其分解为与资产相关的部分和与收益相关的部分，分别进行会计处理；难以区分的，将政府补助整体归类为与资产相关的政府补助。（   ）

4. 政府以投资者身份向企业投入的资本，不属于政府补助。（   ）

5. 与资产相关的政府补助（总额法），如果相关资产在使用寿命结束时或结束前被处置，尚未摊销的递延收益应当继续进行分摊直至摊销完毕。（   ）

6. 企业收到的先征后返的增值税属于与收益相关的政府补助。（   ）

7. 已确认的政府补助需要退回的，存在相关递延收益的，冲减相关递延收益账面余额，超出部分记入所有者权益。（   ）

8. 直接减征、免征、增加计税抵扣额、抵免部分税额的属于政府补助。（   ）

四、综合业务题

2018 年 3 月 10 日，新华公司收到 50 000 000 元的财政拨款，用于购买环保设备一台；政府规定若有结余，留归新华公司自行支配。2018 年 5 月 10 日，新华公司购入环保设备，以银行存款支付实际成本 48 800 000 元，同日采用出包方式委托甲公司开始安装。2018 年 6 月 30 日按合理估计的工程进度和合同规定向甲公司支付安装费 400 000 元，2018 年 9 月 30 日安装完毕，工程完工后，收到有关工程结算单据，实际安装费用为 1 200 000 元，新华公司补付安装费 800 000 元。同日环保设备交付使用，预计使用寿命为 10 年，预计净残值为 200 000 元，采用年限平均法计提折旧。假定不考虑相关税费及其他因素，新华公司采用总额法核算政府补助。

要求：

（1）编制 2018 年 3 月 10 日实际收到财政拨款的会计分录。

（2）编制 2018 年 5 月 10 日购入环保设备的会计分录。

（3）编制 2018 年 6 月 30 日按合理估计的工程进度和合同规定向甲公司支付安装费的会计分录。

（4）编制 2018 年 9 月 30 日安装完毕的会计分录。

（5）编制 2018 年、2019 年计提折旧的会计分录。

（6）编制 2018 年、2019 年分配递延收益的会计分录。

第九章　所得税

学习目标

知识目标

理解计税基础及暂时性差异的含义，理解所得税的概念、范围、确认条件，掌握资产和负债的计税基础、暂时性差异的计算方法，掌握递延所得税资产、递延所得税负债及所得税费用的会计核算方法。

能力目标

能正确地计算资产、负债的账面价值及计税基础；能对递延所得税资产、递延所得税负债及所得税费用进行正确的计算与账务处理。

素质目标

1. 提高学生依据税法调整应纳税所得额的会计职业素养。
2. 提高学生所得税业务会计核算的职业技能。

重点难点

重点：暂时性差异及递延所得税的计算方法。
难点：递延所得税的账务处理。

案例导入

三一重工的报表数据是否正确

三一重工股份有限公司是一家主要从事混凝土机械、挖掘机械、起重机械、路面机械及桩工机械的生产、销售与维修业务的股份有限公司，公司于 2003 年在上海证券交易所上市交易，股票代码为 00 175。根据三一重工股份有限公司对外报出 2018 年财务报告显示，公司适用的企业所得税税率为 25%，其个别财务报表的利润表数据列报利润总额为 2 455 927 000元，所得税费用为 295 448 000 元。

通过从三一重工财务报告获取的数据计算发现，用三一重工利润表所列示利润总额与所得税税率相乘计算出来的 2018 年应纳所得税税额为 613 981 750 元，而这个计算结果超过三一重工利润表实际列示所得税费用金额的两倍，着实相差甚远。

（资料来源：作者根据上市公司年报资料整理所得）

请分析：如此大的差异是财务核算出现错误造成的吗？若不是，是什么原因导致的呢？

第一节　计税基础与暂时性差异

一、所得税会计概述

会计和税收是经济领域中两个不同的分支，分别遵循不同的原则，规范不同的对象。会计遵循的企业会计准则，反映企业的财务状况、经营成果及现金流量变动；税收遵循的是税收法律、法规和规范性文件等，其目的是以课税调节经济。由此产生了会计和税收的差异，从而出现了所得税会计核算的问题。

（一）所得税会计的含义

所得税会计是研究处理会计收益和应税收益差异的会计理论和方法。《企业会计准则第 18 号——所得税》采用了资产负债表债务法核算所得税。

资产负债表债务法是从资产负债表出发，通过比对资产负债表上列示的资产、负债按照会计准则规定确定的账面价值与按照税法规定确定的计税基础，对两者之间的差异分析应纳税暂时性差异与可抵扣暂时性差异，确认相关的递延所得税负债与递延所得税资产，并在此基础上确定每一会计期间利润表中的所得税费用。从本质上来看，该方法中涉及两张资产负债表：一张是按照会计准则规定编制的资产负债表，有关资产、负债在该表上以其账面价值体现；另一张是假定按照税法规定进行核算编制的资产负债表，其中资产、负债列示的价值量为其计税基础，即税法的角度来看，企业持有的有关资产、负债的金额。

（二）所得税会计核算的一般程序

在采用资产负债表债务法核算所得税的情况下，企业一般应于每一资产负债表日进行所得税核算。发生特殊交易或事项时，如企业合并，在确认因交易或事项产生的资产、负债时即应确认相关的所得税影响。企业进行所得税核算时一般应遵循以下程序：

1. 确认资产和负债的账面价值

按照相关会计准则规定确定资产负债表中除递延所得税资产和递延所得税负债以外的其他资产和负债项目的账面价值。

2. 确认资产和负债的计税基础

按照会计准则中对于资产和负债计税基础的确定方法，以适用的税收法规为基础，确定资产负债表中有关资产、负债项目的计税基础。

3. 确认应纳税暂时性差异和可抵扣暂时性差异

比较资产、负债的账面价值与其计税基础，对于两者之间存在差异的，分析其性质，除准则中规定的特殊情况外，分别确认应纳税暂时性差异与可抵扣暂时性差异。

4. 确认递延所得税

分别确认应纳税暂时性差异与可抵扣暂时性差异乘以所得税税率，确定资产负债日递延所得税负债和递延所得税资产的应有金额，并与期初递延所得税负债和递延所得税资产的余额相比，确定当期应予进一步确认的递延所得税资产和递延所得税负债金额或应予转销的金额，作为利润表中所得税费用中的递延所得税费用（或收益）。

5. 确认当期所得税

就企业当期发生的交易或事项，按照适用的税法规定计算确定当期应纳税所得额，将应纳税所得额与适用的所得税税率计算的结果确认为当期应交所得税，作为利润表中应予以确认的所得税费用中的当期所得税部分。

6. 确认利润表中的所得税费用

利润表中的所得税费用包括当期所得税和递延所得税两个组成部分。企业在计算确定当期所得税和递延所得税后，两者之和（或之差），即为利润表中的所得税费用。

所得税会计的关键在于确定资产、负债的计税基础。资产、负债的计税基础，虽然是会计准则中的概念，但实质上与税收法规的规定密切关联。企业应当严格遵循税收法规中对于资产的税务处理及可税前扣除的费用等规定确定有关资产、负债的计税基础。

二、 资产的计税基础

资产的账面价值是依据会计准则对资产、负债进行确认和计量的金额，是指资产科目的账面余额减去备抵科目后的净额。如应收账款科目余额减去坏账准备科目后的净额，固定资产科目余额减去累计折旧、固定资产减值准备科目后的净额等为账面价值。

扫一扫 学一学

资产的计税基础是依据税法对资产、负债进行确认和计量的金额，是指在企业收回资产账面价值过程中，计算应纳税所得额时按照税法规定可以自应税经济利益中抵扣的金额，即某一项资产在未来期间计税时可以税前扣除的金额。从税收的角度考虑，资产的计税基础是假定企业按照税法规定进行核算所提供的资产负债表中资产的应有金额。

通常情况下，资产取得时其入账价值与计税基础是相同的，后续计量因会计准则规定与税法规定不同，可能造成账面价值与计税基础的差异，以下举例说明部分资产项目计税基础的确定。

（一）固定资产

企业以各种方式取得的固定资产，在初始确认时，其账面价值一般等于计税基础，不存在差异。在持有期间进行后续计量时，由于会计与税法就折旧方法、折旧年限，以及固定资产减值准备的提取等处理的不同，可能造成固定资产的账面价值与计税基础的差异。

$$固定资产账面价值＝实际成本－会计累计折旧－固定资产减值准备 \quad (9\text{-}1)$$
$$固定资产计税基础＝实际成本－税法累计折旧 \quad (9\text{-}2)$$

1. 折旧方法与折旧年限产生的差异

会计准则规定，企业可以根据固定资产经济利益的预期实现方式合理选择折旧方法，如可以按照年限平均法计提折旧，也可以按照双倍余额递减法、年数总和法等计提折旧，前提是有关的方法能够反映固定资产为企业带来经济利益的实现情况。税法一般会规定固定资产

的折旧方法，除某些按照规定可以加速折旧的情况外，对于固定资产按照直线法计提的折旧，可以税前扣除。另外税法一般规定每一类固定资产的折旧年限，而会计处理时按照会计准则规定是由企业按照固定资产能够为企业带来经济利益的期限估计确定的。因为折旧年限的不同，也会产生固定资产账面价值与计税基础之间的差异。

【例 9-1】甲公司于 2017 年 1 月 1 日开始计提折旧的某项固定资产，原价为 3 000 000 元，使用年限为 10 年，采用年限平均法计提折旧，预计净残值为 0。税法规定类似固定资产采用加速折旧法计提的折旧可以税前扣除，该企业在计税时采用双倍余额递减法计提折旧，预计净残值为 0。2018 年 12 月 31 日，企业估计该项固定资产的可收回金额为 2 200 000 元。试确认该固定资产 2018 年 12 月 31 日的账面价值及计税基础。

【解析】

2018 年 12 月 31 日，该项固定资产的账面价值＝3 000 000－300 000×2－200 000＝2 200 000（元）

计税基础＝3 000 000－3 000 000×20％－2 400 000×20％＝1 920 000（元）

该项固定资产账面价值 2 200 000 元大于计税基础 1 920 000 元，差额 280 000 元代表着将记入未来期间企业应纳税所得额的金额，产生未来期间应交所得税的增加，形成应纳税暂时性差异。

2. 因计提固定资产减值准备产生的差异

持有固定资产的期间内，在对固定资产计提了减值准备以后，因所计提的减值准备在计提当期不允许税前扣除，也会造成固定资产的账面价值与计税基础的差异。

【例 9-2】甲公司于 2015 年 12 月 20 日取得某设备，成本为 16 000 000 元，预计使用年限为 10 年，预计净残值为 0，采用年限平均法计提折旧。2018 年 12 月 31 日，根据该设备生产产品的市场占有情况，甲公司估计其可收回金额为 9 200 000 元。假定税法规定的折旧方法、折旧年限与会计准则相同，企业的资产在发生实质性损失时可予税前扣除。试确认该固定资产资产 2018 年 12 月 31 日的账面价值及计税基础。

【解析】

2018 年 12 月 31 日，甲公司该设备的账面价值＝16 000 000－1 600 000×3＝11 200 000（元），可收回金额为 9 200 000 元，应当计提 2 000 000 元固定资产减值准备，计提该减值准备后，固定资产的账面价值为 9 200 000 元。

该设备的计税基础＝16 000 000－1 600 000×3＝11 200 000（元）

资产的账面价值 9 200 000 元小于其计税基础 11 200 000 元，产生可抵扣暂时性差异。

（二）无形资产

除内部研究开发形成的无形资产以外，以其他方式取得的无形资产，初始确认时其入账价值与税法规定的成本之间一般不存在差异。无形资产的差异主要产生于内部研究开发而形成的无形资产，以及使用寿命不确定的无形资产。

（1）对于内部研究开发形成的无形资产，一般情况下初始确认时按照会计准则规定确定的成本与按照税法规定确定的计税成本之间一般不存在差异（均为开发过程中该资产符合资本化条件后至达到预定用途前发生的支出）。对于享受税收优惠的研究开发支出，在形成无形资产时，按照会计准则规定确定的成本为研究开发过程中符合资本化条件后至达到预定用途前发生的支出；如果税法规定按无形资产成本的 175％摊销，则其计税基础应在会记入账价值的基础上加计75％，因而产生账面价值与计税基础在初始确认时的差异。但是，如果该无形资产的确认不是产生于企业的合并交易，同时确认时既不影响会计利润，也不影响应纳税所得额，则按会计准则规定，不确认有关暂时性差异的所得税影响，即不确认相关的递延所得税。

【例9-3】甲企业2018年发生研究开发支出共计20 000 000元，其中研究阶段支出4 000 000元，开发阶段符合资本化条件前发生的支出为4 000 000元，符合资本化条件后至达到预定用途前发生的支出为12 000 000元。税法规定，企业的研究开发费未形成无形资产记入当期损益的，按照研究开发费用的75％加计扣除；形成无形资产的，按照无形资产成本的175％摊销。假定开发形成的无形资产在当期期末已达到预定用途（尚未开始摊销）。试确认该无形资产2018年12月31日的账面价值及计税基础。

【解析】

按照会计准则规定该企业发生的研究开发支出中，应予以费用化的金额为8 000 000元，形成无形资产的成本为12 000 000元，即无形资产的账面价值为12 000 000元。

按照税法规定，企业当期发生的20 000 000元研究开发支出中，可在当期税前扣除的金额为14 000 000元。所形成无形资产在未来期间可予税前扣除的金额为21 000 000元，其计税基础为21 000 000元。

该无形资产账面价值与其计税基础之间的9 000 000元差额，产生可抵扣暂时性差异，在未来期间会减少企业的应纳税所得额，但此可抵扣暂时性差异不确认递延所得税资产。

（2）无形资产后续计量时，会计与税法的差异主要来自两个方面：一是无形资产是否需要摊销；二是无形资产减值准备的提取。

会计准则规定应根据无形资产使用寿命情况，区分为使用寿命有限的无形资产和使用寿命不确定的无形资产。对于使用寿命不确定的无形资产，不要求摊销，且在会计期末进行减值测试。税法规定，企业取得无形资产的成本，应在一定期限内摊销，有关摊销额允许税前扣除。

在对无形资产计提简直准备的情况下，因所计提的减值准备不允许税前扣除，也造成其账面价值与计税基础的差异。

【例9-4】甲企业2018年1月4日以3 000 000元购入一项无形资产，因其使用寿命无法合理估计，会计上视为使用寿命不确定的无形资产，不予摊销；但税法规定按10年的使用期限摊销。2018年12月31日对该项无形资产进行减值测试表明其未发生减值。试确认该无形资产2018年12月31日的账面价值及计税基础。

【解析】

2018年12月31日其账面价值仍为3 000 000元，而计税基础为2 700 000元（3 000 000－3 000 000÷10）。产生的300 000元差额的应纳税暂时性差异，将记入未来期间企业的应纳税所得额。

（三）以公允价值计量且其变动记入当期损益的金融资产

根据《企业会计准则第22号——金融工具确认和计量》的规定，对于以公允价值计量且其变动记入当期损益的金融资产，其于某一会计期末的账面价值应为其公允价值，如果税法规定按照会计准则确认的公允价值变动损益在计税时不予考虑，即有关金融资产在某一会计期末的计税基础为其取得成本，会造成该类金融资产账面价值与计税基础之间的差异。

【例9-5】甲企业2018年7月3日支付6 000 000元取得了一项交易性金融资产，2018年12月31日市价为6 600 000元。试确认该交易性金融资产2018年12月31日的账面价值及计税基础。

【解析】

确定该交易性金融资产2018年12月31日的账面价值及计税基础时，根据会计准则规定，该项交易性金融资产年末的账面价值为6 600 000元，而根据税法规定，持有期间公允价值的变动不记入应纳税所得额，故其计税基础为6 000 000元。产生了的600 000元差额的应纳税暂时性差异，会增加未来期间的应纳税所得额。

(四) 其他资产

因会计准则规定与税收法规规定不同，企业持有的其他资产可能造成其账面价值与计税基础之间存在差异。

1. 计提了资产减值准备的其他资产

因所计提的减值准备在资产发生实质性损失前不允许税前扣除，即该项资产的计税基础不会随减值准备的提取发生变化，从而造成该项资产的账面价值与计税基础之间存在差异。

【例9-6】甲公司2018年12月31日应收账款余额为45 000 000元，该公司期末对应收账款计提了5 000 000元的坏账准备。税法规定，不符合国务院财政、税务主管部门规定的各项资产减值准备不允许税前扣除。假定该公司期初应收账款及坏账准备的余额均为0。试确认该应收账款2018年12月31日的账面价值及计税基础。

【解析】

该项应收账款在2018年资产负债表日的账面价值为40 000 000（45 000 000－5 000 000）元，因有关的坏账准备不允许税前扣除，其计税基础为45 000 000元，该计税基础与其账面价值之间产生5 000 000元可抵扣暂时性差异，在应收账款发生实质性损失时，会减少未来期间的应纳税所得额。

2. 投资性房地产

对于采用成本模式进行后续计量的投资性房地产，其账面价值与计税基础的确定与固定资产、无形资产相同；对于采用公允价值模式进行后续计量的投资性房地产，其计税基础的确定类似于固定资产或无形资产计税基础的确定。

【例9-7】甲公司的C建筑物于2016年12月30日投入使用并直接出租，成本为6 800 000元。甲公司对投资性房地产采用公允价值模式进行后续计量。2018年12月31日，已出租C建筑物累计公允价值变动收益为1 200 000元，其中本年度公允价值变动收益为500 000元。根据税法规定，已出租C建筑物以历史成本扣除按税法规定计提折旧后作为其计税基础，折旧年限为20年，净残值为0，自投入使用的次月起采用年限平均法计提折旧。试确认该投资性房地产2018年12月31日的账面价值及计税基础。

【解析】

2018年12月31日，该投资性房地产的账面价值为8 000 000元，计税基础为6 120 000元（6 800 000－6 800 000÷20×2）。该投资性房地产账面价值与其计税基础之间的差额为1 880 000元，记入未来期间的应纳税所得额，形成未来期间企业所得税税款流出的增加，为应纳税暂时性差异。

三、负债的计税基础

负债的计税基础是指负债的账面价值减去未来期间计算应纳税所得额时按照税法规定可予抵扣的金额，即假定企业按照税法规定进行核算，在其按照税法规定确定的资产负债表上有关负债的应有金额。其计算公式为：

负债的计税基础＝账面价值－未来期间按照税法规定可予税前扣除的金额　　　(9-3)

负债的确认与偿还一般不会影响企业未来期间的损益，也不会影响其未来期间的应纳税所得额。因此，未来期间计算应纳税所得额时按照税法规定可予抵扣的金额为 0，计税基础即为账面价值。例如，企业的短期借款、应付账款等。但是在某些情况下，负债的确认可能会影响企业的损益，进而影响不同期间的应纳税所得额，使其计税基础与账面价值之间产生差额，如按照会计规定确认的某些预计负债。

(一) 预计负债

按照《企业会计准则第 13 号——或有事项》规定，企业应将预计提供售后服务发生的支出在销售当期确认为费用，同时确认预计负债。税法规定，与销售产品相关的支出应于发生时税前扣除。由于该类事项产生的预计负债在期末的计税基础为其账面价值与未来期间可予税前扣除的金额之间的差额。因此有关的支出实际发生时可全额税前扣除，其计税基础为 0。

因其他事项确认的预计负债，应按照税法规定的计税原则确定其计税基础。但在某些情况下，某些事项确认的预计负债，税法规定其支出无论是否实际发生均不允许税前扣除，即未来期间按照税法规定可予抵扣的金额为 0，则其账面价值与计税基础相同。

【例 9-8】甲企业 2018 年因销售产品承诺提供两年的保修服务，在当年度利润表中确认了 3 000 000 元的销售费用，同时确认为预计负债，当年度实际发生保修支出 400 000 元。假定按照税法规定，与产品销售服务相关的费用在实际发生时允许税前扣除。试确认该项预计负债 2018 年 12 月 31 日的账面价值及计税基础。

【解析】

该项负债的账面价值＝3 000 000－400 000＝2 600 000（元）

该项负债的计税基础＝2 600 000－2 600 000＝0（元）

当期产生的 2 600 000 元差异，在未来期间会减少企业的应纳税所得额。

【例 9-9】2018 年 11 月 9 日，甲公司因为乙公司银行借款提供担保，乙公司未如期偿还借款，而被银行提起诉讼，要求其履行担保责任；12 月 31 日，该案件尚未结案。甲公司预计很可能履行的担保责任为 7 000 000 元。假定税法规定，企业为其他单位债务提供担保发生的损失不允许在税前扣除。试确认该项预计负债 2018 年 12 月 31 日的账面价值及计税基础。

【解析】

2018 年 12 月 31 日，该项预计负债的账面价值为 7 000 000 元，计税基础为 7 000 000 元（7 000 000－0）。该项预计负债的账面价值等于计税基础，不产生暂时性差异。

(二) 合同负债

企业在收到客户预付的款项时，因不符合收入确认条件，会计上将其确认为负债。税法中对于收入的确认原则一般与会计规定相同，即会计上未确认收入时，计税时一般亦不记入应纳税所得额，该部分经济利益在未来期间计税时可予税前扣除的金额为 0，计税基础等于账面价值。

如果不符合会计准则规定的收入确认条件，但按照税法规定应记入当期应纳税所得额时，未来期间则无须纳税，有关合同负债的计税基础为 0。

【例 9-10】甲公司预收乙公司货款定金 500 000 元，根据税法规定该预收的定金不记入当期应纳税所得额。试确认该项合同负债 2018 年 12 月 31 日的账面价值及计税基础。

【解析】

该合同负债在 2018 年 12 月 31 日资产负债表中的账面价值为 500 000 元。该项合同负债在未来期间按照会计准则规定确认收入时再记入应纳税所得额，即其于未来期间计算应纳税所得额时不可予税前扣除，则计税基础＝500 000（账面价值）－0（未来期间计算应纳税所得额时按照税法规定可予抵扣的金额）＝500 000。账面价值等于计税基础，不产生暂时性差异。

【例 9-11】甲房地产企业于 2018 年预售收入为 100 000 000 元，因不符合收入确认条件，将其作为合同负债核算。假定按照适用税法规定，该预售收入应记入取得当期应纳税所得额计算缴纳所得税。试确认该项合同负债 2018 年 12 月 31 日的账面价值及计税基础。

【解析】

该合同负债在 2018 年 12 月 31 日资产负债表中的账面价值为 100 000 000 元。因为按照税法规定，该项合同负债应记入取得当期的应纳税所得额计算缴纳所得税，与该项负债相关的经济利益已在取得当期计算缴纳所得税，未来期间按照会计准则规定应确认收入时，不再记入应纳税所得额，即其于未来期间计算应纳税所得额时可予税前扣除的金额为 100 000 000 元，则计税基础＝100 000 000（账面价值）－100 000 000（未来期间计算应纳税所得额时按照税法规定可予抵扣的金额）＝0。产生的 100 000 000 元差额，会减少企业未来期间的应纳税所得额。

（三）应付职工薪酬

会计准则规定，企业为获得职工提供的服务给予的各种形式的报酬及其他相关支出均应作为企业的成本、费用，在未支付之前确认为负债。税法对于合理的职工薪酬基本允许税前扣除，但税法中如果规定了税前扣除标准的，按照会计准则规定记入成本费用的金额超过规定标准部分，应进行纳税调整。若超过部分在发生当期不允许税前扣除，在以后期间也不允许税前扣除，即该部分差额对未来期间计税不产生影响，所产生应付职工薪酬的账面价值等于计税基础。

【例 9-12】某国有企业当年计提"应付职工薪酬——工资薪金"为 6 000 000 元，当年国资委对其下发的工资指标为 5 500 000 元。根据税法规定国有企业应按国资委下发工资标准发放工资，超过发放标准的税前不得扣除。试确认该应付职工薪酬 2018 年 12 月 31 日的账面价值及计税基础。

【解析】

应付职工薪酬账面价值＝6 000 000（元）。超过税法规定扣除标准 500 000 元当期不允许税前扣除，在以后期间也不能扣除，则应付职工薪酬计税基础＝6 000 000－0＝6 000 000（元），账面价值等于计税基础，不存在暂时性差异。

（四）其他负债

一般而言，短期借款、应付票据、应付账款、其他应付款等负债的确认和偿还，不会对当期损益和应纳税所得额产生影响，其计税基础即为账面价值。

另外，企业应交的罚款和滞纳金等，在尚未支付之前应按照会计规定确认为费用，同时作为负债反映。税法规定，罚款和滞纳金不能税前扣除，即该部分费用无论是在发生当期还是以后期间均不允许税前扣除，其计税基础为账面价值减去未来期间计税时可予税前扣除的金额之间的差额，即计税基础等于账面价值，不形成暂时差异。

扫一扫 学一学

【例 9-13】 甲公司因未按照税法规定缴纳税金，按规定需在 2018 年缴纳滞纳金600 000元，至 2018 年 12 月 31 日，该款项尚未支付，形成其他应付款 600 000 元。税法规定，企业因违反国家法律、法规规定缴纳的罚款、滞纳金不允许税前扣除。试确认该其他应付款2018 年 12 月 31 日的账面价值及计税基础。

【解析】

因应缴纳滞纳金而形成的其他应付款账面价值为 600 000 元，因税法规定该支出不允许税前扣除，其计税基础＝600 000－0＝600 000（元）。对于罚款和滞纳金的支出，会计与税收规定存在差异，但该差异仅影响发生的当期，对未来期间计税不产生影响，因而不产生暂时性差异，属于永久性差异。

五、暂时性差异

暂时性差异是指资产、负债的账面价值与其计税基础不同产生的差额。其中，账面价值是指按照会计准则规定确定的有关资产、负债在资产负债表中应列示的金额。由于资产、负债的账面价值与其计税基础不同，在未来收回资产或清偿负债的期间内，产生了应纳税所得额增加或减少，并导致未来期间应交所得税增加或减少的情况，在这些暂时性差异发生的当期，一般应当确认相应的递延所得税负债或递延所得税资产。

根据暂时性差异对未来期间应纳税所得额影响的不同，分为应纳税暂时性差异和可抵扣暂时性差异。

（一）应纳税暂时性差异

应纳税暂时性差异是指在确定未来收回资产或清偿负债期间的应纳税所得额时，将导致产生应税金额的暂时性差异，即在未来期间不考虑该事项影响的应纳税所得额的基础上，由于该暂时性差异的转回，会进一步增加未来转回期间的应纳税所得额和应交所得税金额，在其产生当期应当确认相关的递延所得税负债。应纳税暂时性差异通常产生于以下两种情况：

1. 资产的账面价值大于其计税基础

资产的账面价值代表的是企业在持续使用或最终出售该项资产时将取得的经济利益流入的总额，而计税基础代表的是一项资产在未来期间可予税前扣除的总金额。资产的账面价值大于其计税基础，该项资产未来期间产生的经济利益不能全部税前抵扣，两者之间的差额需要调增应纳税所得额，并增加应交所得税，产生应纳税暂时性差异。

例如，一项成本价为 3 000 000 元的交易性金融资产在 2018 年 12 月 31 日公允价值为 2 600 000元，则该资产的账面价值为 3 000 000 元，计税基础为 2 600 000 元，两者之间的差额会造成未来期间应纳税所得额和应交所得税的增加，在其产生当期，应确认相关的递延所得税负债。

2. 负债的账面价值小于其计税基础

负债的账面价值为企业预计在未来期间清偿该项负债时的经济利益流出，而其计税基础代表的是账面价值在扣除税法规定未来期间允许税前扣除的金额之后的差额。负债的账面价值与其计税基础不同产生的暂时性差异，实质上是税法规定就该项负债在未来期间可以税前扣除的金额（与该项负债相关的费用支出在未来期间可予税前扣除的金额）。其计算公式如下：

$$负债产生的暂时性差异 = 账面价值 - 计税基础$$
$$= 账面价值 - （账面价值 - 未来期间计税时按照税法规定可予税前扣除的金额）$$
$$= 未来期间计税时按照税法规定可予税前扣除的金额 \quad (9\text{-}4)$$

负债的账面价值小于其计税基础，则意味着就该项负债在未来期间可以税前抵扣的金额为负数，即应在未来期间应纳税所得额的基础上调增，增加未来期间应纳税所得额和应交所得税的金额，产生应纳税暂时性差异，应确认相关的递延所得税负债。

（二）可抵扣暂时性差异

可抵扣暂时性差异是指在确定未来收回资产或清偿负债期间的应纳税所得额时，将导致产生可抵扣金额的暂时性差异。该差异在未来期间转回时会减少转回期间的应纳税所得额，减少未来期间的应交所得税。在可抵扣暂时性差异产生的当期，应确认相关的递延所得税资产。可抵扣暂时性差异通常产生于以下两种情况：

1. 资产的账面价值小于其计税基础

资产的账面价值小于其计税基础时意味着资产在未来期间产生的经济利益少于按照税法规定允许税前扣除的金额，两者之间的差额可以减少企业在未来期间应纳税所得额并减少应交所得税，符合有关条件时，应确认相关的递延所得税资产。

例如，某企业一项固定资产会计折旧年限、折旧方法及预计净残值与税法规定一致，2018年年年末企业对其进行减值测试，计提减值准备200 000元，该固定资产账面价值比计税基础少200 000元，则企业在未来期间就该项资产可以在其自身取得经济利益的基础上多扣除200 000元，未来期间的应纳税所得额会减少，应交所得税也会减少，形成可抵扣暂时性差异。

2. 负债的账面价值大于其计税基础

负债的账面价值大于其计税基础时负债产生的暂时性差异实质上是税法规定就该项负债可以在未来期间税前扣除的金额。这意味着未来期间按照税法规定与负债相关的全部或部分支出可以自未来应税经济利益中扣除，减少未来期间的应纳税所得额和应交所得税。符合有关确认条件时，应确认相关的递延所得税资产。

例如，企业对将发生的产品保修费用在销售当期确认预计负债2 000 000元，账面价值大于计税基础，形成可抵扣暂时性差异2 000 000元。企业确认预计负债2 000 000元的当期销售费用不允许税前扣除，但在以后期间有关费用实际发生时允许税前扣除，使得未来期间的应纳税所得额和应缴所得税减少，产生可抵扣暂时性差异。

（三）特殊项目产生的暂时性差异

1. 未作为资产、负债确认的项目产生的暂时性差异

某些交易或事项发生以后，因为不符合资产、负债条件而未体现为资产负债表中的资产或负债，但按照税法规定能够确定其计税基础的，其账面价值 0 与计税基础之间的差异也构成了暂时性差异。如企业发生的符合条件的广告费和业务宣传费支出，除另有规定外，不超过当年销售收入 15% 的部分，准予扣除；超过部分准予在以后年度结转扣除。该类费用在发生时按照会计准则规定即记入当期损益，不形成资产负债表中的资产，但按照税法规定可以确定其计税基础的，两者之间的差异也形成暂时性差异。

【例 9-14】甲公司 2018 年发生了 18 000 000 元广告费支出，发生时已作为销售费用记入当期损益。税法规定，该类支出不超过当年销售收入 15% 的部分允许当期税前扣除，超过部分允许向以后年度结转税前扣除。假定甲公司当年实现销售收入 100 000 000 元。试对该事项的会计与税收差异进行计算分析。

【解析】

该广告费支出按照会计准则规定在发生时已记入当期损益，不体现为期末资产负债表中的资产，如果将其视为资产，其账面价值为 0。按税法规定，当期可予税前扣除 100 000 000×15% = 15 000 000 元，其余 3 000 000 元可以向以后年度结转扣除，其计税基础为 3 000 000元。产生的 3 000 000 元差异，在未来期间可减少企业的应纳税所得额，为可抵扣暂时性差异。

2. 可抵扣亏损及税款抵减产生的暂时性差异

按照税法规定可以结转以后年度的未弥补亏损。由于能够减少未来期间的应纳税所得额和应交所得税，会计处理上视同可抵扣暂时性差异，符合条件情况下，应确认与其相关的递延所得税资产。

【例 9-15】甲公司于 2018 年因政策性原因发生经营亏损 9 000 000 元，按照税法规定，该亏损可用于抵减以后 5 个年度的应纳税所得额。该公司预计未来 5 年期间能够产生足够的应纳税所得额弥补该亏损。试对该事项的会计与税收差异进行计算分析。

【解析】

该经营亏损不是资产或负债的账面价值与其计税基础不同而产生的，但从性质上看可以减少未来期间的应纳税所得额和应交所得税，属于可抵扣暂时性差异。企业预计未来期间能够产生足够的应纳税所得额利用该可抵扣亏损时，应确认相关的递延所得税资产。

六、永久性差异

永久性差异是指某一会计期间，由于会计制度和税法在计算收益、费用或损失时的口径不同，产生税前会计利润与应纳税所得额之间的差异。这种差异在本期发生，不会在以后各期转回。永久性差异不会产生递延所得税资产或递延所得税负债，只会对当期的所得税造成影响。

永久性差异主要有超支的业务招待费，因违反法律、行政法规而交付的罚款、罚金、滞纳金，超支的工资及各项福利费，超标准的业务宣传费，超标准的利息，超过扣除范围的资产损失，超标准的社会保险，超标准的公益性捐赠、贿赂等非法支出，企业在纳税年度内应记入而未记入的扣除项目和免税收入等。例如，企业依照国家有关规定为特殊工种职工支付

的人身安全保险费和国务院财政、税务主管部门规定可以扣除的其他商业保险费外，企业为职工支付的商业保险费，不得扣除。这里不允许扣除的商业保险费形成永久性差异，只会影响当期所得税，不产生递延所得税。

第二节　递延所得税负债和递延所得税资产

一、 递延所得税负债的确认和计量

应纳税暂时性差异在转回期间将增加未来期间的应纳税所得额和应交所得税，导致企业经济利益的流出，从其发生当期看，构成了企业应支付税金的义务，应作为负债确认。递延所得税负债是指根据应纳税暂时性差异计算的未来期间应付的所得税金额。

(一) 确认递延所得税负债的原则

1. 确认递延所得税负债的一般原则

除企业会计准则中明确规定可不确认递延所得税负债的情况以外，企业对于所有的应纳税暂时性差异均应确认相关的递延所得税负债。除直接记入所有者权益的交易或事项及企业合并外，在确认递延所得税负债的同时，应增加利润表中的所得税费用。

2. 不确认递延所得税负债的特殊情况

有些情况下，虽然资产、负债的账面价值与其计税基础不同，产生了应纳税暂时性差异，但出于各方面考虑，企业会计准则中规定不确认相应的递延所得税负债，主要包括：

(1) 商誉的初始确认。非同一控制下吸收合并免税合并的情况，商誉的账面价值与计税基础之间产生的应纳税暂时性差异，不应确认递延所得税负债。

(2) 除企业合并以外的其他交易或事项中，如果该项交易或事项发生时既不影响会计利润，也不影响应纳税所得额，则所产生的资产、负债的初始确认金额与其计税基础不同，形成应纳税暂时性差异的，交易或事项发生时不确认相应的递延所得税负债。

(3) 与子公司、联营企业、合营企业投资等相关的应纳税暂时性差异，一般应确认相应的递延所得税负债，但同时满足以下两个条件的除外：

①投资企业能够控制暂时性差异转回的时间。

②该暂时性差异在可预见的未来很可能不会转回。

满足上述条件时，投资企业可以运用自身的影响力决定暂时性差异的转回，如果不希望其转回，则在可预见的未来该项暂时性差异不会转回，从而无须确认相应的递延所得税负债。

(4) 对采用权益法核算的长期股权投资，其计税基础与账面价值产生的有关暂时性差异是否应确认相关的所得税影响，应当考虑该项投资的持有意图：

①在准备长期持有的情况下，对于采用权益法核算的长期股权投资账面价值与计税基础之间的差异，投资企业一般不确认相关的所得税影响。

②在持有意图由长期持有转变为拟近期出售的情况下，因长期股权投资的账面价值与计税基础不同产生的有关暂时性差异，均应确认相关的所得税影响。

（二）递延所得税负债的计量

递延所得税负债应以相关应纳税暂时性差异转回期间适用的所得税税率计量。在我国，除享受优惠政策的情况以外，企业适用的所得税税率在不同年度之间一般不会发生变化，企业在确认递延所得税负债时，可以现行适用所得税税率为基础计算确定。对于享受优惠政策的企业，如国家需要重点扶持的高新技术企业，享受一定时期的税率优惠，则所产生的暂时性差异应以预计其转回期间的适用所得税税率为基础计量。另外，无论应纳税暂时性差异的转回期间如何，递延所得税负债不要求折现。

在初始确认时，递延所得税负债计算公式如下：

$$递延所得税负债＝应纳税暂时性差异×适用所得税税率 \qquad (9\text{-}5)$$

在以后确认时，以资产负债表日计算的递延所得税负债金额减去期初余额后的差额，作为“递延所得税负债”账户的入账金额。其计算公式如下：

$$递延所得税负债＝期末递延所得税负债－期初递延所得税负债 \qquad (9\text{-}6)$$

（三）递延所得税负债的会计核算

企业应该设置“递延所得税负债”科目，核算企业确认的应纳税暂时性差异产生的所得税负债。该科目为负债类科目，贷方登记递延所得税负债的增加额，借方登记当企业确认递延所得税负债的应纳税暂时性差异情况发生回转时转回的所得税影响额，以及税率变动或开征新税调整的递延所得税负债。期末贷方余额反映企业已确认的递延所得税负债。本科目可按应纳税暂时性差异的项目进行明细核算。

企业初次确认递延所得税负债时，以资产负债表日计算的递延所得税负债金额作为“递延所得税负债”账户的入账金额，借记“所得税费用”“其他综合收益”或“资本公积”等科目，贷记“递延所得税负债”科目；若以后要增加确认递延所得税负债（递延所得税负债的应有余额大于其账面价值）时，以资产负债表日计算的递延所得税负债金额减去期初余额后的差额，作为“递延所得税负债”账户的入账金额，则借记“所得税费用”“其他综合收益”或“资本公积”等科目，贷记“递延所得税负债”科目；若以后要转回递延所得税负债（递延所得税负债的应有余额小于其账面价值）时，则借记“递延所得税负债”科目，贷记“所得税费用”“其他综合收益”或“资本公积”等科目。

【例 9-16】甲公司于 2016 年 1 月 1 日开始计提折旧的某设备，取得成本为 10 000 000元，采用年限平均法计提折旧，使用年限为 10 年，预计净残值为 0。根据税法规定此类设备按 8 年计提折旧，折旧方法和预计净残值与会计相同。甲公司适用的所得税税率为 25%。假定该企业不存在其他会计与税收处理的差异，且递延所得税资产及递延所得税负债不存在期初余额。试分析甲公司对该事项的所得税相关的账务处理。

【解析】

2016 年 12 月 31 日该设备的账面价值、计税基础的计算及相关会计分录编制如下：

2016 年 12 月 31 日该设备的账面价值＝10 000 000－10 000 000÷10＝9 000 000（元）。

2018 年 12 月 31 日该设备的计税基础＝10 000 000－10 000 000÷8＝8 750 000（元）。

该该设备的账面价值大于其计税基础，形成应纳税暂时性差异＝9 000 000－8 750 000＝250 000（元），应确认递延所得税负债＝250 000×25%＝62 500（元）。

借：所得税费用   62 500
　　贷：递延所得税负债   62 500

【例 9-17】承【例 9-16】，试分析 2017 年 12 月 31 日及 2018 年 12 月 31 日该设备的账面价值、计税基础及相关的账务处理。

【解析】

（1）2017 年 12 月 31 日该设备的账面价值＝10 000 000－10 000 000÷10×2

　　　　　　　　　　　　　　　　　＝8 000 000（元）。

2017 年 12 月 31 日该设备的计税基础＝10 000 000－10 000 000÷8×2

　　　　　　　　　　　　　　　　　＝7 500 000（元）。

该设备的账面价值大于其计税基础，形成应纳税暂时性差异＝8 000 000－7 500 000＝500 000（元），应确认递延所得税负债＝500 000×25％－62 500＝62 500（元）。

借：所得税费用　　　　　　　　　　　　　　　　　　　　　　　　　　　　62 500

　　贷：递延所得税负债　　　　　　　　　　　　　　　　　　　　　　　　　　62 500

（2）2018 年 12 月 31 日该设备的账面价值＝10 000 000－10 000 000÷10×3

　　　　　　　　　　　　　　　　　＝7 000 000（元）。

2018 年 12 月 31 日该设备的计税基础＝10 000 000－10 000 000÷8×3

　　　　　　　　　　　　　　　　　＝6 250 000（元）。

该设备的账面价值大于其计税基础，形成应纳税暂时性差异＝7 000 000－6 250 000＝750 000（元），应确认递延所得税负债＝750 000×25％－62 500－62 500＝62 500（元）。

借：所得税费用　　　　　　　　　　　　　　　　　　　　　　　　　　　　62 500

　　贷：递延所得税负债　　　　　　　　　　　　　　　　　　　　　　　　　　62 500

二、递延所得税资产的确认和计量

可抵扣暂时性差异在转回期间将减少未来期间以应缴所得税的方式流出企业的经济利益。因此应在其产生时确认为资产。递延所得税资产是指根据可抵扣暂时性差异计算的减少未来期间应缴所得税的金额。

（一）确认递延所得税资产的原则

1. 确认递延所得税资产的一般原则

确认由可抵扣暂时性差异产生的递延所得税资产，应当以未来期间可能取得的用以可抵扣暂时性差异的应纳税所得额为限。如果在可抵扣暂时性差异转回的未来期间内，企业无法产生足够的应纳税所得额用以利用可抵扣暂时性差异的影响，使得与可抵扣暂时性差异相关的经济利益无法实现的，则不应确认递延所得税资产。企业有明确的证据表明其于可抵扣暂时性差异转回的未来期间能够产生足够的应纳税所得额，进而利用可抵扣暂时性差异的，则应以可能取得的应纳税所得额为限，确认相关的递延所得税资产。

在判断企业于可抵扣暂性差异转回的未来期间能否产生足够的应纳税所得额时，应考虑以下两个方面的影响：一是通过正常的生产经营活动能够实现的应纳税所得额，如企业通过销售商品、提供劳务等实现的收入，扣除相关费用后的金额；二是以前期间产生的应纳税暂时性差异在未来期间转回时将产生应纳税所得额的增加额。

假定某企业当年产生可抵扣暂时性差异 10 000 000 元，所得税税率为 25％，分为 3 种情况详细说明：

（1）未来 5 年将会产生足够的应纳税所得额。

当年应确认递延所得税资产＝10 000 000×25％（差异未来转回期间的税率）

＝2 500 000（元）

（2）未来5年产生的应纳税所得额为5 000 000元。

当年应确认递延所得税资产＝5 000 000×25％（未来差异转回期间的税率）

＝1 250 000（元）

（3）未来5年不会产生应纳税所得额当年不应确认递延所得税资产。

需要注意的是，考应虑到受可抵扣暂时性差异转回的期间内可能取得纳税所得额的限制，因无法取得足够的应纳税所得额而未确认相关的递延所得税资产的，应在财务报表附注中进行披露。

2. 不确认递延所得税资产的特殊情况

某些情况下，如果企业发生的某项交易或事项不是企业合并，并且交易发生时既不影响会计利润也不影响应纳税所得额，且该项交易中产生的资产、负债的初始确认金额与其计税基础不同，产生可抵扣暂时性差异的，会计准则规定在交易或事项发生时则不确认相关的递延所得税资产。其原因同该种情况下不确认相关的递延所得税负债相同，如果确认递延所得税资产，则需调整资产、负债的入账价值，而对实际成本进行调整将有违历史成本原则，影响会计信息的可靠性，该种情况下不确认相关的递延所得税资产。

【例9-18】甲公司2018年发生资本化研究开发支出6 000 000元，至年末研发项目尚未完成。税法规定，按照会计准则规定资本化的开发支出按其175％作为计算摊销额的基础。该会计与税收差异分析如下：

【解析】

甲公司按照会计准则规定资本化的开发支出为6 000 000元，其计税基础为10 500 000元（6 000 000×175％），该开发支出及所形成无形资产在初始确认时其账面价值与计税基础即存在差异，因该差异并非产生于企业合并，同时在产生时既不影响会计利润也不影响应纳税所得额，按照《企业会计准则第18号——所得税》规定，不确认与该暂时性差异相关的所得税影响。

（二）递延所得税资产的计量

1. 适用税率的确定

同递延所得税负债的计量原则相一致，确认递延所得税资产时，应估计相关可抵扣暂时性差异的转回时间，采用转回期间适用的所得税税率为基础计算确定。另外，无论相关的可抵扣暂时性差异转回期间如何，递延所得税资产均不予折现。

2. 递延所得税资产的减值

（1）与其他资产相一致，资产负债表日，企业应当对递延所得税资产的账面价值进行复核。如果未来期间很可能无法取得足够的应纳税所得额用以利用递延所得税资产的利益，应当减记递延所得税资产的账面价值。对于预期无法实现的部分，一般应确认为当期所得税费用，同时减少递延所得税资产的账面价值；对于原确认时记入所有者权益的递延所得税资产，其减记金额也应记入所有者权益，不影响当期所得税费用。

（2）递延所得税资产的账面价值因上述原因减记以后，继后期根据新的环境和情况判断能够产生足够的应纳税所得额用以利用可抵扣暂时性差异，使得递延所得税资产包含的经济利益能够实现的，应相应恢复递延所得税资产的账面价值。

（三）递延所得税资产的会计核算

企业应设置"**递延所得税资产**"科目，核算企业确认的可抵扣暂时性差异产生的，以及根据税法规定可用以后年度税前利润弥补的亏损和税款抵减产生的递延所得税资产。该科目为资产类科目，**借方登记**递延所得税资产的增加额，**贷方登记**当企业确认递延所得税资产的可抵扣暂时性差异情况发生回转时转回的所得税影响额，以及税率变动或开征新税调整的递延所得税资产。**期末借方余额**反映企业已确认尚未转回的递延所得税资产。本科目按可抵扣暂时性差异等项目进行明细核算。

企业**初次确认**递延所得税资产时，以资产负债表日计算的递延所得税资产金额为"递延所得税资产"账户的入账金额，借记"递延所得税资产"科目，贷记"所得税费用""其他综合收益"或"资本公积"等科目；若以后要**增加确认**递延所得税资产（递延所得税资产应有余额大于账面价值）时，以资产负债表日计算的递延所得税资产金额减去期初余额后的差额，作为"递延所得税资产"账户的入账金额，则借记"递延所得税资产"科目，贷记"所得税费用""其他综合收益"或"资本公积"等科目；若以后要**转回**递延所得税资产（递延所得税资产应有余额小于账面价值）时，则借记"所得税费用""其他综合收益"或"资本公积"等科目，贷记"递延所得税资产"科目。

【例9-19】 甲公司2017年12月1日取得一项交易性金融资产，取得成本为50 000 000元（不考虑交易费用），2017年12月31日，该项交易性金融资产的公允价值为48 000 000元。2018年12月31日，该项交易性金融资产的公允价值为52 000 000元。甲公司适用的所得税税率为25%。假定该企业不存在其他会计与税收处理的差异，且递延所得税资产及递延所得税负债不存在期初余额。试分析2017年12月31日及2018年12月31日该项交易性金融资产所得税相关的账务处理过程。

【解析】

（1）2017年12月31日该交易性金融资产的账面价值＝48 000 000（元）。

2017年12月31日该交易性金融资产的计税基础＝50 000 000（元）。

该交易性金融资产的账面价值小于其计税基础，形成可抵扣暂时性差异＝50 000 000－48 000 000＝2 000 000（元），应确认递延所得税资产＝2 000 000×25%＝500 000（元）。2017年12月31日甲公司应编制与所得税相关的会计分录：

借：递延所得税资产　　　　　　　　　　　　　　　　　　　　　　500 000
　　贷：所得税费用　　　　　　　　　　　　　　　　　　　　　　　　　500 000

（2）2018年12月31日该交易性金融资产的账面价值＝52 000 000（元）。

2018年12月31日该交易性金融资产的计税基础＝50 000 000（元）。

该交易性金融资产的账面价值大于其计税基础，形成应纳税暂时性差异＝52 000 000－50 000 000＝2 000 000（元），应确认递延所得税负债＝2 000 000×25%＝500 000（元），同时，应转回2017年12月31日确认的相关递延所得税资产。2018年12月31日甲公司应编制与所得税相关的会计分录：

借：所得税费用　　　　　　　　　　　　　　　　　　　　　　　1 000 000
　　贷：递延所得税负债　　　　　　　　　　　　　　　　　　　　　　　500 000
　　　　递延所得税资产　　　　　　　　　　　　　　　　　　　　　　　500 000

【例 9-20】甲公司适用的企业所得税税率为 25％。2014 年亏损 20 000 000 元，甲公司当年预计未来期间将会有足够的应纳税所得额用以抵扣可抵扣暂时性差异。由于市场及管理等多方面原因，2015 年至 2017 年甲公司连续亏损，管理层预计将来继续亏损，所以不能产生足够的应纳税所得额用以抵扣该亏损。2018 年甲公司经过重组等一系列措施，2018 年年末预计未来期间产生的应纳税所得额为 10 000 000 元。假定该企业不存在其他会计与税收处理的差异，且递延所得税资产及递延所得税负债不存在期初余额。试分析甲公司所得税相关的账务处理。

【解析】

（1）2014 年年年末应确认递延所得税资产＝20 000 000×25％＝5 000 000 元，同时应编制如下会计分录：

借：递延所得税资产   5 000 000
　　贷：所得税费用   5 000 000

（2）2017 年年末预计将来将继续亏损，不能产生足够的应纳税所得额用以抵扣该亏损，应转回原确认的递延所得税资产（实质为减值），应编制如下会计分录：

借：所得税费用   5 000 000
　　贷：递延所得税资产   5 000 000

（3）2018 年末确认递延所得税资产＝10 000 000×25％＝2 500 000 元，同时应编制如下会计分录：

借：递延所得税资产   2 500 000
　　贷：所得税费用   2 500 000

三、 适用所得税税率变化对已确认递延所得税资产和递延所得税负债的影响

因适用税收法规的变化，导致企业在某一会计期间适用的所得税税率发生变化的，企业应对已确认的递延所得税资产和递延所得税负债进行重新计量。递延所得税资产和递延所得税负债的金额代表的是有关可抵扣暂时性差异或应纳税暂时性差异于未来期间转回时，导致应交所得税金额的减少或增加。适用所得税税率的变化必然导致应纳税暂时性差异或可抵扣暂时性差异在未来期间转回时产生增加或减少应交所得税金额的变化，应对原已确认的递延所得税资产和递延所得税负债的金额进行调整，反映所得税税率变化带来的影响。

除直接记入所有者权益的交易或事项产生的递延所得税资产和递延所得税负债其相关的调整金额应记入所有者权益以外，其他情况下产生的调整金额应确认为当期所得税费用（或收益）。

第三节　所得税费用的确认和计量

企业核算所得税主要是为了确定当期应交所得税及利润表中应确认的所得税费用。在按照资产负债表债务法核算所得税的情况下，利润表中的所得税费用由两个部分组成：当期所得税和递延所得税。

一、 当期所得税

当期所得税是指企业按照税法规定计算确定的针对当期发生的交易和事项，应缴纳给税务机关的所得税金额，即应交所得税。当期所得税应当以适用的税收法规为基础计算确定。

企业在确定当期所得税时，对于当期发生的交易或事项，会计处理和税收处理不同的，应在会计利润的基础上，按照适用税收法规的要求进行调整（纳税调整）。计算出当期应纳税所得额，按照应纳税所得额与适用所得税税率计算确定当期所得税。一般情况下，应纳税所得额可在会计利润的基础上，考虑会计与税收规定之间的差异，按照以下公式计算确定：

$$\begin{matrix} \text{应纳税} \\ \text{所得额} \end{matrix} = \begin{matrix} \text{会计利润} \\ \text{（利润总额）} \end{matrix} + \begin{matrix} \text{纳税调整} \\ \text{增加额} \end{matrix} - \begin{matrix} \text{纳税调整} \\ \text{减少额} \end{matrix} + \begin{matrix} \text{境外应税所得} \\ \text{弥补境内亏损} \end{matrix} - \begin{matrix} \text{弥补以前} \\ \text{年度亏损} \end{matrix} \qquad (9\text{-}7)$$

$$\text{当期所得税} = \text{应纳税所得额} \times \text{适用税率} - \text{减免税额} - \text{抵免税额} \qquad (9\text{-}8)$$

二、 递延所得税费用（或收益）

递延所得税费用（或收益）是指按照会计准则规定应予确认的递延所得税资产和递延所得税负债在会计期末应有的金额相对于原已确认金额之间的差额，即递延所得税资产和递延所得税负债的当期发生额，但不包括记入所有者权益的交易或事项的所得税影响。用公式表示为：

$$\begin{matrix} \text{递延所得税} \\ \text{费用（或收益）} \end{matrix} = \left(\begin{matrix} \text{期末递延} \\ \text{所得税负债} \end{matrix} - \begin{matrix} \text{期初递延} \\ \text{所得税负债} \end{matrix} \right) - \left(\begin{matrix} \text{期末递延} \\ \text{所得税资产} \end{matrix} - \begin{matrix} \text{期初递延} \\ \text{所得税资产} \end{matrix} \right) \qquad (9\text{-}9)$$

值得注意的是，如果某项交易或事项按照会计准则规定应记入所有者权益，该交易或事项产生的递延所得税资产或递延所得税负债及其变化也应记入所有者权益，不构成利润表中的递延所得税费用（或收益）。

三、 所得税费用

（一）所得税费用的计算

计算确定了当期应交所得税及递延所得税费用（或收益）以后，利润表中应予确认的所得税费用为两者之和，即

$$\text{所得税费用} = \text{当期所得税} + \text{递延所得税费用（或收益）} \qquad (9\text{-}10)$$

（二）所得税费用的会计核算

企业应设置"所得税费用"科目，用来核算企业确认的应从当期利润总额中扣除的所得税费用。该科目为损益类科目，其借方登记当期所得税费用及确认递延所得税负债时确认的递延所得税费用、转回递延所得税资产时转回的递延所得税费用；贷方登记当期结转的所得税费用及确认递延所得税资产时确认的递延所得税费用、转回递延所得税负债时转回的递延所得税费用。"所得税费用"科目期末结转后无余额。该科目可按"当期所得税费用""递延所得税费用"进行明细核算。

企业还应设置"应交税费——应交所得税"科目，用来核算企业按照企业所得税法等规定计算应缴纳的企业所得税。该科目为负债类科目，贷方登记应向税务机关缴纳的企业所得税，借方登记已向税务机关缴纳的企业所得税，期末如为贷方余额反映企业尚未缴纳的企业所得税；期末如为借方余额反映企业多缴或尚未抵扣的企业所得税。

企业按税法规定计算**确认当期应纳所得税**时，按计算的当期应缴纳所得税的金额入账，借记"所得税费用——当期所得税费用"科目，贷记"应交税费——应交所得税"；确认**递延所得税资产增加**时，按递延所得税资产初次确认的金额或应有余额大于账面价值的差额入账，借记"递延所得税资产"科目，贷记"所得税费用——递延所得税"科目，递延所得税资产应有余额小于账面价值时做相反分录；确认**递延所得税负债增加**时，按递延所得税负债初次确认的金额或应有余额大于账面价值的差额入账，借记"所得税费用——递延所得税"科目，贷记"递延所得税负债"科目，递延所得税负债应有余额小于账面价值时做相反分录；实际**缴纳所得税**时，借记"应交税费——应交所得税"科目，贷记"银行存款"科目。

【例 9-21】 甲公司 2018 年利润表中利润总额为 20 000 000 元，该公司适用的所得税税率为 25％。递延所得税资产及递延所得税负债不存在期初余额。2018 年发生的有关交易和事项中，会计处理与税法处理存在差别的有：

（1）2018 年 1 月开始计提折旧的一台生产设备，成本为 10 000 000 元，使用年限为 10 年，净残值为 0。会计按双倍余额递减法计提折旧，税法按直线法计提折旧。假定税法规定的使用年限及净残值与会计规定相同。

（2）向关联企业捐赠现金 2 000 000 元。假定按照税法规定，企业向关联方的捐赠不允许税前扣除。

（3）当期取得作为交易性金融资产核算的股票投资成本为 8 000 000 元，2018 年 12 月 31 日的公允价值为 12 000 000 元。税法规定，以公允价值计量的金融资产持有期间市价变动不记入应纳税所得额。

（4）违反环保法规定应支付罚款 2 500 000 元。税法规定，该罚款支出不允许税前扣除。

（5）年末，存货的账面成本为 20 500 000 元，可变现净值为 20 000 000 元，企业对持有的存货计提了 500 000 元的存货跌价准备。根据税法规定，该跌价损失不记入应纳税所得额。

（6）当年度发生的研究开发支出 5 000 000 元，较上年度增长 20％。其中 3 000 000 元予以资本化；截至 2018 年 12 月 31 日，该研发资产仍在开发过程中。税法规定，企业费用化的研究开发支出按 175％税前扣除，资本化的研究开发支出按资本化金额的 175％确定应予摊销的金额。试分析甲公司所得税相关的账务处理。

【解析】

（1）2018 年度当期应交所得税：

应纳税所得额 = 20 000 000 + 1 000 000 + 2 000 000 - 4 000 000 + 2 500 000 + 500 000 - 1 500 000 = 20 500 000（元）

应交所得税 = 20 500 000 × 25％ = 5 125 000（元）

确认当期应交所得税编制会计分录：

借：所得税费用   5 125 000

    贷：应交税费——应交所得税   5 125 000

（2）2018 年度递延所得税：

该公司 2018 年 12 月 31 日有关资产、负债的账面价值和计税基础及相应的暂时性差异见表 9-1。

表 9-1　2018 年资产负债表相关项目账面价值及其计税基础

单位：元

项　目	账面价值	计税基础	暂时性差异	
			应纳税暂时性差异	可抵扣暂时性差异
固定资产	8 000 000.00	9 000 000.00		1 000 000.00
交易性金融资产	12 000 000.00	8 000 000.00	4 000 000.00	
存货	20 000 000.00	20 500 000.00		500 000.00
合　计			4 000 000.00	1 500 000.00

该企业固定资产账面价值与计税基础之间产生可抵扣暂时性差异，应确认递延所得税资产；对外捐赠产生永久性差异，无须确认递延所得税；交易性金融资产产生应纳税暂时性差异，应确认递延所得税负债；罚款支出属于永久性差异，无须确认递延所得税；存货产生可抵扣暂时性差异，应确认递延所得税资产；费用化的研究开发支出属于永久性差异，无须确认递延所得税；资本化的研究开发支出属于可抵扣暂时性差异，但是该暂时性差异既不影响当期会计利润也不影响应纳税所得额，不确认递延所得税。

递延所得税资产 = 1 500 000 × 25% = 375 000（元）

确认递延所得税资产的分录：

借：递延所得税资产　　　　　　　　　　　　　　　　　　　375 000

　　贷：所得税费用　　　　　　　　　　　　　　　　　　　　375 000

递延所得税负债 = 4 000 000 × 25% = 1 000 000（元）

确认递延所得税资产的分录：

借：所得税费用　　　　　　　　　　　　　　　　　　　　1 000 000

　　贷：递延所得税负债　　　　　　　　　　　　　　　　　1 000 000

递延所得税 = 1 000 000 − 375 000 = 625 000（元）

（3）利润表中应确认的所得税费用：

所得税费用 = 当期所得税 + 递延所得税 = 5 125 000 + 625 000 = 5 750 000（元）

（4）企业确认所得税费用时以上 3 个分录也可以合并为一个复合分录：

借：所得税费用　　　　　　　　　　　　　　　　　　　　5 750 000

　　递延所得税资产　　　　　　　　　　　　　　　　　　　375 000

　　贷：应交税费——应交所得税　　　　　　　　　　　　　5 125 000

　　　　递延所得税负债　　　　　　　　　　　　　　　　1 000 000

四、所得税的列报

企业对所得税的核算结果，除利润表中列示的所得税费用以外，在资产负债表中形成的应交税费（应交所得税），以及递延所得税资产和递延所得税负债应当遵循准则规定进行列报。其中，递延所得税

扫一扫 学一学

资产和递延所得税负债一般应当分别作为非流动资产和非流动负债在资产负债表中列示，所得税费用应当在利润表中单独列示，同时还应在附注中披露与所得税有关的信息。

一般情况下，在个别财务报表中，当期所得税资产与当期所得税负债，以及递延所得税

资产与递延所得税负债可以以抵销后的净额列示。在合并财务报表中，纳入合并范围的企业中，一方的当期所得税资产或递延所得税资产与另一方的当期所得税负债或递延所得税负债一般不能予以抵销，除非所涉及的企业具有以净额结算的法定权利并且意图以净额结算。

🔒 **综合练习题**

一、单项选择题

1. 甲企业 2018 年度因销售商品发生产品质量保证金 30 万元，当年实际发生售后服务费用 6 万元，2018 年初预计负债余额为 0，则 2018 年 12 月 31 日该预计负债的计税基础是（　　）万元。

　　A. 30　　　　　　　B. 6　　　　　　　C. 24　　　　　　　D. 0

2. 甲企业 2018 年 7 月以 40 万元购入一项无形资产，因其使用寿命无法合理估计，会计上视为使用寿命不确定的无形资产，不予摊销；但税法规定按 5 年的期限摊销。下列说法正确的是（　　）。

　　A. 该资产的账面价值等于计税基础　　　B. 该资产的账面价值大于计税基础

　　C. 该资产的账面价值小于计税基础　　　D. 计税基础为 0

3. 西方公司于 2017 年 12 月 31 日取得某项固定资产，其初始入账价值为 600 万元，预计使用年限为 5 年，采用年数总和法计提折旧，预计净残值为 0。税法规定对于该项固定资产采用年限平均法计提折旧，折旧年限、预计净残值与会计规定相同。下列关于该固定资产 2018 年 12 月 31 日产生暂时性差异的表述正确的是（　　）。

　　A. 产生应纳税暂时性差异 80 万元　　　B. 产生可抵扣暂时性差异 80 万元

　　C. 产生可抵扣暂时性差异 40 万元　　　D. 不产生暂时性差异

4. A 公司 2018 年发生业务招待费 200 万元，其中超标 15 万元，下列说法中正确的是（　　）。

　　A. 形成可抵扣暂时性差异 15 万元　　　B. 不产生暂时性差异

　　C. 形成应纳税暂时性差异 15 万元　　　D. 业务招待费的计税基础为 15 万元

5. A 公司 2018 年 12 月 20 日，收到 B 公司购买产品而预付的款项 300 万元，产品未发出，不符合收入确认条件。但按税法规定，该预收款项应记入 2018 年的应纳税所得额。2018 年 12 月 31 日该项合同负债产生的可抵扣暂时性差异为（　　）万元。

　　A. 75　　　　　　　B. 300　　　　　　　C. 120　　　　　　　D. 0

6. 新华公司 2018 年当期确认应支付的职工工资及其他薪金性质支出共计 5 000 万元，尚未支付。按照税法规定的计税工资标准可以于当期扣除的部分为 4 200 万元。2018 年 12 月 31 日新华公司应付职工薪酬产生的暂时性差异为（　　）万元。

　　A. 5 000　　　　　　　B. 800　　　　　　　C. 0　　　　　　　D. 4 200

7. 某企业上年适用的所得税税率为 33%，"递延所得税资产"科目借方余额为 33 万元。本年适用的所得税税率为 25%，本年产生可抵扣暂时性差异 30 万元，期初的暂时性差异在本期未发生转回，该企业本年年末"递延所得税资产"科目余额为（　　）万元。

　　A. 30　　　　　　　B. 46.2　　　　　　　C. 33　　　　　　　D. 32.5

8. 按照准则规定，下列各事项产生的暂时性差异中，不确认递延所得税的是（　　）。

A. 会计折旧与税法折旧的差异

B. 期末按公允价值调增交易性金融资产

C. 尚未完成的自主研发所发生的资本化支出

D. 计提无形资产减值准备

9. 某企业主要从事服装生产和销售，2018年利润总额为300万元，当年为开发新产品发生的研发费用为50万元未形成无形资产，记入当期损益。假设除此之外无其他纳税调整事项，税法规定研发费用可实行加计扣除政策，已知企业所得税税率为25%。则该企业2018年应缴纳企业所得税（　　）万元。

A. 56.25　　　　B. 62.5　　　　C. 68.75　　　　D. 75

10. 2018年12月31日，甲公司因交易性金融资产和其他债权投资的公允价值变动，分别确认了10万元的递延所得税资产和20万元的递延所得税负债。甲公司当期应交所得税的金额为150万元。假定不考虑其他因素，该公司2018年度利润表"所得税费用"项目应列示的金额为（　　）万元。

A. 120　　　　B. 140　　　　C. 160　　　　D. 180

二、多项选择题

1. 下列各项关于资产计税基础的表述中，正确的是（　　）。

A. 资产的计税基础是指资产在当期可以税前扣除的金额

B. 自行研发的无形资产，其初始确认时的计税基础为其成本的175%

C. 固定资产在某一资产负债表日的计税基础是指其成本扣除按照税法规定计算确定的累计折旧后的金额

D. 固定资产在某一资产负债表日的计税基础是指其成本扣除累计折旧和减值准备后的金额

2. 下列有关所得税的说法中正确的是（　　）。

A. 无形资产初始确认时按照会计准则规定确定的入账价值和计税基础之间不存在差异

B. 负债的确认与偿还一般不会影响企业的损益也不会影响其应纳税所得额，未来期间计算应纳税所得额时按照税法规定可予抵扣的金额为零，计税基础即为账面价值

C. 在计量递延所得税时，应当采用与收回资产或清偿债务的预期实现方式相一致的税率和计税基础

D. 由于其他债权投资公允价值变动产生的暂时性差异确认的递延所得税对应科目一定是其他综合收益

3. 下列各项有关负债计税基础的说法中，正确的是（　　）。

A. 合同负债项目的账面价值与计税基础相等，不产生暂时性差异

B. 税法对于合理的职工薪酬基本允许税前扣除，相关应付职工薪酬负债的账面价值等于计税基础

C. 罚款和滞纳金税法规定不允许税前扣除，其账面价值与计税基础相等

D. 提供债务担保确认的预计负债的计税基础为0，其账面价值与计税基础的差异产生可抵扣暂时性差异

4. 关于所得税，下列说法中正确的是（   ）。

　　A. 本期递延所得税资产发生额不一定会影响本期所得税费用

　　B. 企业应将所有应纳税暂时性差异确认为递延所得税负债

　　C. 企业应将所有可抵扣暂时性差异确认为递延所得税资产

　　D. 资产账面价值小于计税基础产生可抵扣暂时性差异

5. 在不考虑其他影响因素的情况下，企业发生的下列交易或事项中，期末可能会引起递延所得税资产增加的是（   ）。

　　A. 本期计提固定资产减值准备

　　B. 本期转回存货跌价准备

　　C. 企业购入交易性金融资产，当期期末公允价值小于其初始确认金额

　　D. 实际发生产品售后保修费用，冲减已计提的预计负债

6. 下列各项表述中，正确的是（   ）。

　　A. 利润表中所得税费用包括当期所得税和递延所得税费用（或收益）

　　B. 资产的账面价值大于计税基础产生应纳税暂时性差异

　　C. 如果可以确认税前利润补亏的所得税收益，应确认为可抵扣暂时性差异

　　D. 资产的账面价值大于计税基础产生递延所得税负债

7. 乙公司 2018 年 1 月 1 日存货跌价准备余额为 10 万元，因本期销售结转存货跌价准备 2 万元。2018 年 12 月 31 日存货成本为 90 万元，可变现净值为 70 万元。税法规定，企业计提的资产减值损失在发生实质性损失时允许税前扣除。下列表述正确的是（   ）。

　　A. 乙公司 2018 年 12 月 31 日计提存货跌价准备 12 万元

　　B. 乙公司 2018 年 12 月 31 日存货账面价值为 70 万元

　　C. 乙公司 2018 年 12 月 31 日存货计税基础为 70 万元

　　D. 乙公司 2018 年 12 月 31 日存货计税基础为 90 万元

8. 下列各项中，关于递延所得税会计处理的说法正确是（   ）。

　　A. 企业应当将当期发生的全部可抵扣暂时性差异确认为递延所得税资产

　　B. 企业应当将当期发生的全部应纳税暂时性差异确认为递延所得税负债

　　C. 递延所得税资产的确认应以未来期间可能取得的应纳税所得额为限

　　D. 在资产负债表日企业应对递延所得税资产的账面价值进行复核

9. 企业如果在资产负债表日发现未来期间很可能无法产生足够的应纳税所得额用以利用递延所得税资产的利益，应减记递延所得税资产的账面价值，则应相应调整的科目可能是（   ）。

　　A. 所得税费用　　　B. 其他综合收益　　C. 财务费用　　　　D. 管理费用

10. 有关所得税的列报，下列表述不正确的是（   ）。

　　A. 递延所得税资产应当作为非流动资产在资产负债表中列示

　　B. 递延所得税资产应当作为流动资产在资产负债表中列示

　　C. 递延所得税负债应当作为非流动负债在资产负债表中列示

　　D. 递延所得税负债应当作为流动负债在资产负债表中列示

三、判断题

1. 交易性公允价值下降应确认的递延所得税资产对应所得税费用。　　　　　　（   ）

2．预计负债的计税基础为 0。　　　　　　　　　　　　　　　　　　　（　　）

3．因欠税产生的应交税款滞纳金的计税基础为 0。　　　　　　　　（　　）

4．对于按照税法规定可以结转以后年度的未弥补亏损及税款抵减，应视同可抵扣暂时性差异处理。　　　　　　　　　　　　　　　　　　　　　　　　　　　（　　）

5．因适用税收法规的变化，导致企业在某一会计期间适用的所得税税率发生变化的，企业应对已确认的递延所得税资产和递延所得税负债进行重新计量。　　　　　（　　）

6．对于固定资产，其账面价值与计税基础的差异均来自其是否计提了减值准备。
　　　　　　　　　　　　　　　　　　　　　　　　　　　　　　　　　（　　）

7．按照《企业会计准则第 18 号——所得税》的规定，企业利润表的所得税费用等于当期应纳税所得额乘以所得税税率。　　　　　　　　　　　　　　　　　　（　　）

8．以利润总额为基础计算应纳税所得额时，所有的应纳税暂时性差异都应作纳税调减。
　　　　　　　　　　　　　　　　　　　　　　　　　　　　　　　　　（　　）

9．递延所得税资产不需要进行减值测试。　　　　　　　　　　　　　（　　）

10．企业递延所得税资产及递延所得税负债不得以抵销后的净额列示。　（　　）

四、综合业务题

1．甲公司 2015—2018 年应税利润分别为 -300 万元、60 万元、120 万元、130 万元。按照税法规定，发生的亏损可用于抵减以后 5 个年度的应纳税所得额。该公司预计其于未来 5 年期间能够产生足够的应纳税所得额弥补该亏损。所得税税率为 25%。

要求：对甲公司 2015—2018 年所得税相关业务进行会计处理。

2．甲公司采用资产负债表债务法进行所得税的核算，适用的所得税税率为 25%，2018 年年初递延所得税资产、递延所得税负债余额均为 0，2018 年实现的税前会计利润为 2 000 万元。2018 年发生以下事项：

（1）2018 年记入投资收益的国债利息收入为 50 万元，税法规定国债利息收入免征企业所得税。

（2）2018 年 5 月发生违反法律、行政法规而交付罚款 20 万元。

（3）2018 年 6 月 30 日购入某生产设备，购买价款为 100 万元（不含税），增值税税额为 16 万元，无其他相关税费发生。甲公司对该固定资产采用年限平均法计提折旧，预计使用年限为 5 年，预计净残值为 0。税法采用双倍余额递减法计提折旧，预计使用年限、净残值与会计规定相同。

（4）2018 年 7 月从二级市场上购入某股票作为以公允价值计量且其变动记入其他综合收益的非交易性权益工具核算。年末该股票的账面价值为 200 万元，包括成本 180 万元和公允价值变动 20 万元。

（5）2018 年年初存货跌价准备余额为 0，2017 年年末存货账面价值为 900 万元，计提存货跌价准备 100 万元。

（6）假设除上述事项外，本期没有发生其他纳税调整事项。

要求：计算 2018 年递延所得税资产和递延所得税负债、应交所得税和所得税费用的发生额，并作出相关的会计分录。

3．甲公司 2018 年实现利润总额 3 260 万元，当年发生的部分交易或事项如下：

（1）自 2 月 20 日起自行研发一项新技术，2018 年以银行存款支付研发支出共计 460 万元，其中研究阶段支出 120 万元，开发阶段符合资本化条件前支出 60 万元，符合资本化条件后支出 280 万元，研发活动至 2018 年年底仍在进行中。税法规定，企业为开发新技术、新产品、新工艺发生的研究开发费用，未形成资产记入当期损益的，在按规定据实扣除的基础上，按照研究开发费用的 75% 加计扣除；形成无形资产的，按照无形资产成本的 175% 摊销。

（2）7 月 20 日，自公开市场以每股 7.5 元购入 20 万股乙公司股票，作为以公允价值计量且其变动记入其他综合收益的非交易性权益工具核算。2018 年 12 月 31 日，乙公司股票收盘价为每股 8.8 元。税法规定，企业持有的股票等金融资产以取得成本作为计税基础。

（3）2018 年发生广告费 5 000 万元。甲公司当年度销售收入 15 000 万元。税法规定，企业发生的广告费不超过当年销售收入 15% 的部分，准予扣除；超过部分，准予在以后纳税年度结转扣除。

（4）2017 年 12 月 31 日，甲公司存在可于 3 年内税前弥补的亏损 1 300 万元，甲公司对这部分未弥补亏损已确认递延所得税资产 325 万元。

其他有关资料：甲公司适用的所得税税率为 25%；除上述差异外，甲公司 2018 年未发生其他纳税调整事项；递延所得税负债无期初余额；假定甲公司在未来期间能够产生足够的应纳税所得额用以利用可抵扣暂时性差异的所得税影响。

要求：

（1）对甲公司 2018 年进行研发新技术发生支出进行会计处理，确定 2018 年 12 月 31 日所形成开发支出的计税基础，判断是否确认递延所得税并说明理由。

（2）对甲公司购入及持有乙公司股票进行会计处理，计算该股票在 2018 年 12 月 31 日的计税基础，编制确认递延所得税的会计分录。

（3）计算甲公司 2018 年应交所得税和所得税费用，并编制确认所得税费用相关的会计分录。

第十章 财务报表

🎯 学习目标

知识目标

了解现金流量表、所有者权益变动表和附注的定义、结构，理解现金流量表、所有者权益变动表和附注的内容。

能力目标

掌握现金流量表、所有者权益变动表和附注的编制方法。

素质目标

1. 提高学生按实编制会计报告的法律意识。
2. 提高学生编制现金流量表及附注的会计职业技能。

⏰ 重点难点

重点：现金流量表和所有者权益变动表的编制。

难点：现金流量表的编制。

📚 案例导入

企业的债券投资是现金等价物吗

甲、乙企业分别编制 2018 年的现金流量表时，发现有以下债券投资业务：

（1）甲企业于 2018 年 11 月 1 日购入 50 000 元 2016 年 1 月 1 日发行的期限为 3 年的国债，购买时还有两个月到期。

（2）乙企业于 2018 年 1 月 1 日购入 50 000 元期限为 12 个月的企业债券。

（资料来源：作者根据相关资料改写）

请分析：甲企业和乙企业购入的债券能作为现金等价物吗？请说明原因。

第一节　现金流量表

一、　现金流量表概述

（一）现金流量表的概念

现金流量表是反映企业在一定会计期间的现金和现金等价物流入和流出的财务报表。企业编制现金流量表的目的是通过如实反映企业各项活动的现金流入和现金流出，从而有助于使用者评价企业生产经营过程特别是经营活动中所形成的现金流量和资金周转情况。

（二）现金流量表的编制基础

现金流量是指企业在一定会计期间的现金和现金等价物的流入和流出的数量。企业从银行提取现金、用现金购买短期到期的国库券等现金和现金等价物之间的转换不属于现金流量。

现金是指企业库存现金及可以随时用于支付的存款，包括库存现金、银行存款和其他货币资金（如外埠存款、银行汇票存款、银行本票存款等）等。不能随时用于支付的存款不属于现金。

现金等价物是指企业持有的期限短、流动性强、易于转换为已知金额现金、价值变动风险很小的投资。期限短，一般是指从购买日起 3 个月内到期。现金等价物通常包括 3 个月内到期的债券投资等。权益性投资变现的金额通常不确定，因而不属于现金等价物。企业应当根据具体情况，确定现金等价物的范围，一经确定不得随意变更。

二、　现金流量表的内容和结构

（一）现金流量表的内容

从编制原则上看，现金流量表按照收付实现制原则编制，将权责发生制下的盈利信息调整为收付实现制下的现金流量信息，便于信息使用者了解企业净利润的质量。从内容上看，现金流量表被划分为经营活动、投资活动和筹资活动 3 个部分。每类活动又分为各具体项目，这些项目从不同角度反映企业业务活动的现金流入与流出，弥补了资产负债表和利润表提供信息的不足。通过现金流量表，报表使用者能够了解现金流量的影响因素，评价企业的支付能力、偿债能力和周转能力，预测企业未来现金流量，为其决策提供有力依据。

（二）现金流量表的结构

在现金流量表中，现金及现金等价物被视为一个整体，企业现金形式的转换不会产生现金的流入和流出。例如，企业从银行提取现金，是企业现金存放形式的转换，并未流出企业，不构成现金流量。同样，现金与现金等价物之间的转换也不属于现金流量。例如，企业用现金购买 3 个月到期的国库券。根据企业业务活动的性质和现金流量的来源，现金流量表在结构上将企业一定期间内产生的现金流盐分为三类：经营活动产生的现金流量、投资活动产生的现金流量和筹资活动产生的现金流量。一般企业现金流量表的具体格式见表 10-1。

表 10-1　现金流量表

会企 03 表

编制单位：　　　　　　　　　　　　年　　月　　　　　　　　　　　　单位：元

项目	本期金额	上期金额
一、经营活动产生的现金流量：		
销售商品、提供劳务收到的现金		
收到的税费返还		
收到其他与经营活动有关的现金		
经营活动现金流入小计		
购买商品、提供劳务支付的现金		
支付给职工以及为职工支付的现金		
支付的各项税费		
支付的其他与经营活动有关的现金		
经营活动现金流出小计		
经营活动产生的现金流量净额		
二、投资活动产生的现金流量		
收回投资收到的现金		
取得投资收益收到的现金		
处置固定资产、无形资产和其他长期资产收回的现金净额		
处置子公司及其他营业单位收到的现金净额		
收到其他与投资活动有关的现金		
投资活动现金流入小计		
购建固定资产、无形资产和其他长期资产支付的现金		
投资支付的现金		
取得子公司及其他营业单位支付的现金净额		
支付其他与投资活动有关的现金		
投资活动现金流出小计		
投资活动产生的现金流量净额		
三、筹资活动产生的现金流量		
吸收投资收到的现金		
取得借款收到的现金		
收到其他与筹资活动有关的现金		
筹资活动现金流入小计		
偿还债务支付的现金		
分配股利、利润或偿付利息支付的现金		

项目	本期金额	上期金额
支付其他与筹资活动有关的现金		
筹资活动现金流出小计		
筹资活动产生的现金流量净额		
四、汇率变动对现金及现金等价物的影响		
五、现金及现金等价物净增加额		
加：期初现金及现金等价物余额		
六、期末现金及现金等价物余额		

三、 现金流量表的填列方法

（一）经营活动产生的现金流量

经营活动是指企业投资活动和筹资活动以外的所有交易和事项。各类企业由于行业特点不同，对经营活动的认定存在一定差异。对于工商企业而言，经营活动主要包括销售商品、提供劳务、购买商品、接受劳务、支付职工薪酬、支付税费等。对于商业银行而言，经营活动主要包括吸收存款、发放贷款、同业存放、同业拆借等。对于保险公司而言，经营活动主要包括原保险业务和再保险业务等。对于证券公司而言，经营活动主要包括自营证券、代理承销证券、代理兑付证券、代理买卖证券等。

在我国，企业经营活动产生的现金流量应当采用直接法填列。直接法是指通过现金收入和现金支出的主要类别列示经营活动的现金流量。

1. "销售商品、提供劳务收到的现金"项目

"销售商品、提供劳务收到的现金"项目，反映企业销售商品、提供劳务实际收到的现金（含销售收入和应向购买者收取的增值税额），包括本期销售商品、提供劳务收到的现金，以及前期销售商品、提供劳务本期收到的现金和本期预收的账款，减去本期销售本期退回的商品和前期销售本期退回的商品支付的现金。企业销售材料和代购代销业务收到的现金，企业收回前期核销的坏账损失，也在本项目中反映。本项目可以根据"库存现金""银行存款""应收账款""应收票据""预收账款""主营业务收入""其他业务收入"等科目的记录分析填列。

2. "收到的税费返还"项目

"收到的税费返还"项目，反映企业收到返还的各种税费，如收到的增值税、消费税、所得税、教育费附加返还等。本项目可以根据"库存现金""银行存款""营业外收入""其他应收款"等科目的记录分析填列。

3. "收到其他与经营活动有关的现金"项目

"收到其他与经营活动有关的现金"项目，反映企业除了上述各项目外所收到的其他与经营活动有关的现金，如罚款收入、流动资产损失中由个人赔偿的现金收入等。本项目可以根据"库存现金""银行存款""营业外收入"等科目的记录分析填列。

4.“购买商品、提供劳务支付的现金”项目

“购买商品、提供劳务支付的现金”项目，反映企业购买商品、接受劳务实际支付的现金，包括本期购入商品、接受劳务支付的现金（包括增值税进项税额），以及本期支付前期购入商品、接受劳务的未付款项和本期预付款项。本期发生的购货退回收到的现金应从本项目内减去。企业代购代销业务支付的现金，也在该项目中反映。本项目可以根据“库存现金”“银行存款”“应付账款”“应付票据”“预付账款”“主营业务成本”“其他业务成本”等科目的记录分析填列。

5.“支付给职工及为职工支付的现金”项目

“支付给职工及为职工支付的现金”项目，反映企业实际支付给职工及为职工支付的现金，包括本期实际支付给职工的工资、奖金、各种津贴和补贴等，以及为职工支付的其他费用，不包括支付给离退休人员的各项费用和支付给在建工程人员的工资等。企业支付给离退休人员的各项费用，包括支付的统筹退休金及未参加统筹的退休人员的费用，在“支付的其他与经营活动有关的现金”项目中反映；支付给在建工程人员的工资，在“购建固定资产、无形资产和其他长期资产所支付的现金”项目中反映。本项目可以根据“库存现金”“银行存款”“应付职工薪酬”等科目的记录分析填列。

企业为职工支付的养老、失业等社会保险基金、补充养老保险、住房公积金，支付给职工的住房困难补助，以及企业支付给职工或为职工支付的其他福利费用等，应按职工的工作性质和服务对象，分别在本项目和“购建固定资产、无形资产和其他长期资产所支付的现金”项目中反映。

6.“支付的各项税费”项目

“支付的各项税费”项目，反映企业按规定支付的各种税费，包括本期发生并支付的税费，以及本期支付以前各期发生的税费和预交的税金，如支付的教育费附加、矿产资源补偿费、印花税、房产税、土地增值税、车船使用税、增值税、消费税等。既不包括记入固定资产价值实际支付的耕地占用税、契税等，也不包括本期退回的增值税、所得税，本期退回的增值税、所得税在“收到的税费返还”项目中反映。本项目可以根据“库存现金”“银行存款”“应交税费”等科目的记录分析填列。

7.“支付的其他与经营活动有关的现金”项目

“支付的其他与经营活动有关的现金”项目，反映企业除上述各项目外所支付的其他与经营活动有关的现金，如罚款支出、支付的差旅费、业务招待费现金支出、支付的保险费等。本项目可以根据“库存现金”“银行存款”“管理费用”“销售费用”“营业外支出”等科目的记录分析填列。

（二）投资活动产生的现金流量

投资活动是指企业长期资产的购建和不包括在现金等价物范围内的投资及其处置活动。长期资产是指固定资产、无形资产、在建工程、其他资产等持有期限在一年或一个正常营业周期以上的资产。所讲的投资活动，既包括实物资产投资，也包括金融资产投资。之所以将“包括在现金等价物范围内的投资”排除在外，是因为已经将包括在现金等价物范围内的投资视同现金。不同企业由于行业特点不同对投资活动的认定也存在差异。例如，以公允价值计量且其变动记入当期损益的金融资产所产生的现金流盘，对于工商业企业而言，属于投资

活动现金流量；而对于证券公司而言，属于经营活动现金流量。

1. "收回投资收到的现金"项目

"收回投资收到的现金"项目，反映企业出售、转让或到期收回除现金等价物以外的对其他企业的权益工具、债务工具和合营中的权益等投资收到的现金。收回债务工具实现的投资收益、处置子公司及其他营业单位收到的现金净额不包括在本项目内。本项目可根据"库存现金""银行存款""持有至到期投资""长期股权投资""可供出售金融资产"等科目的记录分析填列。

2. "取得投资收益收到的现金"项目

"取得投资收益收到的现金"项目，反映企业除现金等价物以外的对其他企业的权益工具、债务工具和合营中的权益等投资分回的现金股利和利息，不包括股票股利。本项目可以根据"库存现金""银行存款""投资收益"等科目的记录分析填列。

3. "处置固定资产、无形资产和其他长期资产收回的现金净额"项目

"处置固定资产、无形资产和其他长期资产收回的现金净额"项目，反映企业出售、报废固定资产、无形资产和其他长期资产所取得的现金（包括因资产毁损收到的保险赔偿款），减去为处置这些资产而支付的有关费用后的净额。如收回的现金净额为负数，则应作为投资活动现金流出项目反映，列在"支付的其他与投资活动有关的现金"项目中。本项目可以根据"库存现金""银行存款""固定资产清理"等科目的记录分析填列。

4. "处置子公司及其他营业单位收到的现金净额"项目

"处置子公司及其他营业单位收到的现金净额"项目，反映企业处置子公司及其他营业单位所取得的现金，减去相关处置费用及子公司及其他营业单位持有的现金和现金等价物后的净额。本项目可以根据"库存现金""银行存款""长期股权投资"等科目的记录分析填列。

5. "收到其他与投资活动有关的现金"项目

"收到其他与投资活动有关的现金"项目，反映企业除了上述各项目以外所收到的其他与投资活动有关的现金。比如企业收回购买股票和债券时支付的已宣告但尚未领取的现金股利或已到付息期但尚未领取的债券利息。本项目可以根据"库存现金""银行存款""应收股利""应收利息"等科目的记录分析填列。

6. "购建固定资产、无形资产和其他长期资产支付的现金"项目

"购建固定资产、无形资产和其他长期资产支付的现金"项目，反映企业本期购买、建造固定资产、取得无形资产和其他长期资产实际支付的现金，以及用现金支付的应由在建工程和无形资产负担的职工薪酬，不包括为购建固定资产而发生的借款利息资本化的部分，以及为融资租入固定资产支付的租赁费；企业支付的借款利息和融资租入固定资产的租赁费，在筹资活动产生的现金流量中反映。本项目可以根据"库存现金""银行存款""固定资产""在建工程""无形资产"等科目的记录分析填列。

7. "投资支付的现金"项目

"投资支付的现金"项目，反映企业取得除现金以外的对其他企业的权益工具、债务工具和合营中的权益等投资所支付的现金，以及支付的佣金、手续费等交易费用，但除取得子

公司及其他营业单位支付的现金净额除外。本项目可以根据"库存现金""银行存款""可供出售金融资产""持有至到期投资""长期股权投资"等科目的记录分析填列。

8. "取得子公司及其他营业单位支付的现金净额"项目

"取得子公司及其他营业单位支付的现金净额"项目，反映企业购买子公司及其他营业单位购买出价中以现金支付的部分，减去子公司及其他营业单位持有的现金和现金等价物后的净额。本项目可以根据"库存现金""银行存款""长期股权投资"等科目的记录分析填列。

9. "支付其他与投资活动有关的现金"项目

"支付其他与投资活动有关的现金"项目，反映企业除上述各项目以外所支付的其他与投资活动有关的现金，如企业购买股票和债券时，支付的已宣告但尚未领取的现金股利或已到付息期但尚未领取的债券利息等。本项目可以根据"库存现金""银行存款""应收股利""应收利息"等科目的记录分析填列。

（三）筹资活动产生的现金流量

筹资活动是指导致企业资本及债务规模和构成发生变化的活动。这里所说的资本，既包括实收资本（股本），也包括资本溢价（股本溢价）；这里所说的债务，指对外举债，包括向银行借款、发行债券及偿还债务等。通常情况下，应付账款、应付票据等商业应付款等属于经营活动，不属于筹资活动。

1. "吸收投资收到的现金"项目

"吸收投资收到的现金"项目，反映企业以发行股票、债券等方式筹集资金实际收到的款项净额（发行收入减去支付的佣金、手续费、宣传费、咨询费、印刷费等发行费用后的净额）。本项目可根据"库存现金""银行存款""实收资本（或股本）"等科目的记录分析填列。

2. "取得借款收到的现金"项目

"取得借款收到的现金"项目，反映企业举借各种长、短期借款实际收到的现金。本项目可以根据"库存现金""银行存款""短期借款""长期借款"等科目的记录分析填列。

3. "收到其他与筹资活动有关的现金"项目

"收到其他与筹资活动有关的现金"项目，反映企业除上述各项目外所收到的其他与筹资活动有关的现金，如接受现金捐赠等。本项目可以根据"库存现金""银行存款""营业外收入"等科目的记录分析填列。

4. "偿还债务支付的现金"项目

"偿还债务支付的现金"项目，反映企业以现金偿还的债务本金，包括偿还金融企业的借款本金、偿还债券本金等。企业偿还的借款利息、债券利息，在"分配股利、利润或偿付利息支付的现金"项目中反映，不包括在本项目内。本项目可以根据"库存现金""银行存款""短期借款""长期借款""应付债券"等科目的记录分析填列。

5. "分配股利、利润或偿付利息支付的现金"项目

"分配股利、利润或偿付利息支付的现金"项目，反映企业实际支付的现金股利，支付给其他投资单位的利润及用现金支付的借款利息、债券利息等。本项目可以根据"库存现金""银行存款""应付股利""应付利息""财务费用"等科目的记录分析填列。

6. "支付其他与筹资活动有关的现金"项目

"支付其他与筹资活动有关的现金"项目，反映企业除上述各项目以外所支付的其他与筹资活动有关的现金，如捐赠现金支出、融资租入固定资产支付的租赁费等。本项目可以根据"库存现金""银行存款""营业外支出""长期应付款"等科目的记录分析填列。

此外，对于企业日常活动之外特殊的、不经常发生的特殊项目，如自然灾害损失、保险赔款、捐赠等，应当归并到相关类别中，并单独反映。如对于自然灾害损失和保险赔款如果能够确指属于流动资产损失，应当列入经营活动产生的现金流量；属于固定资产损失，应当列入投资活动产生的现金流量。

（四）汇率变动对现金及现金等价物的影响

编制现金流量表时，应当将企业外币现金流量及境外子公司的现金流量折算成记账本位币。外币现金流量及境外子公司的现金流量，应当采用现金流量发生日的即期汇率或按照系统合理的方法确定的、与现金流量发生日即期汇率近似的汇率折算。汇率变动对现金的影响额应当作为调节项目，在现金流量表中单独列报。

汇率变动对现金的影响，是指企业外币现金流量及境外子公司的现金流量折算成记账本位币时，所采用的是现金流量发生日的汇率或按照系统合理的方法确定的、与现金流量发生日即期汇率近似的汇率，而现金流量表"现金及现金等价物净增加额"项目中外币现金净增加额是按资产负债表日的即期汇率折算的。这两者的差额即为汇率变动对现金的影响。

在编制现金流量表时，对当期发生的外币业务，也可不必逐笔计算汇率变动对现金的影响，可以通过现金流量表补充资料中"现金及现金等价物净增加额"数额与现金流量表中"经营活动产生的现金流量净额""投资活动产生的现金流量净额""筹资活动产生的现金流量净额"三项之和比较，其差额即为"汇率变动对现金的影响额"。

【例 10-1】A 公司为一般纳税人，2019 年 1 月至 3 月适用的增值税税率为 16%，根据国家有关增值税税率调整政策，2019 年 4 月至 12 月适用的增值税税率为 13%。原材料采用实际成本进行核算。公司 2018 年现金及现金等价物余额为 14 063 000 元，2019 年发生与现金及现金等价物有关的业务如下：

（1）3 月 10 日，收到银行通知，用银行存款支付到期的商业承兑汇票 1 000 000 元。

（2）4 月 5 日，购入原材料一批，收到的增值税专用发票上注明的原材料价款为 1 500 000 元，增值税进项税额为 195 000 元，款项已通过银行转账支付，原材料已入库。

（3）4 月 15 日，用银行汇票支付采购原材料价款，公司收到开户银行转来银行汇票多余款收账通知，通知上填写的多余款项为 2 320 元，购入原材料 998 000 元，支付的增值税进项税额为 129 740 元，原材料已验收入库。

（4）5 月 8 日，公司将交易性金融资产（股票投资）兑现 165 000 元，该投资的成本为 130 000 元，公允价值变动为增值 20 000 元，投资收益为 15 000 元，均存入公司证券买卖专户。

（5）5 月 20 日，购入不需要安装的设备一台，收到的增值税专用发票上注明的设备价款为 864 700 元，增值税进项税额为 112 411 元。价款以银行存款支付，设备已交付使用。

（6）6 月 10 日，基本生产车间一台机床报废，原价为 2 000 000 元，已提折旧 1 800 000 元，清理费用 5 000 元，残值收入 8 000 元，均通过银行存款收支。该项固定资产已清理完毕。

（7）6月18日，从银行借入3年期借款10 000 000元，借款已存入银行。

（8）7月12日，销售产品一批，开出的增值税专用发票上注明的销售价款为7 000 000元，增值税销项税额为910 000元，款项已存入银行。

（9）7月28日，公司将要到期的一张面值为2 000 000元的无息银行承兑汇票，连同解讫通知和进账单交银行办理转账。收到银行盖章退回的进账单一联。款项银行已收妥。

（10）8月4日，取得交易性金融资产（股票投资），价款为1 030 000元，交易费用20 000元，已用公司证券买卖专户支付。

（11）8月16日，以银行存款支付工资5 000 000元，其中包括支付在建工程人员的工资1 000 000元。

（12）9月6日，以银行存款支付基本生产车间水电费900 000元。

（13）9月19日，收到应收账款510 000元，存入银行。

（14）10月22日，用银行存款支付产品展览费100 000元。

（15）10月27日，广告费100 000元，已用银行存款支付。

（16）11月11日，公司将一张面值为2 900 000的商业承兑汇票到银行办理贴现，贴现利息20 000元。

（17）12月31日，用银行存款交纳增值税1 000 000元；教育费附加20 000元。

（18）12月31日，支付长期借款利息2 100 000元。

（19）12月31日，偿还长期借款10 000 000元。

（20）12月31日，用银行存款缴纳当年应交所得税897 500元。

要求：编制A公司2019年以上经济业务的会计分录，并在此基础上编制现金流量表。

【解析】

（1）借：应付票据　　　　　　　　　　　　　　　　　　　　　　1 000 000
　　　贷：银行存款　　　　　　　　　　　　　　　　　　　　　　　　　1 000 000

（2）借：原材料　　　　　　　　　　　　　　　　　　　　　　　1 500 000
　　　　应交税税——应交增值税（进项税额）　　　　　　　　　195 000
　　　贷：银行存款　　　　　　　　　　　　　　　　　　　　　　　　　1 695 000

（3）借：原材料　　　　　　　　　　　　　　　　　　　　　　　998 000
　　　　银行存款　　　　　　　　　　　　　　　　　　　　　　2 320
　　　　应交税税——应交增值税（进项税额）　　　　　　　　　129 740
　　　贷：其他货币资金——银行汇票　　　　　　　　　　　　　　　　1 130 060

（4）借：其他货币资金——存出投资款　　　　　　　　　　　　　165 000
　　　贷：交易性金融资产——成本　　　　　　　　　　　　　　　　　130 000
　　　　　　　　　　　　——公允价值变动　　　　　　　　　　　　　20 000
　　　　投资收益　　　　　　　　　　　　　　　　　　　　　　　　　15 000
　　　借：公允价值变动损益　　　　　　　　　　　　　　　　　　20 000
　　　贷：投资收益　　　　　　　　　　　　　　　　　　　　　　　　　20 000

（5）借：固定资产　　　　　　　　　　　　　　　　　　　　　　864 700
　　　　应交税费——应交增值税（进项税额）　　　　　　　　　112 411
　　　贷：银行存款　　　　　　　　　　　　　　　　　　　　　　　　　977 111

（6）借：固定资产清理　　　　　　　　　　　　　　　　　　　　200 000

	累计折旧	1 800 000	
	贷：固定资产		2 000 000
	借：固定资产清理	5 000	
	贷：银行存款		5 000
	借：银行存款	8 000	
	贷：固定资产清理		8 000
	借：营业外支出——处置固定资产净损失	197 000	
	贷：固定资产清理		197 000

（7）借：银行存款　　　　　　　　　　　　　　　10 000 000
　　　贷：长期借款　　　　　　　　　　　　　　　　　　　　　10 000 000
（8）借：银行存款　　　　　　　　　　　　　　　7 910 000
　　　贷：主营业务收入　　　　　　　　　　　　　　　　　　　7 000 000
　　　　　应交税费——应交增值税（销项税额）　　　　　　　　　910 000
（9）借：银行存款　　　　　　　　　　　　　　　2 000 000
　　　贷：应收票据　　　　　　　　　　　　　　　　　　　　　2 000 000
（10）借：交易性金融资产　　　　　　　　　　　1 030 000
　　　　　投资收益　　　　　　　　　　　　　　　　　2 000
　　　贷：其他货币资金——存出投资款　　　　　　　　　　　　1 050 000
（11）借：应付职工薪酬　　　　　　　　　　　　5 000 000
　　　　贷：银行存款　　　　　　　　　　　　　　　　　　　　5 000 000
（12）借：制造费用——水电费　　　　　　　　　　900 000
　　　　贷：银行存款　　　　　　　　　　　　　　　　　　　　　900 000
（13）借：银行存款　　　　　　　　　　　　　　　510 000
　　　　贷：应收账款　　　　　　　　　　　　　　　　　　　　　510 000
（14）借：销售费用——展览费　　　　　　　　　　100 000
　　　　贷：银行存款　　　　　　　　　　　　　　　　　　　　　100 000
（15）借：销售费用——广告费　　　　　　　　　　100 000
　　　　贷：银行存款　　　　　　　　　　　　　　　　　　　　　100 000
（16）借：财务费用　　　　　　　　　　　　　　　200 000
　　　　　银行存款　　　　　　　　　　　　　　2 700 000
　　　　贷：应收票据　　　　　　　　　　　　　　　　　　　　2 900 000
（17）借：应交税费——应交增值税（已交税金）　1 000 000
　　　　　　　　　　——应交教育费附加　　　　　20 000
　　　　贷：银行存款　　　　　　　　　　　　　　　　　　　　1 020 000
（18）借：应付利息　　　　　　　　　　　　　　2 100 000
　　　　贷：银行存款　　　　　　　　　　　　　　　　　　　　2 100 000
（19）借：长期借款　　　　　　　　　　　　　10 000 000
　　　　贷：银行存款　　　　　　　　　　　　　　　　　　　10 000 000
（20）借：应交税费——应交所得税　　　　　　　897 500
　　　　贷：银行存款　　　　　　　　　　　　　　　　　　　　　897 500

表 10-2　现金流量表

会企 03 表

编制单位：A 公司　　　　　　　　2019 年 12 月　　　　　　　　　　单位：元

项目	本期金额	上期金额
一、经营活动产生的现金流量		略
销售商品、提供劳务收到的现金	13 120 000.00	
收到的税费返还		
收到其他与经营活动有关的现金		
经营活动现金流入小计	13 120 000.00	
购买商品、提供劳务支付的现金	4 725 060.00	
支付给职工及为职工支付的现金	4 000 000.00	
支付的各项税费	1 917 500.00	
支付的其他与经营活动有关的现金	200 000.00	
经营活动现金流出小计	10 842 560.00	
经营活动产生的现金流量净额	2 277 440.00	
二、投资活动产生的现金流量		
收回投资收到的现金	165 000.00	
取得投资收益收到的现金		
处置固定资产、无形资产和其他长期资产收回的现金净额	3 000.00	
处置子公司及其他营业单位收到的现金净额		
收到其他与投资活动有关的现金		
投资活动现金流入小计	168 000.00	
购建固定资产、无形资产和其他长期资产支付的现金	1 977 111.00	
投资支付的现金	1 050 000.00	
取得子公司及其他营业单位支付的现金净额		
支付其他与投资活动有关的现金		
投资活动现金流出小计	3 027 111.00	
投资活动产生的现金流量净额	−2 859 111.00	
三、筹资活动产生的现金流量		
吸收投资收到的现金		
取得借款收到的现金	10 000 000.00	
收到其他与筹资活动有关的现金		
筹资活动现金流入小计	10 000 000.00	
偿还债务支付的现金	10 000 000.00	
分配股利、利润或偿付利息支付的现金	2 100 000.00	
支付其他与筹资活动有关的现金		
筹资活动现金流出小计	12 100 000.00	

续表

项目	本期金额	上期金额
筹资活动产生的现金流量净额	−2 100 000.00	
四、汇率变动对现金及现金等价物的影响		
五、现金及现金等价物净增加额	−2 681 671.00	
加：期初现金及现金等价物余额	14 063 000.00	
六、期末现金及现金等价物余额	11 381 329.00	

第二节　所有者权益变动表

一、所有者权益变动表概述

所有者权益变动表是反映构成企业所有者权益的各组成部分当期的增减变动情况的报表。所有者权益变动表应当全面反映一定时期所有者权益变动的情况，不仅包括所有者权益总量的增减变动，还包括所有者权益增减变动的重要结构性信息，特别是要反映直接记入所有者权益的利得和损失，让使用者准确理解所有者权益增减变动的根源。

二、所有者权益变动表的内容及结构

（一）所有者权益变动表的内容

所有者权益是指企业资产扣除负债后由所有者享有的剩余权益。所有者权益的来源包括所有者投入的资本（包括实收资本和资本公积）、其他综合收益、留存收益（包括盈余公积和未分配利润）等。

在所有者权益变动表中，综合收益和与所有者（或股东）的资本交易导致的所有者权益的变动，应当分别列示。企业至少应当单独列示反映下列信息的项目：

（1）综合收益总额。

（2）会计政策变更和差错更正的累积影响金额。

（3）所有者投入资本和向所有者分配利润等。

（4）提取的盈余公积。

（5）所有者权益各组成部分的期初和期末余额及其调节情况。

（二）所有者权益变动表的结构

企业应当以矩阵的形式列示所有者权益变动表：一方面，列示导致所有者权益变动的交易或事项，按所有者权益变动的来源对一定时期所有者权益变动情况进行全面反映；另一方面，按照所有者权益各组成部分（包括实收资本、资本公积、其他综合收益、盈余公积、未分配利润、库存股等）及其总额列示相关交易或事项对所有者权益的影响。根据准则规定，企业需要提供比较所有者权益变动表，所有者权益变动还就各项目再分为"本年金额"和"上年金额"两栏分别填列。一般企业现金流量表的具体格式见表10-3。

表 10-3 所有者权益变动表

编制单位：　　　　　　　　　　　　　　　　年度　　　　　　　　　　　　　　　　会企 04 表
单位：元

项目	本年金额								上年金额							
	实收资本（或股本）	其他权益工具	资本公积	减：库存股	其他综合收益	盈余公积	未分配利润	所有者权益合计	实收资本（或股本）	其他权益工具	资本公积	减：库存股	其他综合收益	盈余公积	未分配利润	所有者权益合计
一、上年年末余额																
加：会计政策变更																
前期差错更正																
其他																
二、本年年初余额																
三、本年增减变动金额（减少以"－"号填列）																
（一）综合收益总额																
（二）所有者投入和减少资本																
1.所有者投入的普通股																
2.其他权益工具持有者投入资本																
3.股份支付记入所有者权益的金额																
4.其他																

续表

项目	本年金额								上年金额							
	实收资本（或股本）	其他权益工具	资本公积	减：库存股	其他综合收益	盈余公积	未分配利润	所有者权益合计	实收资本（或股本）	其他权益工具	资本公积	减：库存股	其他综合收益	盈余公积	未分配利润	所有者权益合计
（三）利润分配																
1. 提取盈余公积																
2. 对所有者（或股东）的分配																
3. 其他																
（四）所有者权益的内部结转																
1. 资本公积转增资本（或股本）																
2. 盈余公积转增资本（或股本）																
3. 盈余公积弥补亏损																
4. 设定受益计划变动额结转留存收益																
5. 其他综合收益结转留存收益																
6. 其他																
四、本年年末余额																

三、所有者权益变动表的填列方法

所有者权益变动表"上年金额"栏内各项数字，应根据上年所有者权益变动表"本年金额"栏内所列数字填列。如果上年所有者权益变动表规定的各个项目的名称和内容同本年度不相一致，应对上年所有者权益变动表各项目的名称和数字按本年度的规定进行调整，填入所有者权益变动表"上年金额"栏内。所有者权益变动表"本年金额"栏内各项数字一般应根据"实收资本（或股本）""资本公积""盈余公积""利润分配""库存股""以前年度损益调整"等科目的发生额分析填列。

（一）"上年年末余额"项目

"上年年末余额"项目反映企业上年资产负债表中实收资本（或股本）、资本公积、盈余公积、未分配利润的年末余额。

（二）"会计政策变更"和"前期差错更正"项目

"会计政策变更"和"前期差错更正"两个项目分别反映企业采用追溯调整法处理的会计政策变更的累积影响金额和采用追溯重述法处理的会计差错更正的累积影响金额。为了体现会计政策变更和前期差错更正的影响，企业应当在上期期末所有者权益余额的基础上进行调整，并得出本期期初所有者权益。本项目可以根据"盈余公积""利润分配""以前年度损益调整"等科目的发生额分析填列。

（三）"本年增减变动金额"项目

"本年增减变动金额"项目分别反映如下内容：

（1）"综合收益总额"项目反映净利润和其他综合收益扣除所得税影响后的净额相加后的合计金额。

（2）"所有者投入和减少资本"下各项目，反映企业当年所有者投入的资本和减少的资本。其中：

①"所有者投入的普通股"项目，反映企业接受投资者投入形成的实收资本（或股本）和资本溢价或股本溢价，并对应列在"实收资本"和"资本公积"栏。

②"其他权益工具持有者投入资本"项目，反映企业接受投资者投入形成的优先股、永续债等其，并对应列在"其他权益工具"栏。

③"股份支付记入所有者权益的金额"项目，反映企业处于等待期中的权益结算的股份支付当年记入资本公积的金额，并对应列在"资本公积"栏。

（3）"利润分配"下各项目，反映当年对所有者（或股东）分配的利润（或股利）金额和按照规定提取的盈余公积金额，并对应列在"未分配利润"和"盈余公积"栏。其中：

①"提取盈余公积"项目，反映企业按照规定提取的盈余公积。

②"对所有者（或股东）的分配"项目，反映对所有者（或股东）分配的利润（或股利）金额。

（4）"所有者权益内部结转"下各项目，反映不影响当年所有者权益总额的所有者权益各组成部分之间当年的增减变动，包括资本公积转增资本（或股本）、盈余公积转增资本（或股本）、盈余公积弥补亏损等项金额。为了全面反映所有者权益各组成部分的增减变动情况，所有者权益内部结转也是所有者权益变动表的重要组成部分，主要是指不影响所有者权益总额、所有者权益的各组成部分当期的增减变动。其中：

①"资本公积转增资本（或股本）"项目反映企业以资本公积转增资本或股本的金额。

②"盈余公积转增资本（或股本）"项目反映企业以盈余公积转增资本或股本的金额。

③"盈余公积弥补亏损"项目反映企业以盈余公积弥补亏损的金额。

④"设定受益计划变动额结转留存收益"项目反映结转重新计量设定受益计划净负债或净资产所产生的变动。

⑤"其他综合收益结转留存收益"项目，反映企业指定为以公允价值计量且其变动记入其他综合收益的非交易性权益工具投资终止确认时，之前记入其他综合收益的累计利得或损失从其他综合收益中转入留存收益的金额；企业指定为以公允价值计量且其变动记入当期损益的金融负债终止确认时，之前由企业自身信用风险变动引起而记入其他综合收益的累计利得或损失从其他综合收益中转入留存收益的金额等。该项目应根据"其他综合收益"科目的相关明细科目的发生额分析填列。

【例 10-2】B 股份有限公司 2018 年 12 月 31 日所有者权益各项目余额如下：股本 5 000 000 元，盈余公积 100 000 元，未分配利润 50 000 元。2019 年，B 股份有限公司获得综合收益总额 280 000 元（其中净利润 200 000 元），分配现金股利 100 000 元，根据上述资料编制 B 股份有限公司 2019 年所有者权益变动表。

【解析】根据资料编制的 B 股份有限公司 2019 年度所有者权益变动表见表 10-4。

表 10-4 所有者权益变动表

2019 年度

编制单位:B 股份有限公司

会企 04 表
单位:元

项目	本年金额								上年金额							
	实收资本(或股本)	其他权益工具	资本公积	减:库存股	其他综合收益	盈余公积	未分配利润	所有者权益合计	实收资本(或股本)	其他权益工具	资本公积	减:库存股	其他综合收益	盈余公积	未分配利润	所有者权益合计
一、上年年末余额	5 000 000.00					100 000.00	500 000.00	5 150 000.00								
加:会计政策变更																
前期差错更正																
其他																
二、本年年初余额	5 000 000.00					100 000.00	500 000.00	5 150 000.00								
三、本年增减变动金额(减少以"-"号填列)																
(一)综合收益总额					80 000.00		200 000.00	280 000.00								
(二)所有者投入和减少资本																
1.所有者投入的普通股																
2.其他权益工具持有者投入资本																
3.股份支付记入所有者权益的金额																
4.其他																

续表

项目	本年金额 实收资本（或股本）	其他权益工具	资本公积	减：库存股	其他综合收益	盈余公积	未分配利润	所有者权益合计	上年金额 实收资本（或股本）	其他权益工具	资本公积	减：库存股	其他综合收益	盈余公积	未分配利润	所有者权益合计
（三）利润分配																
1. 提取盈余公积						20 000.00	−20 000.00	0								
2. 对所有者（或股东）的分配							−100 000.00	−100 000.00								
3. 其他																
（四）所有者权益的内部结转																
1. 资本公积转增资本（或股本）																
2. 盈余公积转增资本（或股本）																
3. 盈余公积弥补亏损																
4. 设定收益计划变动额结转留存收益																
5. 其他综合收益结转留存收益																
6. 其他																
四、本年年末余额	5 000 000.00				800 000.00	120 000.00	130 000.00	5 330 000.00	5 000 000.00					100 000.00	50 000.00	5 150 000.00

第三节　附　注

一、附注概述

附注是对在会计报表中列示项目所作的进一步说明，以及对未能在这些报表中列示项目的说明等。附注由若干附表和对有关项目的文字性说明组成。企业编制附注的目的是通过对报表本身作补充说明，以更加全面、系统地反映企业财务状况、经营成果和现金流量的全貌，从而有助于向使用者提供更为有用的决策信息，帮助其作出更加科学合理的决策。

二、附注的主要内容

附注是财务报表的重要组成部分，根据企业会计准则的规定，企业应当按照如下顺序披露附注内容：

（一）企业的基本情况

（1）企业注册地、组织形式和总部地址。

（2）企业的业务性质和主要经营活动。

（3）母公司及集团最终母公司的名称。

（4）财务报告的批准报出者和批准报出日。

（5）营业期限有限的企业，还应当披露有关营业期限的信息。

（二）财务报表的编制基础

财务报表的编制基础是指财务报表是在持续经营基础上还是非持续经营基础上编制的。企业一般是在持续经营基础上编制报表，清算、破产属于非持续经营基础。

（三）遵循企业会计准则的声明

企业应当声明编制的财务报表符合企业会计准则的要求，真实、完整地反映了企业的财务状况、经营成果和现金流量等信息，以此明确企业编制财务报表所依据的制度基础。

（四）重要会计政策和会计估计

企业应当披露所采用的重要会计政策和会计估计，不重要的会计政策和会计估计可以不披露。在披露重要会计政策和会计估计时，企业应当披露重要会计政策的确定依据和财务报表项目的计量基础，以及会计估计中所采用的关键假设和不确定因素。

企业政策的确定依据，主要是指企业在运用会计政策过程中所作的对报表中确认的项目金额最具影响的判断，有助于财务报表使用者理解企业选择和运用会计政策的背景，增加财务报表的可理解性。财务报表项目的计量基础，是指企业计量该项目采用的是历史成本、重置成本、可变现净值、现值还是公允价值，直接影响财务报表使用者对财务报表的理解和分析。

在确定财务报表中确认的资产和负债的账面价值过程中，企业有时需要对不确定的未来事项在资产负债表日对这些资产和负债的影响加以估计，如企业预计固定资产未来现金流量采用的折现率和假设。这类假设的变动对这些资产和负债项目金额的确定影响很大，有可能会在下个会计年度内作出重大调整。因此，强调这披露要求，有助于提高财务报表的可理解性。

（五）会计政策和会计估计变更及差错更正的说明

企业应当按照会计政策、会计估计变更和差错更正会计准则的规定，披露会计政策和会计估计变更及差错更正的有关情况。

（六）报表重要项目的说明

企业对报表重要项目的说明，应当按照资产负债表、利润表、现金流量表、所有者权益变动表及其项目列示的顺序，采用文字和数字描述相结合的方式进行披露。报表重要项目的明细金额合计应当与报表项目金额相链接，主要包括以下重要项目。

（1）应收款项。企业应当披露应收款项的账龄结构和客户类别，以及期初期末账面余额等信息。

（2）存货。企业应当披露下列信息：

①各类存货的期初和期末账面价值。

②确定发出存货成本所采用的方法。

③存货可变现净值的确定依据，存货跌价准备的计提方法，当期计提的存货跌价准备的金额，当期转回的存货跌价准备的金额，以及计提和转回的有关情况。

④用于担保的存货账面价值。

（3）长期股权投资。企业应当披露下列信息：

①对控制、共同控制、重大影响的判断。

②对投资性主体的判断及主体身份的转换。

③企业集团的构成情况。

④重要的非全资子公司的相关信息。

⑤对使用企业集团资产和清偿企业集团债务的重大限制。

⑥纳入合并财务报表范围的结构化主体的相关信息。

⑦企业在其子公司的所有者权益份额发生变化的情况。

⑧投资主体的相关信息。

⑨合营安排和联营企业的基础信息。

⑩重要的合营企业和联营企业的主要财务信息。

⑪不重要的合营企业和联营企业的汇总财务信息。

⑫与企业在合营企业和联营企业中权益相关的风险信息。

⑬未纳入合并财务报表范围的结构化主体的基础信息。

⑭与权益相关资产负债的账面价值和最大损失敞口。

⑮企业是结构化主体的发起人但在结构化主体中没有权益的情况。

⑯向未纳入合并财务报表范围的结构化主体提供支持的情况。

⑰未纳入合并财务报表范围结构化主体的额外信息披露。

（4）投资性房地产。企业应当披露下列信息：

①投资性房地产的种类、金额和计量模式。

②采用成本模式的，应披露投资性房地产的折旧或摊销，以及减值准备的计提情况。

③采用公允价值模式的，应披露公允价值的确定依据和方法，以及公允价值变动对损益

的影响。

④房地产转换情况、理由，以及对损益或所有者权益的影响。

⑤当期处置的投资性房地产及其对损益的影响。

（5）固定资产。企业应当披露下列信息：

①固定资产的确认条件、分类、计量基础和折旧方法。

②各类固定资产的使用寿命、预计净残值和折旧率。

③各类固定资产的期初和期末原价、累计折旧额及固定资产减值准备累计金额。

④当期确认的折旧费用。

⑤对固定资产所有权的限制及金额和用于担保的固定资产账面价值。

⑥准备处置的固定资产名称、账面价值、公允价值、预计处置费用和预计处置时间等。

（6）无形资产。企业应当披露下列信息：

①无形资产的期初和期末账面价值、累计摊销额及减值准备累计金额。

②使用寿命有限的无形资产，其使用寿命的估计情况；使用寿命不确定的无形资产，使用寿命不确定的判断依据。

③无形资产的摊销方法。

④用于担保的无形资产账面价值、当期摊销额等情况。

⑤记入当期损益和确认为无形资产的研究开发支出金额。

（7）职工薪酬。企业应当披露短期职工薪酬相关的下列信息：

①应当支付给职工的工资、奖金、津贴和补贴，以及其期末应付未付金额。

②应当为职工缴纳的医疗保险费、工伤保险费和生育保险费等社会保险费，以及其期末应付未付金额。

③应当为职工缴存的住房公积金，以及其期末应付未付金额。

④为职工提供的非货币性福利，以及其计算依据。

⑤依据短期利润分享计划提供的职工薪酬金额及其计算依据。

⑥其他短期薪酬。

企业应当披露所设立或参与的设定提存计划的性质、计算缴费金额的公式或依据，当期缴费金额及应付未付金额。企业应当披露与设定受益计划有关的下列信息：

①设定受益计划的特征及与之相关的风险。

②设定受益计划在财务报表中确认的金额及其变动。

③设定受益计划对企业未来现金流量金额、时间和不确定性的影响。

④设定受益计划义务现值所依赖的重大精算假设及有关敏感性分析的结果。

企业应当披露支付的因解除劳动关系所提供辞退福利及其期末应付未付金额。

企业应当披露提供的其他长期职工福利的性质、金额及其计算依据。

（8）应交税费。企业应当披露应交税费的构成及期初、期末账面余额等信息。

（9）短期借款和长期借款。企业应当披露短期借款、长期借款的构成及期初期末账面余额等信息。对于期末逾期借款，应当披露贷款单位、借款金额、逾期时间、年利率、逾期未偿还原因和预期还款期等信息。

（10）应付债券。企业应当披露应付债券的构成及期初期末账面余额等信息。

（11）长期应付款。企业应当披露长期应付款的构成及期初期末账面余额等信息。

（12）营业收入。企业应当披露营业收入的构成及本期、上期发生额等信息。

（13）公允价值变动收益。企业应当披露公允价值变动收益的来源及本期、上期发生额等信息。

（14）投资收益。企业应当披露投资收益的来源及本期、上期发生额等信息。

（15）资产减值损失。企业应当披露各项资产的减值损失及本期、上期发生额等信息。

（16）营业外收入。企业应当披露营业外收入的构成及本期、上期发生额等信息。

（17）营业外支出。企业应当披露营业外支出的构成及本期、上期发生额等信息。

（18）所得税费用信息。企业应当披露下列信息：

①所得税费用（收益）的主要组成部分。

②所得税费用（收益）与会计利润关系的说明。

（19）其他综合收益。企业应当披露下列信息：

①其他综合收益各项目及其所得税影响。

②其他综合收益各项目原记入其他综合收益、当期转出记入当期损益的金额。

③其他综合收益各项目的期初和期末余额及其调节情况。

（20）政府补助。企业应当披露下列信息：

①政府补助的种类、金额和列报项目。

②记入当期损益的政府补助金额。

③本期退回的政府补助金额及原因。

（21）借款费用。企业应当披露下列信息：

①当期资本化的借款费用金额。

②当期用于计算确定借款费用资本化金额的资本化率。

（七）或有和承诺事项、资产负债表日后非调整事项、关联方关系及其交易等需要说明的事项

（八）有助于财务报表使用者评价企业管理资本的目标政策及程序的信息

三、现金流量表补充资料

除现金流量表反映的信息外，企业还应在附注中披露将净利润调节为经营活动现金流量、不涉及现金收支的重大投资和筹资活动、现金及现金等价物净变动情况等信息。具体格式见表 10-5。

表 10-5　现金流量表补充资料

单位：元

项目	本期金额	上期金额
1. 将净利润调整为经营活动现金流量		
净利润		
加：资产减值准备		
固定资产折旧、油气资产折耗、生产性生物资产折旧		
无形资产摊销		

续表

项目	本期金额	上期金额
处置固定资产、无形资产和其他长期资产的损失（收益以"—"填列）		
固定资产报废损失（收益以"—"填列）		
公允价值变动损失（收益以"—"填列）		
财务费用（收益以"—"填列）		
投资损失（收益以"—"填列）		
递延所得税资产减少（增加以"—"填列）		
递延所得税负债增加（减少以"—"填列）		
存货的减少（增加以"—"填列）		
经营性应收项目的减少（增加以"—"填列）		
经营性应付项目的增加（减少以"—"填列）		
其他		
经营活动产生的现金流量净额		
2. 不涉及现金收支的投资和筹资活动		
债务转为资本		
一年内到期的可转换公司债券		
融资租入固定资产		
3. 现金及现金等价物净增加情况		
现金的期末余额		
减：现金的期初余额		
加：现金等价物的期末余额		
减：现金等价物的期初余额		
现金及现金等价物净增加额		

（一）将净利润调节为经营活动现金流量

现金流量表采用直接法反映经营活动产生的现金流量，同时，企业还应采用间接法反映经营活动产生的现金流量。间接法是指以本期净利润为起点，通过调整不涉及现金的收入、费用、营业外收支，以及经营性应收应付等项目的增减变动，调整不属于经营活动的现金收支项目，据此计算并列报经营活动产生的现金流量的方法。在我国，现金流量表补充资料应采用间接法反映经营活动产生的现金流量情况，以对现金流量表中采用直接法反映的经营活动现金流量进行核对和补充说明。

采用间接法列报经营活动产生的现金流量时，需要对以下 4 类项目进行调整：

（1）实际没有支付现金的费用。

（2）实际没有收到现金的收益。

（3）不属于经营活动的损益。

（4）经营性应收应付项目的增减变动。

（二）不涉及现金收支的重大投资和筹资活动

不涉及现金收支的重大投资和筹资活动，反映企业一定期间内影响资产或负债，但不形成该期现金收支的所有投资和筹资活动的信息。这些投资和筹资活动虽然不涉及当期现金收支，但对以后各期的现金流量有重大影响。例如，企业融资租入设备，将形成的负债计入"长期应付款"账户，当期并不支付设备款及租金，但以后各期必须为此支付现金，从而在一定期间内形成了一项固定的现金支出。

企业应当在附注中披露不涉及当期现金收支，但影响企业财务状况或在未来可能影响企业现金流量的重大投资和筹资活动，主要包括：

（1）债务转为资本，反映企业本期转为资本的债务金额。

（2）一年内到期的可转换公司债券，反映企业一年内到期的可转换公司债券的本息。

（3）融资租入固定资产，反映企业本期融资租入的固定资产。

（三）现金及现金等价物的构成

企业应当在附注中披露涉及现金及现金等价物有关的下列信息：

（1）现金及现金等价物的构成及其在资产负债表中的相应金额。

（2）企业持有而不能由母公司或集团内其他子公司使用的大额现金及现金等价物金额。企业持有现金及现金等价物余额但不能被集团使用的情形多种多样。例如，国外经营的子公司，由于受当地外汇管制或其他立法的限制，其持有的现金及现金等价物，不能由母公司或其他子公司正常使用。

🔓 综合练习题

一、单项选择题

1. 2018 年甲公司发生如下经济业务：偿还借款利息 400 000 元，支付经营租入固定资产租金 1 650 000 元，支付销售人员工资 1 800 000 元，购买商品支付价款 2 000 000 元、增值税 260 000 元，以银行存款购买 3 个月到期的国债 4 500 000 元。假定不考虑其他因素，2018 年度甲公司现金流量表中"经营活动现金流出小计"项目的金额为（   ）元。

    A. 5 450 000   B. 5 710 000   C. 3 800 000   D. 4 140 000

2. 乙公司的主营业务是销售商品，本期利润表中"主营业务收入"为 45 000 000 元，其他业务收入 6 500 000 元，销项税发生额为 8 010 000 元。资产负债表中"应收账款"年初数为 7 000 000 元，年末数为 6 600 000 元，"应收票据"年初数为 1 200 000 元，年末数为 1 500 000 元，"预收账款"年初数为 890 000 元，年末数为 660 000 元。本年不带息应收票据贴现 4 000 000 元，贴现息为 50 000 元，坏账准备的年初余额为 350 000 元，年末余额为 720 000 元，本年收回上年的坏账 40 000 元。根据以上资料，本期现金流量表中的"销售商品、提供劳务收到的现金"项目填列的金额是（   ）。

    A. 57 840 000 元   B. 47 900 000 元   C. 59 000 000 元   D. 58 090 000 元

3. 丙企业本期支付离退休人员工资 300 000 元，支付离退休人员活动费 50 000 元，支付在建工程人员工资 60 000 元；支付广告费 2 000 000 元，支付生产车间经营租金 250 000 元，支付本企业财产保险费 600 000 元；支付业务招待费 20 000 元；执行法院判决，支付购买商品的欠款 5 000 000 元，支付合同违约金 80 000 元；发生坏账 100 000 元；支付利息 560 000 元；支付购买股票款 900 000 元；捐赠现金支付 150 000 元。上述支出中，现金流量表"支付其他与经营活动有关的现金"项目列示的金额是（　　　）万元。

　　　A. 3 300 000 元　　　　B. 3 450 000 元　　　C. 3 050 000 元　　　D. 1 300 000 元

　　4. 某公司对外转让一项账面净值为 350 000 元的固定资产，取得收入 500 000 元已存入银行，转让时以现金支付转让费 30 000 元和税金 2 0 000 元，此项业务在现金流量表中应（　　　）。

　　　A. 在"收到其他与经营活动有关的现金"和"支付的各项税费"两个项目中分别填列 500 000 元、50 000 元

　　　B. 在"收到其他与经营活动有关的现金"和"支付其他与经营活动有关的现金"两个项目中分别填列 500 000 元、50 000 元

　　　C. 在"处置固定资产、无形资产和其他长期资产收回的现金净额"项目中填列 450 000 元

　　　D. 在"处置固定资产、无形资产和其他长期资产收回的现金净额"项目中填列 100 000 元

　　5. 下列事项所产生的现金流量中，属于"经营活动产生的现金流量"的是（　　　）。

　　　A. 支付应由在建工程负担的职工薪金　　　B. 因违反《价格法》而支付的罚款

　　　C. 处置所属子公司所收到的现金净额　　　D. 分配股利支付的现金

　　6. 下列关于现金流量表编制方法的说法中，错误的是（　　　）。

　　　A. 3 个月内到期的短期国债投资属于现金等价物

　　　B. 企业应当根据具体情况，确定现金等价物的范围，一经确定不得随意变更，如改变划分标准，应视为会计政策的变更

　　　C. 我国企业会计准则规定企业应当采用直接法编报现金流量表

　　　D. 编制现金流量表的间接法是以利润表中的营业收入为起算点，调节与经营活动有关的项目的增减变动，然后计算出经营活动产生的现金流量

　　7. 下列各项中，能够引起现金流量净额发生变动的是（　　　）。

　　　A. 以存货抵偿债务

　　　B. 以银行存款支付采购款

　　　C. 将现金存为银行活期存款

　　　D. 以银行存款购买两个月内到期的债券投资

　　8. 现金流量表中现金的正确分类方法是（　　　）。

　　　A. 经营活动、投资活动和筹资活动　　　B. 现金流入、现金流出和非现金活动

　　　C. 直接现金流量及间接现金流量　　　D. 经营活动、投资活动及收款活动

　　9. 下列各项中，引起经营活动产生的现金流量净额变动的项目是（　　　）。

　　　A. 将现金存入银行　　　　　　　　B. 用银行存款购买 1 个月到期的债券

　　　C. 用银行存款购买材料　　　　　　D. 用一台设备清偿 500 000 元的债务

　　10. 下列各项中，引起投资活动产生的现金流量净额变动的项目是（　　　）。

　　　A. 销售商品取得收入存入银行　　　　B. 用银行存款购买 1 年期债券

C. 用现金购买办公用品　　　　　　　　　D. 用银行存款支付借款利息

二、多项选择题

1. 下列内容中应当包含在财务报表中的是（　　　）。

A. 资产负债表　　　　　　　　　　　　B. 利润表

C. 现金流量表　　　　　　　　　　　　D. 所有者权益变动表

E. 附注

2. 下列各项中，会导致企业现金流量表"现金及现金等价物增加额"项目发生增减变动的是（　　　）。

A. 取得银行借款收到的现金　　　　　　B. 用现金报销员工医药费

C. 用银行存款购买3个月内到期的国库券　D. 用银行存款购买一项专利技术

3. 下列关于合并财务报表附注的说法中，正确的是（　　　）。

A. 不重要的会计政策和会计估计不需在附注中披露

B. 说明会计政策时，应当披露财务报表项目的计量基础及会计政策的确定依据

C. 很可能导致经济利益流出企业的或有负债不需在报表附注中披露

D. 通常不应当披露或有资产，但如果或有资产很可能会给企业带来经济利益的，应当披露其形成原因、预计产生的财务影响

4. 下列各项交易或事项所产生的现金流量中，属于现金流量表中"投资活动产生的现金流量"的是（　　　）。

A. 出售可供出售金融资产收现的现金　　B. 出售投资性房地产收现的现金

C. 因投资性房地产的租金收到的现金　　D. 因投资性房地产的购入而支付的现金

5. 下列交易或事项会引起筹资活动现金流量发生变化的是（　　　）。

A. 出售交易性金融资产收到现金　　　　B. 以投资性房地产对外投资

C. 向投资者分配现金股利　　　　　　　D. 从银行取得短期借款资金

6. 所有者权益变动表至少应当单独列示反映的是（　　　）。

A. 综合收益总额

B. 会计政策变更和差错更正的累积影响金额

C. 所有者投入资本和向所有者分配利润等

D. 提取的盈余公积

E. 所有者权益各组成部分的期初和期末余额及其调节情况

7. 下列各项中全部属于经营活动产生的现金流量的是（　　　）。

A. 银行存款支付企业所得税　　　　　　B. 现金支付业务招待费

C. 收到的各种现金罚款　　　　　　　　D. 支付的各种罚款

8. 下列各项中全部属于投资活动产生的现金流量的有（　　　）。

A. 支付给职工的各种费用　　　　　　　B. 存出投资款购买股票

C. 银行存款购买两年期债券　　　　　　D. 银行存款购买材料

9. 下列各项中全部属于筹资活动产生的现金流量的是（　　　）。

A. 取得产品销售收入　　　　　　　　　B. 收到前期货款存入银行

C. 银行存款支付现金股利　　　　　　　D. 银行存款支付借款利息

10. 附注中对于存货项目应当披露的信息是（　　　）。

A. 各类存货的期初和期末账面价值

B. 确定发出存货成本所采用的方法

C. 存货可变现净值的确定依据

D. 存货跌价准备的计提方法

三、判断题

1. 企业编制年度财务报表的时候如果没有需要，可以不编制报表附注。　　　　　（　　）

2. 附注是对在会计报表中列示项目所作的进一步说明，以及对未能在这些报表中列示项目的说明等。　　　　　　　　　　　　　　　　　　　　　　　　　　　（　　）

3. 附注由若干附表和对有关项目的文字性说明组成。　　　　　　　　　　　（　　）

4. 所有影响现金流量的项目在现金流量表中都应按照现金流量总额反映。　　（　　）

5. 从银行提取现金会引起企业现金流量发生变化。　　　　　　　　　　　　（　　）

6. 用银行存款购买两个月到期的债券会引起企业现金流量发生变化。　　　　（　　）

7. 用银行存款支付前期货款属于经营活动产生的现金流量。　　　　　　　　（　　）

8. 用银行存款支付长期借款利息属于筹资活动产生的现金流量。　　　　　　（　　）

9. 所有者权益变动表是反映构成企业所有者权益的各组成部分当期的增减变动情况的报表。　　　　　　　　　　　　　　　　　　　　　　　　　　　　　　　　（　　）

10. 所有者权益变动表应当全面反映一定时期所有者权益变动的情况，不仅包括所有者权益总量的增减变动，还包括所有者权益增减变动的重要结构性信息。　　　　　（　　）

四、综合业务题

丙股份公司为增值税一般纳税人，2019年1月至3月适用的增值税税率为16%，根据国家增值税调整政策，2019年4月至12月适用的增值税税率为13%。企业所得税税率为25%。销售价格中均不含向购买方收取的增值税；库存材料采用实际成本核算；2019年1月1日科目余额见表10-6。

表10-6　科目余额表

单位：元

科目名称	借方余额	科目名称	贷方余额
库存现金	7 600.00	短期借款	300 000.00
银行存款	580 000.00	应付票据	50 000.00
交易性金融资产	500 000.00	应付账款	890 000.00
应收票据	15 000.00	其他应付款	60 000.00
应收账款	400 000.00	应付职工薪酬	99 000.00
坏账准备	−800.00	应交税费（不含增值税）	26 000.00
其他应收款	18 000.00	应付利息	5 000.00
在途物资	18 000.00	长期借款	1 600 000.00
原材料	180 000.00	其中：一年内到期长期借款	1 000 000.00

科目名称	借方余额	科目名称	贷方余额
周转材料	80 000.00		
库存商品	1 020 000.00		
长期股权投资	500 000.00		
固定资产	1 500 000.00	股本	4 000 000.00
累计折旧	−400 000.00	盈余公积	100 000.00
在建工程	2 000 000.00	利润分配（未分配利润）	187 800.00
无形资产	900 000.00		
合计	7 317 800.00	合计	7 317 800.00

2019 年该公司发生如下经济业务：

（1）4 月 10 日，购入原材料一批，用银行存款支付货款 300 000 元，增值税进项税额 39 000 元，材料已验收入库。

（2）5 月 15 日，购入需安装的设备一台，收到的增值税专用发票上注明的设备价款为 120 000 元，增值税进项税额 15 600 元。

（3）6 月 6 日，出售一项交易性金融资产，收到款项 230 000 元，该交易性金融资产的账面余额为 200 000 元（无公允价值变动记录），款项已存入企业证券买卖专户。

（4）7 月 30 日，提取现金 600 000 元，准备支付职工工资。

（5）7 月 31 日，现金支付工资 600 000 元。

（6）8 月 30 日，分配支付的职工工资，其中：生产部门直接生产工人 300 000 元，生产部门管理人员 120 000 元，公司行政管理人员 100 000 元，在建工程人员 80 000 元。

（7）9 月 7 日，销售产品一批，销售价款 1 800 000 元，应收取的增值税额为 234 000 元，销售产品的实际成本为 620 000 元，货款已收到存入银行。

（8）12 月 31 日，计提生产车间用固定资产折旧，其原价为 1 000 000 元，从 2015 年 12 月投入使用，会计折旧年限为 5 年，采用直线法计提折旧，预计净残值为 0。

（9）12 月 31 日，销售材料一批，销售价款为 380 000 元，增值税额为 49 400 元，款项已收到并存入银行。该批材料的实际成本为 200 000 元。

（10）12 月 31 日，计提城市维护建设税 7 000 元，教育费附加 3 000 元。

（11）12 月 31 日，计提应记入本期损益的短期借款利息 50 000 元。

（12）12 月 31 日，归还短期借款本金 200 000 元及利息 25 000 元。

（13）12 月 31 日，摊销无形资产 60 000 元。

（14）12 月 31 日，收到应收账款 200 000 元，款项存入银行。

（15）12 月 31 日，用银行存款支付广告费 10 000 元。

（16）12 月 31 日，偿还长期借款本金 1 000 000 元。

（17）12 月 31 日，用银行存款交纳增值税 100 000 元，城市维护建设费 7 000 元，教育费附加 3 000 元。

（18）12 月 31 日，将各损益类科目结转本年利润。

（19）12 月 31 日，计算并结转所得税费用。

（20）12月31日，按净利润的10%提取法定盈余公积。

（21）12月31日，分配现金股利400 000元。

（22）12月31日，将利润分配各明细科目的余额转入"未分配利润"科目。

要求：根据上述资料，编制该公司2019年的会计分录，并在此基础上编制现金流量表和所有者权益变动表。

参考文献

[1] 财政部会计资格评价中心. 中级会计实务 [M]. 北京：中国财经出版传媒集团经济科学出版社，2019.

[2] 财政部会计资格评价中心. 中级会计实务 [M]. 北京：中国财经出版传媒集团经济科学出版社，2018.

[3] 财政部会计资格评价中心. 中级会计实务 [M]. 北京：中国财经出版传媒集团经济科学出版社，2017.

[4] 赵耀. 会计. 2018 年注册会计师考试机考题库一本通 [M]. 北京：北京科学技术出版社，2018.

[5] 中国注册会计师协会组织编写. 会计 [M]. 北京：中国财政经济出版社，2018.

[6] 注册会计师全国统一考试精编教材编委会. 会计 [M]. 北京：企业管理出版社，2017.

[7] 黄慧，杨扬. 财务会计 [M]. 上海：上海社会科学出版社，2018.

[8] 张卫平，李坤. 财务会计 [M]. 北京：中国人民大学出版社，2018.

[9] 吴育湘，杜敏. 财务会计 [M]. 镇江：江苏大学出版社，2018.

[10] 夏维华. 财务会计 [M]. 郑州：郑州大学出版社，2017.

[11] 黄桃红，夏迎峰. 财务会计实务 [M]. 北京：高等教育出版社，2017.

[12] 牟文，曹麒麟，何勇. 财务会计 [M]. 北京：经济管理出版社，2017.

[13] 李玲弟. 财务会计 [M]. 北京：北京邮电出版社，2017.

[14] 李迪，张琳. 税务会计 [M]. 北京：国家行政学院出版社，2018.

[15] 梁文涛. 税务会计 [M]. 北京：高等教育出版社，2017.

[16] 何万能. 会计手工与电算一体化实训教程 [M]. 北京：高等教育出版社，2015.

[17] 财政部 税务总局 海关总署关于深化增值税改革有关政策的公告（财政部 税务总局 海关总署公告 2019 年第 39 号）[Z]. 2019.3.

[18] 财政部. 关于修订印发 2018 年度一般企业财务报表格式（财会〔2018〕15 号）[Z]. 2018.

[19] 财政部. 财政部关于修订印发一般企业财务报表格式的通知（财会〔2017〕）[Z]. 2017.

[20] 企业会计准则第 16 号——政府补助（2017 年 5 月 10 日财政部修订，自 2017 年 6 月 12 日起施行）.